中国城镇化研究

2023年第一辑
（总第一辑）

RESEARCH ON URBANIZATION IN CHINA

苏州大学中国特色城镇化研究中心
江苏高校新型城镇化与社会治理协同创新中心 | 编

中国社会科学出版社

图书在版编目（CIP）数据

中国城镇化研究. 第一辑 / 苏州大学中国特色城镇化研究中心，江苏高校新型城镇化与社会治理协同创新中心编. —北京：中国社会科学出版社，2023.6
ISBN 978-7-5227-2149-1

Ⅰ.①中… Ⅱ.①苏… ②江… Ⅲ.①城市化—研究—中国 Ⅳ.①F299.21

中国国家版本馆 CIP 数据核字（2023）第 116867 号

出 版 人	赵剑英
责任编辑	张 潜
责任校对	胡新芳
责任印制	王 超

出　　版	中国社会科学出版社
社　　址	北京鼓楼西大街甲 158 号
邮　　编	100720
网　　址	http://www.csspw.cn
发 行 部	010-84083685
门 市 部	010-84029450
经　　销	新华书店及其他书店
印　　刷	北京君升印刷有限公司
装　　订	廊坊市广阳区广增装订厂
版　　次	2023 年 6 月第 1 版
印　　次	2023 年 6 月第 1 次印刷
开　　本	787×1092　1/16
印　　张	12.25
字　　数	233 千字
定　　价	69.00 元

凡购买中国社会科学出版社图书，如有质量问题请与本社营销中心联系调换
电话：010-84083683
版权所有　侵权必究

《中国城镇化研究》
编辑委员会

主　任：任　平

副主任：高小平　简新华

编　委（按姓氏笔画排序）：
　　　丁　煌　王永贵　王俊华　方世南　方延明
　　　方新军　田芝健　田毅鹏　冯　博　任　平
　　　吴永发　陈　一　陈　龙　段进军　姜建成
　　　徐国栋　钱振明　高小平　高　峰　唐亚林
　　　桑玉成　简新华

主　编：钱振明

副主编：赵　强　钟　静

目　　录

原创学术
　　任　平：推进"以人为核心的新型城镇化"构筑诗意美丽家园
　　　　——守正创新走好中国式城镇化新道路 / 1

城镇化理论
　　董　慧　王晓珍：人民城市：新时代城市发展的理念、价值与实践 / 54
　　徐　翀：全球城市理论与中国城市数字化转型 / 68

城镇化政策
　　钱振明：走向共同福祉：新时代中国城镇化政策回顾与展望 / 85
　　黄建洪：中国城镇化七十年与国家治理现代化 / 106

城镇化治理
　　姜建成：党建城市领导力：问题、理论、展望 / 129
　　张　晨　熊　涛："政府—市场—社会"三轴驱动：中国式城镇化动力机制的
　　　　一个新框架 / 146

城镇化模式
　　方世南：以产业绿色化模塑城市品质的张家港实践研究 / 162
　　段进军　华怡宁：新型城镇化背景下特色小镇的网络演化研究
　　　　——以时裳小镇为例 / 179

推进"以人为核心的新型城镇化"构筑诗意美丽家园

——守正创新走好中国式城镇化新道路

任 平[*]

摘要：走好"以人为核心的新型城镇化道路"是新时代以来习近平总书记从中央城镇化工作会议到党的二十大报告始终如一郑重宣示的中国式城镇化的主要使命，是习近平新时代中国特色社会主义思想指导城镇工作的根本纲领。全面理解和准确把握这一思想纲领，开创新时代新征程城镇化新伟业，我们需要更深入把握中国式现代化总任务、总使命与"以人为核心的新型城镇化道路"即中国式城镇化新道路之间的内在关联，深刻理解"城镇化是实现现代化的必由之路"；要深度把握中国式城镇化新道路之"新"的历史逻辑，即它是在超越西方式城镇化、旧中国城镇化、苏联城镇化老路、新中国初期和改革开放初期的探索之路的基础上开创的"道路之新"；我们要在以中国式现代化作为内在关联的参照系和坐标系之中理解中国式城镇化新道路的"本质之新"；我们要展望未来，推进空间正义，"让居者有其屋"成为每一个城乡居民的基本公共权益，走共同富裕之路；我们要在善治差异性社会的基础上追求高质量发展目标，审慎解决城市化中的常住人口与户籍人口之间差距偏大的难题；以建构全国科技一体化体系、生产一体化体系、全国统一市场体系和消费体系的新发展格局来重新布展国内的城市化体系；为全体中国人民构筑诗意美丽家园，我们需要接续奋斗。

关键词：新型城镇化；中国式城镇化；新道路

---

[*] 任平，苏州大学中国特色城镇化研究中心首席科学家。

To promote "people-centered new urbanization" and build a poetic and beautiful home

—Pursuing a new path of Chinese-style urbanization through innovation and integrity

Ren Ping

Abstract: Taking the "people-centered new urbanization road" well is the main mission of Chinese-style urbanization, which has been consistently and solemnly declared by General Secretary Xi Jinping from the Central Conference on Urbanization Work to the 20th Report of the CPC since the new era. It is also the fundamental program of the urban work guided by Xi Jinping's thought on socialism with Chinese characteristics in the new era. To fully understand and accurately grasp this ideological program and create a new era, a new journey and a new great cause of urbanization, we need to have a deeper understanding of the internal relationship between the general task and mission of Chinese modernization and the "people-centered new urbanization road", that is, the new road of Chinese urbanization, and a deep understanding that "urbanization is the only way to realize modernization". It is necessary to deeply grasp the historical logic of the "new" of the new road of Chinese-style urbanization, that is, it is a "new road" created on the basis of surpassing the Western way of urbanization, the old road of urbanization in old China, the old road of urbanization in Soviet Union, the road of exploration in the early stage of New China and the early stage of reform and opening up. We should understand the "new nature" of the new road of Chinese urbanization in the frame of reference and coordinate system of Chinese modernization. We need to look into the future, make space justice "housing for all" a basic public right of every urban and rural resident, and pursue common prosperity. We should pursue high-quality development goals on the basis of good governance of different societies and prudently solve the problem of large gap between permanent population and registered population in urbanization rate. To reconstruct the domestic urbanization system by constructing the new development pattern of national science and technology integration system, production integration system, national unified market system and consumption system; To build a poetic and beautiful homeland for all the Chinese people, we need to continue our efforts.

推进"以人为核心的新型城镇化"构筑诗意美丽家园

Keywords: new urbanization; chinese urbanization; new direction

一 新时代催征新使命：我们何以判断未来

中心创办集刊，不是为了简单汇集自发来稿，成为自由交流见解的"沙龙平台"或"市场之窗"，而是期望举思想之旗、定发展方向，为苏州大学中国特色城镇化研究中心（以下简称"中心"），也为中国和世界城市化未来指明道路、奉献思想、创造智慧。作为中心的一名首席科学家，一年多来深知中心同仁希望我能扛起那一份重责，即在与中心同仁携手并肩一起"埋头拉车"，面对问题共同冲锋陷阵、攻坚克难、不断前行的同时，作为一名"战略科学家"需要恰当把握时机及时呼唤同伴"抬头看路"，以我们大家共同的、深邃的理性之思和跨界知识的"穿透力分析"对人类城市未来发展作出一个超远景的战略性判断：中国与世界"未来将怎样"，我们今天"必须怎样"。虽然今天影响城市世界的因素和问题具有超凡的复杂性，诸多利益纠缠和权益牵涉羁绊着我们的心灵，一波又一波袭来的可恶新冠病毒又不断侵蚀和瓦解着我们难以修复的大脑神经元，严重降低人的思维能力，但是"元宇宙"或"全球脑"的问世一再提醒：虽然关于我们的在场宇宙存在着弥漫散射的多维空间、多元样态的可能性，但是在现存的"元叙事"这一维锁定的生存空间中，人类在场方式自始至终都在"历史·现实·未来"维度上徘徊。我们不经意间被德勒兹关于"永远有限的当下"（the always limited present）和"本质上无限的过去和未来"（essentially unlimited past and future）判断所纠缠，总是相信不同的人群心态或是传统人格以历史揣度现在与未来，或是走向现代的人格反过来不断预测未来、反思历史，并重新选择现在走向未来的可行方案。哲学家索尔·克里普克（Saul A. Kripke）提出的"可能世界"或大卫·哈维提出的"希望的空间"，无非是对未来可能呈现的空间的哲学表达。未来已来。未来可能的多维向度效果图恰好取决于我们今天对未来的认知和行动选择的描画。

"独上高楼、望尽天涯路"是中心创始之初就具有的独特风格。聚焦如何准确判定21世纪中国城镇化未来走向和主导形态这一主题，2005年，中心召开可持续的城市化国际学术研讨会，邀请了包括世界"生态建筑之父"保罗·索莱里（Paolo Soleri），美国人文与科学院院士、后现代城市经济学家小约翰·科布（John B Cobb Jr.），"生态大脚印"理论创立者、加拿大不列颠哥伦比亚大学规划与资源生态学教授威廉·里斯（Willian E. Rees），生态马克思主义学者约翰·贝拉米·福斯特（John Bellamy Foster），建设性后现代思想家大卫·格里芬（David Ray Griffin）和王治河教授等几十位著名国际城市学家，以及国内一批著名专家来到苏州，共同探讨

21世纪城市化未来可能遭遇的系列重大风险。继而，中心主编出版8卷本"21世纪城市新形态"丛书，预测21世纪城市发展的未来形态，将之作为本中心的一个主要使命。中心深知，我们已经身处超高速运行的中国城镇化列车上，虽然学术思想的价值和影响力取决于对未来的纲领性预见力，然而预测未来准确率风险超高，因为高速发展让预见遭遇真伪对错检验的周期大大缩短。让我们感到欣慰的是，迄今为止，中国城镇化进程中遭遇的几乎每一个重大问题都被那一次国际学术研讨会所预见和关注。秉持"宁创新而稚嫩，勿老成而平庸"的原创精神，在资本逻辑进入城乡空间生产领域之时，中心成为中国倡导"空间正义"理念的发源地[1]，成为著名的中国城市可持续发展"三项式循环"理论的原创地[2]，成为"高擎理想火炬、手持正义之剑"探索中国特色城镇化道路、维护人民城市公平合法权益的坚强堡垒，成为中国马克思主义城市学派发端的重镇。丛书推出的8部著作主要内容在今天都得到了时代与实践的高度认同。《无形城市》（周毅著）对于信息城市、数字城市、虚拟城市等多样可能性城市的预测和憧憬，正在AI、大数据推动下于我们身边悄然成真。《健康城市》（高峰、王俊华著）的率先呼声不仅最终触发了健康中国的战略布局，而且在全球新冠疫情暴发三年多来一波又一波肆虐危害人类生命健康的时候，让正处在切肤之痛中苦苦挣扎的我们犹感健康城市的重要性。《安全城市》（马德峰著）在当年发生美国"9·11"恐怖事件、韩国"地铁纵火"事件以及"伦敦爆炸"事件，城市的生命受到安全挑战的风险社会中，思考这样一个重大边界性条件保障问题：城市作为人们休养生息的庇护所，需要提供的公共产品之一就是安全。各种经典的和非经典的风险都在加剧危害城市的生命。总体的安全城市像古代抵御敌国侵略、守护城民安全的坚固城邦一样，成为全人类向往的中心。在人们提出的种种理想的城市模式中，我们更憧憬和追求"善治城市"。《善治城市》（钱振明著）则在高速增长的城市化遭遇无数城市治理的混乱和危机案例之后，向人们一再尖锐地提出：中国的城市管理离"善治"还有多远？如何走近"善治"，实现城市"善治"，建设"善治城市"？《时尚城市》（严国新、吴建厂著）主张的具有浓郁文化风格和时尚氛围的城市品格，正在成为今天城市再造者们刻意追求的品牌目标。《家园城市》（姜建成著）为那些期待着能超越空间同质性，将城市打造

---

[1] 任平：《空间的正义——当代中国可持续城市化的基本走向》，《城市发展研究》2006年第5期，这是中国学界第一篇关于"空间正义"的论文，"中国知网"记录迄今为止该文被引400多次，下载4500多次。

[2] 陆大道、宋林飞、任平：《中国城镇化发展模式：如何走向科学发展之路》，《苏州大学学报》2007年第2期，"中国知网"记录迄今为止该文被引150多次，下载3500多次。

成"看得见山、望得见水、记得住乡愁"的家园城市格局的梦想道出了思想先声。《竞争城市》(段进军著)预见了全国财政分级包干("经济邦联制")后各个城市发展的强劲动力和竞争态势,而且指出其不仅成为拉动中国经济发展的强劲动力,更成为撬动世界经济发展的强大杠杆。《信用城市》(王怡著)预见这样一个结果:超高速的城市扩张必然带来财政支出总量的扩张,因而各级政府为了土地财政而背负的债务将达到世界未见水平,城市信用将受到严峻挑战。这一当时令人震惊的预言今天在若干方面却"应验"了。全国产业和人口衰退使地产扩张势力大减,最终导致大量人口流失,城市发展迅速萎缩,必将最终造成当地银行大量债务沉积和城市信用失灵。随着人口和产业的全国流动,加之新冠疫情的冲击,全国城市之间再一次爆发了基于人口规模和发展动力的重新洗牌。这一进程必将长期延续,最终导致城乡之间、东西部城市之间失衡进一步加剧。乡村人口流失、产业空洞化、耕地抛荒,以及中西部和东北全境城市人口和产业资本严重流失现象成为区域发展均衡的又一大问题。[①] 黑河—腾冲线展示的不平衡将再一次加剧显现。

尽管未来已来,中国高速城镇化仅仅用10年就迎来了这一增长周期的结束,现实全面充分地检验和评判了我们的预见,但是中心丝毫没有忽略当下城市化问题的研究;相反,作为预见的现实支撑和验证,在对苏南率先实现全面小康社会、率先基本实现现代化进程的研究中,中心推出了若干系列化的研究成果,聚焦跨界人口流动对于长三角城市网络形成的重大影响与发展趋势、城乡一体化进程中如何推进基本公共服务均等化、跨界外来人口(常住人口)和流动人口差别化城市权益、太湖和长江流域生态保护、城乡空间再造中一体化规划先行等课题,集中表现在"21世纪苏南小康社会研究"丛书(6卷本)和"新全球化时代语境中的苏南发展研究"丛书(8卷本),将城镇化进程纳入"为全国探路、当好先行军"的苏南小康社会和基本现代化这一中心任务加以考察。中心组织读书会、大量阅读世界城市理论家们的著作,如刘易斯·芒福德的《城市发展史》、卡斯特尔的《信息化城市》、亨利·列斐伏尔的《空间的生产》、大卫·哈维的《社会正义与城市》等。这些世界城市理论家的思想深刻,极具启发性,如刘易斯·芒福德在《城市发展史》中呼唤"我们现在必须设想一个城市,不是主要作为经营商业或设置政府机构的地方,而是作为表现和实现新的人的个性——'一个大同世界人'的个性——的重要机构"。[②]、汲取这些思想家的深邃思想,是我们站在中国大地上一步一步成长起来努

---

① 泽平宏观:《中国人口大流动:3000个县全景呈现》,金融界网站,2020年5月4日。
② 刘易斯·芒福德:《城市发展史——起源、演变和前景》,宋俊岭、倪文彦译,中国建筑工业出版社2005年版,第584页。

力建构中国马克思主义城市学派的重要根基和必要环节，中心之所以能够在中国首创"空间正义"理论、可持续城市"三项式循环"理论，探索出中国式城镇化新道路的具体规定，都与此有莫大关联。

如果说，在"世界走向中国"的旧全球化时代，我们需要借助"世界眼光"预见21世纪的中国城镇化发展的未来，那么时至今日，中国的城镇化又进入一个决定中华民族伟大复兴命运和前途的新历史方位，我们跨入了"中国走向世界"的新全球化伟大时代，需要我们跳出茫然流淌但困难重重甚至危机四伏的城镇化滚滚洪流，站在中华民族伟大复兴战略全局和世界百年未有之大变局这一新的历史方位的制高点上远眺未来。首先需要重新思考决定中国城镇化发展总体命运的重大问题：中国城镇化宏伟实践摆脱"跟跑"或"追赶"状态、开创自己独特的道路了吗？未来30年，中国城镇化应当走向何方？这一道路对于未来全球城市化大格局将产生什么影响？

我真诚希望同行们能够摆脱"世界走向中国"的旧全球化时代加于我们身心的束缚，能够与我们一起比肩而立于"中国走向世界"这一全新历史方位，放眼思考和追问，以博大胸怀进入这一地平线与我们展开对话和讨论问题。"应当"源于事实，又规范地高于事实。"应当"作为规范向度不是一个道德化的指令，而是一种现实必然性，因能穿透问题之中存在的本真现实以及由此展开的必然性而指向未来。新的历史方位由两大基本事实交缠而构成坐标系和参照系，成为我们展望和预见未来中国城镇化道路的主要根据。

第一个重大基本事实，即我们已经进入新时代新征程，肩负新伟业。习近平总书记在党的二十大报告中指出：进入新时代新征程，中国共产党的中心任务是团结带领全国各族人民全面建成社会主义现代化强国，实现第二个百年奋斗目标，以中国式现代化全面推进中华民族伟大复兴。中国式现代化是为14亿人口服务的现代化，是全体人民共同富裕的现代化，是物质文明和精神文明相协调的现代化，是人与自然和谐共生的现代化，是走和平发展道路的现代化。中国式现代化不再是原初西方式现代化在中国的翻版，也不是前现代的复辟和后现代的更张，而是"走自己的路"的开创。需要我们作出基本判断的一个重大问题是：2022年末中国城镇化率（按常住人口计算）已经达到65.22%，城镇常住人口总数92071万人，根据联合国的估测，世界发达国家的城市化率在2050年将达到86%，我国的城市化率按照年均增长0.5个百分点计算，大约在2050年将达到80%左右，那么，今后10年、20年、30年，中国的城镇化道路探索究竟对中国式现代化、中华民族伟大复兴、全面建设社会主义现代化强国乃至推动新全球化时代进程意味着什么？占有什么位置？起什么作用？反转而来，中国式现代化的"本质之新"对于中国城镇化目标与道路的中国特色和本质要求明确了怎样的根本性指向？回溯以往，以"大历史观"考察，且不说人类数百万年，仅就中华民族三皇五帝筑城而居5000年、中国近代以来180多年、新中国建立70多年、改革开放40多年而言，贯穿其中的中国城市发展史表明：中国社会文明史发展的每一个重大跃迁，往往都是以某种城市形态的勃兴而开启；每一个朝代的衰亡，往往都以某个城市形态的毁灭而告终。治乱兴衰的历史周期率，往往都伴随着城兴城亡的历史。历史同样表明：城市化是世界现代化的主要发源和基本标志，当然是中国式现代化的主要载体、主要动力和主要标志。刘易斯·芒福德说："最初城市是神灵的家园，而最后城市本身变成了改造人类的主要场所，人性在这里得以充分发挥。"[①] 自1998年以来，中国为了抵御东南亚金融危机、振兴中国经济而推动城市开发的市场化进程，走住房改革货币化、住房供给主体市场化的道路。在资本大量进入并成为主导动力之后，中国的城镇化进入高速扩张期，中国城镇化率从2000年的不足35%到2015年的超过50%，到2022年末超过65.22%，不仅彻底让一个"乡村中国"转变为"都市中国"，更让城镇化产业开拓成为拉动全部相关产业链条、推动整个中国经济发展的主要动能，成为推动中国式现代化道路前行的主要动力。从2010年至2020年末，10年间中国几乎每年的城市化需要消耗占世界年消耗总量的40%的建筑钢材、70%的混凝土、40%以上总量的其他建材；[②] 大量聚集的产业投资和新建筑需要迅速扩张建成空间；年度流入和滞留城镇化的9亿多常住人口需要消耗大量的物质资源。连续20余年来，中国每年城镇化建成空间平均扩张率同比增长都超过1%，人口流向一线和新一线城市的势头虽有减缓，但是依然强大；城镇化更为中国创造了巨量的GDP，城镇化与第二和第三产业创造增加值使中国成为世界第二大经济体的绝对主体。中国的强劲发展也被美国经济学诺奖得主斯蒂格里茨称为影响世界经济发展的两大动能之一。但问题在于，我们需要总结和反思：新中国建立70多年、改革开放40多年，中国特色城镇化究竟走了一条什么道路？进入新时代新征程，如何选择一条最优的城镇化道路与中国式现代化进程相伴随？中国特色城镇化道路与中国式现代化之间，究竟处在何种关系之中？习近平总书记在党的二十大报告中强调："推进以人为核心的新型城镇化，加快农业转移人口市民化""以城市群、都市圈为依托构建大中小城市协调发展格局，推进以县城为重要载体的城镇化建设"。"以人为核心的新型城镇化"为未来中国城镇化道路指明了方向，成为我们需要深刻理解和把握的重大政治原则。

---

① 刘易斯·芒福德：《城市发展史——起源、演变和前景》，宋俊岭、倪文彦译，中国建筑工业出版社2005年版。

② 数据来源：参见《国际统计年鉴》2011—2021年鉴；《建筑业统计年鉴》2011—2021年鉴。

而加快农业转移人口市民化、城市群和都市圈与县城载体的空间布局都是全面落实这一战略指向的关键环节。

另一个需要正视的基本事实是：习近平总书记提出关于"以人为核心的新型城镇化"的行动纲领，是中国式城镇化新道路的根本宗旨，是对城镇化道路的"世界之问"、"中国之问"、"时代之问"、"人民之问"的科学解答。改革开放以来，我国城镇化经历了大规模快速发展过程。今后一个时期乃至 2050 年，我国仍处在城镇化快速发展期，然而，城镇化质量亟待进一步提升，城乡融合发展任重道远。新时代新征程，要深入推进以人为核心的新型城镇化战略，通过优化城镇空间布局、改善人居环境、加快产业结构调整，着力提升新型城镇化建设质量，推进新型城镇化不断向纵深发展。特别需要指出：改革开放以来，中国城镇化道路走到今天，一方面带来巨大财富、推动中国大发展、创造举世瞩目的业绩，但是另一方面，几十年来不少地方政府在土地财政利益的驱使下，包容甚至放纵资本无序扩张、侵吞城市居民弱势群体空间权益和农民的土地权益，积累的问题多多、矛盾重重。虽然学界与公共舆论对此讨论甚多，但是众说纷纭、莫衷一是。概括起来，主要问题大概存在于以下五个方面。

一是上一轮（2010—2021 年）全国城市化进程中存在的不平衡和"泡沫"问题。2022 年末城市化率达到 65.22%，对标发达国家超 80% 的水平，还有 15% 左右（2 亿—3 亿人口）的发展空间。但是地区之间和城市之间的城市化率极不平衡。中西部，东北的黑龙江省和吉林省的三、四线城市人口流出在加速，地区城市人口总量不但没有增长，反而在减少。2021 年，在 287 个城市中，148 个城市的常住人口相比"七普"实现增长；有 139 个城市人口在收缩，占比 48%。[①] 全国城镇化增长率在大幅度下滑。1998—2018 年 20 年里城镇常住人口年增长大多稳定在 2000 万以上，其中 2011 年达到历史峰值，为 2949 万人，2016 年次峰值，为 2622 万人，年均增长 1%，之后就开始一路下滑，至 2022 年跌破千万大关，只有 646 万人，城镇化率从年均 1% 跌到 0.55%。增长进入拐点，呈现出库兹涅茨曲线下滑效应，以城镇化强力拉动经济增长模式的潜能已近衰竭。而且城镇人口分布图显示的东中西部城镇常住人口数量两极化现象在继续扩大。中西部、东北地区城乡人口流失加剧，跨界打工农民悲观地感叹："有家的地方无工作，有工作的地方没有家。"数亿跨界异地打工者家乡产业发展缓慢而无就业机会，而跨界就业地因工作收入偏低、当地商品房价格超高而难以安家。因此，我国的城镇化率仅仅是指常住人口，户籍人口城

[①] 数据来源：各城市统计局。

推进"以人为核心的新型城镇化" 构筑诗意美丽家园

镇化率还止步于46%，与常住人口之间有超过18%的差距。据2022年末统计，有2.6亿常住人口没有城市户籍，而且越是发达的城市，两者差异越大。全国一、二线城市常住人口与户籍人口差大都超过40%。其中原因复杂多样，但是一个主要原因就是我们的城镇化还没有确立"以人为核心"这一新型城镇化的根本宗旨，户籍制度本身仍然与房产和其他地方政府投资的地区俱乐部公共产品因素挂钩。越是发达城市，虽然就业机会较多、收入较高，但是居住成本、生活成本增长率远高于个人收益增长率。当然，效率与均衡之间的拉锯成为世界难题。过去的城市化发展趋势表明：越是超大城市，效率越高；反之效率则越低。用行政手段均衡城市资源和人口，最终必然导致效率锐降。国家转移支付、扶贫调控等政策暂时缓解人口跨界流动，但是无法根本消除全国统一市场条件下的财富积累和人口分布的两极分化现象。在超大城市极化效应虹吸条件下，中西部"空心村"甚至"空心城"日益增多，调控手段日益无着。全世界解决这一难题的路径或者是基于后现代思维提出"去中心化"，即"逆城市化"，向各大中心城市开刀，将原先聚集于一个超大城市内部的所谓政治中心、文化中心、商业中心、教育中心因素肢解化、离散化、分散化、外溢化，政治中心远离超大城市，政府的各部分散于全国各地，大学搬至卫星城镇，商业市场中心迁址郊区，富人区远离城市，等等。或者是动态地搞区域网络化城市（镇）建设，建设一批卫星城镇，以快速轨道交通相连，但是由于中心城市功能没有大量分散，这一模式不能根本解决中心城市人口过度密集带来的问题。或者淡化甚至根本取消城乡户籍制度，采取登记证制度，可是实行下来，虽然问题得到一定程度的缓解，但是城市权利平等这一根本问题并没有解决，常住人口子女在教育（包括基础教育和高中阶段教育、以当地居民身份参加高考等）、医疗保障和其他社会保障方面都没有享受真正的城市公平权益。由于改革开放以来财政包干制度（"分灶吃饭"财政）的存在，许多地方城市内部、城区之间的各项权益都有差异，存在着明显的"俱乐部效应"，无法将某些高平台权益无条件地扩展到常住人口，更无法惠及和覆盖偏远地区城镇人口。

二是新冠疫情一波又一波的冲击在全球不断拉响超大城市人口密度过度集中而导致的高危生存风险的警报。2022年年末，全国人口61年来再次进入负增长时代。14.11亿人口将历史性地成为中国人口规模的峰值，此后人口规模的负增长与人口红利的日趋减少，老龄化峰值降临，高速增长的年城镇化率进入拐点，都对城镇化发展带来冲击。地方政府依靠卖地解决财政收入不能缓解困境，驱赶资金进入房地产业这一蓄水池也没有太大效果，大批房地产开发商破产倒闭，逆城市化的人口回流似乎成为一种趋势。推行房地产税和遗产税有可能促进财富均等化，但是如果社会财富不能大幅度增长、蛋糕不能可持续做大，就有可能竭泽而渔、杀鸡取卵，将进一步迫使房地产业乃至整个城镇化发展走势低迷萧条。走向城镇化的数亿农户因为城市飙高的生活成本和难以公平获得的各种权益，以及就业岗位日趋减少无法深度融入城市社会而成为"城市边缘人"。转型高速增长的城镇化意味着问题和矛盾积累的高倍数，而且在新冠疫情的冲击下，农民大批返乡、中小城镇人口和产业空洞化、中西部大中城市发展出现严重缩减衰落趋势，都在预示着中国原初一味主张发展超大规模、特大规模城市和大城市圈（群）作为发展极拉动的战略之路似乎走到尽头。各种逆城市化宿命和趋势的无情降临，给以往所有热衷城市扩张的地方各级政府、各种投资商和盲目挤进大都市的外来务工人员头上浇了无数盆凉水。大资本抽离，房地产投资商纷纷破产，土地出让率急剧走低，政府财政收入急剧下滑甚至债台高筑，社会舆论对此担忧、诟病不断。

三是城乡结构剧烈变动使县城成为大中城市以下的主要空间载体。教育、卫生、医疗、通信网络、自来水、电力、垃圾处理等大都向县城以上空间集中，县城以下的乡镇、乡村因公共产品、资本要素、经济要素大量退出而日益凋敝。除了乡镇经济原初发达的长三角和珠三角，其他中西部和东北地区在人口和产业日益空洞化的乡村推动"乡镇振兴"战略就因缺乏公共产品、人口主体、领军人才、龙头企业和机会空间而困难重重，城乡关系严重脱节。

四是"中国特色城镇化"被超大城市、特大城市的极化效应替代之后，是否因当下新冠疫情的冲击而发生了逆转？我们是否需要重新思考当年费孝通先生主张的以"小城镇、大问题"为代表的城镇化"苏南模式"之路的合理性，重建基层性、乡土性、乡情化的就地城镇化的"小城镇"共同体群落，而让跨地区大规模人口流动的极化城市道路带来的弊端淡化和远去？我国人口众多、自然环境差异较大。推进中国式城镇化，客观上要求布局优化、集约高效，根据资源环境承载能力构建科学合理的城镇化宏观布局，推进城乡融合发展和体制机制创新。完善城镇化空间布局，发展壮大城市群和都市圈，开拓高质量发展动力源，应根据土地、水资源和生态环境承载能力做好规划，推动城市群、都市圈一体化发展。虽然北方的环渤海城市群、哈长城市群、关中平原城市群，长江流域的长三角城市群、长江中游城市群、成渝城市群，南方的粤港澳大湾区城市群、北部湾城市群等的发展都有一定成效，但是成效差异很大，体现在经济发展优势、经济和人口承载能力、高质量发展前景等方面。区域间自然禀赋的差异性决定发展的差异性，如何依托区域优势和资源禀赋，促进大中小城市和小城镇协调联动、特色化发展，成为解决当前中国城镇化难题的关键。

推进"以人为核心的新型城镇化"构筑诗意美丽家园

五是改革开放以来，中国进入了一个具有差异性利益结构的差异性社会。由于各种利益牵扯和权益相关，使得人们对中国城镇化道路评判和期望各不相同甚至相互对立。城镇化成为一个众说纷纭、莫衷一是、争辩不断的公共领域。利益多样化导致的差异性目标和利益期许，使得关于城镇化道路的过程成为今天争论颇多的一大舆论场。"茫茫九派流中国，沉沉一线穿南北。"改革开放以来，中国城镇化究竟在走一条什么道路？我们究竟如何客观评价中国城镇化道路取得的巨大成就和存在的巨量问题？这都是今天学界甚至政界讨论的焦点问题。

——民粹主义以"广大人民群众"天然代表身份自居，面对住房难、住房贵的问题，他们彻底否定改革开放，坚决反对城市建设引入资本，反对市场化走向，以《共产党宣言》中经典的"消灭私有制"的社会主义原则主张居住空间权益平等和无条件供给，主张"住房、教育、医疗三大免费"。上述主张得到了一大批普通民众的热烈拥护和支持，因为这一主张寄托了广大人民群众对美好生活的梦想。

——新自由主义则相反，认为中国城镇化取得巨大成就主要是中国共产党采取了包容、发挥资本和市场的积极作用，公平在市场，问题在权力干预，腐败=权力+市场。权力不介入市场，就不会有腐败，市场公平交易就是城镇化最大的正义，要解决中国城镇化难题，就是将权力约束到"守夜人"角色，斩断一切伸向城镇化市场、干扰市场的权力黑手，取消集权统一，房地产商只能为"有效需求"（富人）造房子，价高者得房，公平交易和市场竞争就是正义的一切。一切城市权益的公平性存在于市场起决定性资源配置作用的基础上；一切城市权益和资源配置失灵的原因，就在于政府干预破坏了市场公平调节杠杆作用。这就是主张极端扩展市场化公平正义的新自由主义观念。

——新保守主义主张稳定压倒一切，视"稳中求进"为上上之策，因此坚决反对"全面深化改革"，坚决反对将现存的利益格局翻烧饼式的加以大调整、大变动，主张存在的就是合理的，主张"不要折腾"，认为现存的一切都是历史的抉择，都是经过"实践检验"后被一段历史证明的"真理"选择。

——后现代正义观则认为一切问题在于主张"中心化、规模化"的现代主义思潮的弊端造成的极化城市化效应，认为如果走分散化、逆城市化、公平化布局的城镇化道路，坚决限制和取缔超大城市规模，削减中心城市地位和权力，分散中心资源，那么一切城市问题就会得到根本解决。在后现代思维看来，现代性的城市中心性之路走到尽头。他们特别强调差异化和多元化正义的自然性，认为原本城市就是一个多元的人带着多元的文化进入的杂多拼接的空间，就是碎片拼接和"撒播"的自然状态，为何一定要以某种"整体性"或"单质态"正义视域来统摄人们呢？多种经济成分、多种就业方式、多种生存方式、多样的价值观念和评价标准呈现出城市的多元性、多样性就是城市本质，"异"造就、代替了"同"，"君子和而不同"即可，何必追求一种规则包容所有、一种正义统摄一切的城市呢？

可见，各种思潮充分体现的差异性价值观和评价标准，正是差异性社会的思想表达。这些表达所指认的许多事实是有根有据的，他们的见解并不完全错误，对于城镇化道路的批评还有很多值得我们深思的地方，决不能简单一概加以否定。但是，从总体上来看，上述见解有偏好甚至偏颇，我们要坚持中国式城镇化新道路，就必须在积极对话中吸取他们的合理思想资源，同时解答他们的见解偏好带来的问题，坚定不移地走好中国式城镇化新道路。在中国共产党带领全国各族人民为全面建设社会主义现代化国家而奋斗的新的重大历史时刻，我们站在新时代新征程制高点上，需要回答的重大问题、根本问题是：在深刻全面反思若干问题并与多重见解展开对话的基础上，如何反思总结改革开放以来中国走过的城镇化道路？聚焦中国式现代化这一主题，面向未来，我们又将如何重新规划、设计和选择与全面建设社会主义现代化国家这一中心使命相匹配的中国城镇化道路？

两大事实的坐标系和参照系交汇于一点，就是中国城镇化宏伟实践是否在开创作为中国式现代化的一个主要支撑的"中国式城镇化新道路"。我们判断：当改革开放主要是"追赶式"，即按照西方式现代化和城镇化目标"大踏步地赶上了世界发展潮流"时，我们独立自主开创自己的城镇化道路之举究竟取得了何种效果？如果做肯定判断，那么本文的系列思考必将由此产生系列逐层追问：回溯以往，改革开放40多年来，中国是否走出了一条与中国式现代化相匹配的中国式城镇化新道路？如何理解中国式城镇化新道路与中国式现代化的关系？如何客观评价中国式城镇化新道路的历史功绩与存在的问题？什么是中国式城镇化新道路？中国式城镇化新道路中国特色和"本质之新"究竟表现在何处？未来30年，中国城镇化的目标形态和新道路指向何方？中国式城镇化新道路的伟大梦想究竟展现为何种形态？中国式城镇化新道路是否引领着全球城市体系治理结构的大转换？

二 走向何方：中国式城镇化新道路的出场逻辑

党的二十大报告庄严宣示新时代新征程中国共产党肩负的伟大使命任务："从现在起，中国共产党的中心任务就是团结带领全国各族人民全面建成社会主义现代化强

推进"以人为核心的新型城镇化" 构筑诗意美丽家园

国、实现第二个百年奋斗目标,以中国式现代化全面推进中华民族伟大复兴。"[1] 同时,以中国化时代化马克思主义新视域全面揭示了中国式现代化的基本内涵、中国特色、本质要求、战略安排、重大原则等,展现为一个自主知识体系。那么,我们需要进一步研究的第一个重大问题必然是:与中国式现代化总体要求相对应,改革开放40多年来,我们是否走出了一条真正"以人为核心的新型城镇化"道路,即中国式城镇化新道路?未来30年,我们走向何方?进而言之,我们是否要继续开拓和成功推进中国式城镇化新道路?

2013年12月,习近平总书记在改革开放后首次中央城镇化工作会议中指出:"城镇化是现代化的必由之路",并强调指出:"推进城镇化是解决农业、农村、农民问题的重要途径,是推动区域协调发展的有力支撑,是扩大内需和促进产业升级的重要抓手,对全面建成小康社会、加快推进社会主义现代化具有重大现实意义和深远历史意义。"[2] 现代化依靠城市化,城市化荷载现代化,这是世界现代化进程普遍存在的规律性结论。所谓城市化,就是指人们以高密度的建筑群落、街区和市场方式等要素规模化聚集从事生产、交换和生活的空间样态。"历史向世界历史"转变的现代化趋势表明:世界现代化发端于城市化。在某种意义上,所谓现代城市就是现代化的共时性空间样态,而现代化是现代城市的历时性表现。从传统走向现代,城市化让人从崇拜神灵转而找回失落的自我、成就人的自我主体,诉诸理性进行现代生产和空间扩张,因此,现代城市弘扬了"大写的人"与"大写的理性"精神,成为书写在大地上的现代化空间。"城市的主要功能是化力为形,化能量为文化,化死的东西为活的形象,化生物的繁衍为社会创造力。"[3] 各国现代城镇化进程具有共同特征,中国城镇化必须学习国外开创城镇化道路形成的先进经验。但是,中国的城镇化道路也在克服国外城镇化带来各种弊端的过程中,根据中国国情再创自己的特色。我们必须以实事求是的历史真诚和态度来冷静思考两个相关问题:一是既然我们在较长时期模仿西方之路,甚至经历了殖民化城市之路,新中国建立之后提出的主要目标也是"追赶型"现代化、"追赶型"城镇化,那么,什么时候开始发现西方式现代化、城镇化存在严重问题和根本弊端,需要重新思考走自己的路来超越西方式现代化和城镇化

---

[1] 习近平:《高举中国特色社会主义伟大旗帜 为全面建设社会主义现代化国家而团结奋斗——在中国共产党第二十次全国代表大会上的报告》,人民出版社2022年版,第21页。

[2] 习近平:《在主持召开的改革开放以来首次中央城镇化工作会议上的讲话》,《人民日报》2013年12月14日。

[3] 刘易斯·芒福德:《城市发展史——起源、演变和前景》,宋俊岭、倪文彦译,中国建筑工业出版社2005年版,第582页。

道路的弊端？二是我们开辟中国式城镇化新道路的"本质之新"不仅仅是创造了世界城镇化多元道路中的"一元"，更是对西方式、旧中国式、新中国建立之初"全盘苏化"式，甚至改革开放初期式道路种种问题的超越性解答的结果。这是一次伟大的"效果史"。我们只有站在大历史观的高度，深度反思和比较上述各个被希望和正在超越的对象，才能真正理解和懂得我们究竟今天需要干什么，走什么路，做什么事。

党的十八大以来，特别是2013年12月，习近平总书记在中央城镇化工作会议上振聋发聩地明确宣告："在我们这样一个拥有十三亿多人口的发展中大国实现城镇化，在人类发展史上没有先例。粗放扩张、人地失衡、举债度日、破坏环境的老路不能再走了，也走不通了。在这样一个十分关键的路口，必须走出一条新型城镇化道路，切实把握正确的方向。"宣告"必须走出一条新型城镇化道路"，这是在新时代向全党、全国人民指出的中国式城镇化的根本方向，部署的中国式城镇化的根本战略，提出的中国式城镇化的根本命题。同时明确指出走出一条新型城镇化道路要把握的关键环节："第一，要把握住指导思想。城镇化是一个自然历史过程，是我国发展必然要遇到的经济社会发展过程。推进城镇化要从社会主义初级阶段基本国情出发，遵循规律，因势利导，使城镇化成为一个顺势而为、水到渠成的发展过程。确定目标必须实事求是、切实可行，不能把胃口吊得太高，更不能作出难以兑现的承诺。要因地制宜、合理布局，既要积极又要稳妥，更要扎实，方向要明，步子要稳，措施要实，不要急于求成、拔苗助长，更不要去搞'大跃进'、大干快上、一哄而上。第二，要把握住发展质量。坚持把城镇化质量明显提高摆在突出位置来落实。稳步提高户籍人口城镇化水平；大力提高城镇土地利用效率、城镇建成区人口密度；切实提高能源利用效率，降低能源消耗和二氧化碳排放强度；高度重视生态安全，扩大森林、湖泊、湿地等绿色生态空间比重，增强水源涵养能力和环境容量；不断改善环境质量，减少主要污染物排放总量，控制开发强度，增强抵御和减缓自然灾害能力，提高历史文物保护水平。第三，要把握住基本原则。坚持以人为本，推进以人为核心的城镇化；坚持优化布局，促进大中小城市和小城镇合理分工、功能互补、协同发展；坚持生态文明，着力推进绿色发展、循环发展、低碳发展；坚持传承文化，发展有历史记忆、地域特色、民族特点的美丽城镇。"[①] 习近平总书记上述论述，明确了"坚持以人为本，推进以人为核心的城镇化""以人民为中心"

[①] 习近平：《在主持召开的改革开放以来首次中央城镇化工作会议上的讲话》，《人民日报》2013年12月14日。

推进"以人为核心的新型城镇化" 构筑诗意美丽家园

这一根本宗旨，明确了中国城镇化的指导思想、全面高质量要求、基本原则和各项任务，强调中国城镇化要从中国特色社会主义发展实际出发，规划先行，稳步快走，合理布局，注重把握住发展质量，保护生态安全和文化传承，建设美丽城镇，加快农村转移人口市民化、提高土地利用效率、建立多元可持续的资金保障机制、优化城镇化布局和形态、提高城镇建设水平、加强对城镇化的管理等。习近平总书记的论述是中国马克思主义城镇化理论的时代篇章，是新时代中国式城镇化新道路前行的指导思想。

"以人为核心的新型城镇化道路"宣告了与中国式现代化相契合的中国式城镇化新道路的诞生。揭示中国式城镇化新道路不能脱离中国式现代化这一主线，而考察中国式现代化不能脱离中国式城镇化新道路这一空间依托。中国式城镇化是中国式现代化的必由之路。如果说，我们党开辟了"中国式现代化"新道路，那么，同步也开辟了新型城镇化道路。这一"新型"之"新"集中体现在"中国式"，因而展现为在本质上与中国式现代化新道路高度契合的中国式城镇化新道路。要理解中国式现代化的中国特色和本质要求，只有将新与旧加以比较才会有结论。而比较必须要有比较的对象，即参照系或坐标系。然而，任何一个参照系或坐标系却不是我们今天在"顶层设计"时任意主观外在的选择，而是来自中国式城镇化新道路出场的客观历史进程中所必然遭遇过的对象，即道路创造的历史早已客观经历过的事实。当然，从根基处而言，最主要的参照系或坐标系就是中国式现代化，因为"以人为核心的新型城镇化道路"即中国式城镇化新道路就是中国式现代化的一个关键领域和承载形态。但是，就城镇化道路而言，这一道路的开辟本身又必然具有与中国式现代化超越"别人的"和"旧我的"现代化参照系或坐标系一样的经历。那么，中国式城镇化新道路之"新"究竟要超越和解答哪些历史上的参照系或坐标系呢？回溯以往，大致可以归结为五个：一是西方式城镇化道路（西教条）；二是旧中国式城镇化道路（老教条）；三是苏联式城镇化道路（东教条）；四是新中国成立初期的城镇化道路（土教条）和改革开放初期的城镇化曲折道路（新教条）。中国式城镇化新道路之"新"，如果没有对上述五个参照系和坐标系的弊端或根本问题的解答和超越，就不可能有中国式城镇化新道路之"新"。虽然这一阐释是理论的分析，也是偏逻辑的概括，却是中国共产党人带领中国人民用无数汗水、生命和鲜血盖上印章而得来的珍贵结论。这里的历史与逻辑的统一，绝不是"春风得意马蹄疾，一日看尽长安花"那样挥意潇洒，在此是付出了无数血与火沉重代价得来的宝贵经验的高度凝结。

只有揭示跨越五大参照系或坐标系而得以真正出场的中国式城镇化新道路的进程，我们才能真实地展示中国式城镇化新道路的出场逻辑，才能从中体悟到一个真谛：我们的历史由这一道路而来，必定要坚定不移地走好这一道路。

三　制度性跨越：超越西方式城镇化道路的艰难历程

党的二十大报告指出："中国式现代化，是中国共产党领导的社会主义现代化"[①]，实现了现代化道路的制度性跨越；同样，中国式城镇化是中国共产党领导的社会主义城镇化，必须实现制度性的超越。中国式城镇化新道路第一个必须跨越和正在持续超越的坐标对象，就是西方式现代化轨道上的西方式城镇化道路。"道路之新"首先体现在成功实现这一超越上。这一超越不仅仅是历史的逻辑，而且还是现实的逻辑。现代化意义上的城镇化源于西方。西方式现代化是资本逻辑主导的世界现代化原初形态，也是一统天下宰制世界的现代化的唯一形态，这一世界格局直到列宁领导的俄国"十月革命"开创了第一个社会主义现代化道路才被打破。以苏州为标志，虽然中国追求内生型现代化的历史从宋朝以降已历千年，然而外源型现代化的近代史也由西方列强用坚船利炮轰开古老中国大门而肇始，中国现在沿海和许多内地发达的城市大半都源于西方列强入侵后的兴建或改造。由此，中国城市现代化的历史自1840年以来由西方列强最初重写。中国仁人志士要想民族复兴，也照搬照抄西方城市化和产业化的模式。因此，中国式城镇化新道路之所以能够出场，第一个必须超越的对象，一定就是资本逻辑主导的西方式城镇化道路。这是中华民族的城镇化异常艰难而又必须肩负的第一使命。中国式城镇化新道路在新的时代条件下还要充分发挥资本的积极杠杆作用，然而又要防止和消除资本"另类牵引"的消极作用，解决好中国式城镇化如何坚持"以人民为中心"和积极发挥资本作用之间的辩证关系，依然是一个现实难题。

中国正在持续超越西方式城镇化道路的历程异常艰难。近代以来，中国现代化和城镇化第一个起点，就是被动地遭受西方列强用武力强制灌输的殖民化城镇模式。在半殖民地半封建社会制度的压迫下，中国仁人志士希望救国救民，以照搬照抄西方模式作为肇始。然而屡抄屡败的历史警醒了中国人民，反抗压迫和探索民族独立之路极其艰难。西方式现代化、城镇化曾经是世界历史性最先进的现代社会形态和城市形态的原创和一统天下格局的承载者，而且几百年来形成了压迫其他一切民族反抗的全球霸权的强大力量。要反抗奴役并从中解放出来，必须以大历史观深刻认识西方式现代化和城镇化的规律。

[①] 习近平：《高举中国特色社会主义伟大旗帜　为全面建设社会主义现代化国家而团结奋斗——在中国共产党第二十次全国代表大会上的报告》，人民出版社2022年版，第22页。

推进"以人为核心的新型城镇化" 构筑诗意美丽家园

如果说，西方式现代化最初以启蒙现代性形式发端，其主要表现形态一度还存在于思想层面，（"大写的人"和"大写的理性"构成了启蒙现代性的两大根基；以"大写的人"冲破"大写的神"的父法权威、以"大写的理性"冲破"大写的蒙昧"，起初还表现为精神形态）那么，作为现代性的社会存在层面，主要源于城镇化。马克思通过唯物史观和资本批判理论对启蒙现代性各个要素的唯心史观的虚幻性表达加以改造，将抽象的"大写的人"回归为"在历史中行动的人"或"现实的人"；而将抽象的"大写的理性"或"绝对的理性"看作是"现实的理性"——在资本逻辑中就表现为赚钱的理性狡诈。至于现代性的社会存在层面，马克思几乎全面地批判接受启蒙现代性的思想规定。在《德意志意识形态》《共产党宣言》《资本论》等系列著作中，充分肯定城镇化是西方式现代化现实的空间发源地这一判定。

古代城市毫无疑问早于现代性社会。但是，欧洲中世纪后期孕育的现代性肯定又缘起于城市化、城镇化。在乡村，封建的农庄城堡林立，农奴归属于各个堡主。因为可能存在着祭祀的神坛、神庙或交易各个城堡的产品的需要，在城堡之间往往有某些并不固定的交易集市存在的空间，颇像中国乡村逢五逢十共同祭祀兼"赶集"的那种交易集会。这一空间最初只是神灵或交易磁性吸引之地，然后转化为容身之地，被城堡庄园赶出去的农奴流落此地，靠简单乞讨、盗窃、手工业或其他服务手段换得基本生活物品，人口开始聚集。城镇空间跻身于各个封建城堡之间，因为没有耕地，所以城镇流浪者只能以非农手段（手工业、服务业、流氓无产者手段等）生存，行业抱团取暖成立同业公会，形成各自的市民共同体。城镇逐渐发展壮大起来，与周边堡主和基督教会谈判取得了自治权益。城镇居民人格相对独立、相对自由，摆脱了堡主的人身依附关系，据说农奴逃到城堡之中"一年零一天"就可以获得城镇自由独立人格身份。虽然各个同业公会本性仍带"黑"，但是毕竟维护着行业内部从业人员的利益。城镇治理从最初依靠"亮肌肉"，逐步转移到依靠公共选举。现代性的系列特征由此显现：市民的自主性、自由性，城镇的开放性和公共性，等等。城镇是自由人的居住地，帮主与伙计之间构成雇佣被雇佣关系，相对摆脱了中世纪封建的人身依附关系；城镇开放而没有拒绝权，任何农奴逃逸进城和外地商人进城经商都可以自主成为城镇新人；城镇是公共自治空间，民主选举由此再次（雅典之后）发端；"大写的人"、"大写的理性"在此受到尊重。启蒙现代性的所有精神在"市民社会"成长中得到养育和壮大。随着工场手工业和商业交易的发达，市民社会在政治上逐步成为具有国家治理话语权的"第三等级"，进而与封建的上层建筑统治方式之间发生尖锐冲突，最终推翻了封建统治而完成了社会形态的革命，资本逻辑宰制的现代性社会取代了中世纪的传统封建社会。这一历史图景，在欧洲英法国家最为典型，从而被青年时代马克思的《克罗茨纳赫》关注，进而形成了历史唯物主义理论图景。

可见，没有城镇化，就没有市民社会，也就没有西方式现代化。西方式现代化至今获得的一切文明成就，无一不与城镇化相关。西方式现代化所取得的每一个划时代的进步，都无不体现在城市的塑造之中。西方城市中那些引以为豪的标志性建筑，如法国巴黎的埃菲尔铁塔、凯旋门，美国纽约的自由女神像，英国的伦敦塔桥（Tower Bridge），日本东京塔，等等，都诉说着西方式现代性发展的故事；城市面貌与治理方式的翻新，都书写着他们的现代化的历史。他们的城镇化创造的"伟大文明作用"主要包括以下五个方面。一是巨量集聚的先进生产力和生产方式。城镇化之所以高速发展，主要是因为生产要素的集聚有利于资本化的大生产，工场手工业需要城镇化集聚集中，机器大生产更需要城镇化集聚集中。城镇化的生产和销售成本远低于乡村分散的产业格局，在城市，土地集约、交通费用集约、人力集约、厂房设备集约、信息集约、管理集约、资本集约等。二是空间在资本化，带来大卫·哈维所说的"资本循环""资本周转""资本积累"三要素。城镇成为重产业资本的空间，城市建成环境成为资本储存的媒介，资本需求而不是使用需要主导房地产市场。城市空间成为资本的潜在条件和重产业循环的承载。三是聚集造就庞大的城市社会生活空间形态与市民社会。每一个城镇的建造都在这样或那样地安排居住者之间的空间生活方式，创造大量的 CBD 和文明生活样式。市民社会就在城市中成为主体存在，推动着城市扩张，创造着城市生活的繁荣面貌。四是创造城镇文化和精神的优先性。城镇与乡村相比，文化和精神生活的超前性和先进性毋庸置疑。五是向全球扩张，建构了资本逻辑通过殖民主义、帝国主义、新帝国主义控制全球的全球城市体系，这一过程建构了"中心—次边缘—边缘"等级结构的世界城市分工和交往体系。世界上任何城市本性和功能的在场，都被无情地按照这一全球城市体系加以打造和限定，所谓一级、二级、三级、四级、五级、六级城市乃至城镇（网状结构城市）之间的分类、分工与交往关系，每一个城市存在的必要性和总体价值，都被一个全球资本牢牢地掌握在世界城市体系之中。正如我的学生赵强博士在他的博士学位论文中所尖锐地指出的：今天的资本逻辑全球化，其承载的微观基础就是都市全球化体系，而资本全球化体系，不过是资本的世界都市体系的宏观表现。世界城市之间的交往和要素的跨国流动，已经成为资本全球化的主要实现方式。

资本逻辑宰制的现代性进程创造的文明结果，马克思—恩格斯在《共产党宣言》中曾给予高度评价。德里达曾称之为对资本全球化伟大文明作用的"最高褒奖"。在这一意义上，我们要深刻把握马克思对资本逻辑现代性、城镇化加以辩证

推进"以人为核心的新型城镇化"构筑诗意美丽家园

历史考察的双重视域。一方面,在历史唯物主义的客观历史意义上充分肯定资本逻辑造就的"伟大文明作用",以及将"历史转变为世界历史(全球化)"的伟大功绩。资本造就了世界历史性的现代化文明进程:"资产阶级在历史上曾经起过非常革命的作用。""资产阶级在它已经取得了统治的地方把一切封建的、宗法的和田园诗般的关系都破坏了。""资产阶级除非对生产工具,从而对生产关系,从而对全部社会关系不断地进行革命,否则就不能生存下去。"①由资本逻辑开辟的生产和交换的世界体系成为引领人类历史前行的"现代化"文明基础。任何"现代化之新"都要以这一原初文明带来的共同特征为基础,只有全面充分地榨取、学习、接受、吸纳这些文明成果,我们的中国式现代化、中国式城镇化新道路才能扬弃和超越这一坐标系,创造"本质之新"。如果不能全面榨取和继承资本逻辑创造的伟大文明成果,那么,我们就不能具有克服其弊端的真正本领,也就不能独立自主地创造出能够超越西方式城镇化道路弊端的中国式城镇化新道路。另一方面,我们必须站在更高的历史立场上,批判地超越西方式资本逻辑宰制的城市化道路。囿于资本逻辑无限牟利的贪婪本性,西方式城市化必然造成三大矛盾,相应地导致三大崩溃。

第一大矛盾即城市资本化导致空间生产中人与人关系的全面对抗、异化和冲突,空间生产和分配严重不正义,最终导致城市社会的崩溃。资本将城市的空间生产和运营当作资本循环、资本周转和资本积累的主要载体。资本逐利和市场竞争必然导致空间生产的两极化,即大卫·哈维所说的"空间的非均衡化"。这一非均衡化主要表现为三个向度。一是城乡二元对立,"羊吃人"导致乡村消灭。此后,资本不断通过产业下乡掠夺土地,最终造成乡村的远去。在《共产党宣言》中,马克思就已经指出"乡村从属于城市"的趋势。二是资本逐利,造成了城市内部空间生产和分配严重不公平、不均衡。豪宅与贫民窟、城市边缘构成狄更斯所描述的"天堂与地狱"同在的"双城记","双城记"造成了人世间最大的空间不公平、不正义现象,将社会的贫富分化、阶级隔膜、阶级对抗以空间形式淋漓尽致地展现出来。三是空间权益的不平等达到极致。一切以空间资源资本化为基础条件造成的不平等,深度影响到城市文化和精神世界,造成城市文明和野蛮的对立。恩格斯在《乌培河谷的来信》《英国工人阶级状况》《论住宅问题》等著作中,以及马克思在《资本论》中引用和描述的那种工人和穷苦大众居住的城市边缘肮脏拥挤、不堪入目的贫民窟环境,几乎在全世界城市资本化原始积累时代的空间中都存在过。资本逻辑借助 21 世纪新科技革命创新而在场,在解决了若干旧的危机之后又造成更严重、更深

---

① 《马克思恩格斯选集》第 2 卷,人民出版社 2012 年版,第 402、403 页。

刻的危机。工业 4.0、大数据、元宇宙、人工智能、生命工程、新能源和新材料、深海与航天以及外太空星链都在强化资本逻辑创新。创新的结果是资本再造霸权空间，包括元宇宙等虚拟霸权空间对于人的新统治，以及生命资本化对于大众生命的新奴役。

第二大矛盾是城市资本化与自然条件之间关系的对抗，支持人类生存的自然条件新陈代谢修复圈被破防，"悬崖效应"不在，环境条件恶化不可逆转。资本化大工业生产集聚集中在产业化城市，导致各种定向性的污染，化工区产业的集中必然带来各种重化工污染，纺织区带来纺织废水和废物污染，电子产业带来高技术污染，甚至太阳能生产材料工业（硅业）也带来严重污染。石油、煤炭、天然气等一切不可再生的能源不断消耗殆尽，大中城市"生态大脚印"跨越全球，成为一个又一个要靠剥削和掠夺全球资源才能生存的生态殖民主义、帝国主义、霸权主义中心。

第三大矛盾是全球分裂，西方中心城市对于东方从属的边缘化城市的统治一直在延续，资本获利的双循环（资本输出从西方抵达东方，利润从东方流向西方）造成了全球城市之间的对抗关系，全球分裂格局难以避免。单边主义、霸权主义、殖民主义、帝国主义和新帝国主义始终主宰着全球城市体系。

三大矛盾造成三大崩溃，这是西方式城镇化必然带来的弊端和结局。如何超越西方式城镇化道路，从空想社会主义者设计"乌托邦""太阳城""共产村"时就已经在不断构思。霍华德的《明日的田园城市》也勾勒了城乡一体化的梦想。无数城市规划思想家、建筑设计家们都在着力思索如何在资本逻辑统治下改善城市空间结构，为资本统治的下层民众提供改良的方案。著名的"一砖一瓦体现人道关怀"的"包豪斯建筑"乃至"极简主义建筑"，都是一批有良心的规划和建筑设计家在资本主义制度条件下努力改良条件、缓和矛盾的积极尝试。

中国式城镇化新道路就是对资本逻辑宰制的西方式城镇化道路的三大弊端历史性超越和辩证扬弃的必然产物。中国式城镇化新道路的出场，在这一意义上，就是对城市化现代之谜的"世界之问""中国之问""人民之问""时代之问"的中国探索和解答。那么，如何跨越西方式城镇化道路呢？无论从世界历史进程还是从中国历史来看，这都是一个正在经历百余年摸索奋斗但尚未完成的艰难历史进程。在1840年鸦片战争以来的近现代历史的进程中，经历着三个现代化阶段：1840—1949年"被动输入型现代化阶段"，1949—2012年的"自主输入型现代化阶段"，以及新时代以来逐步跨入的"自主辐射型现代化阶段"。与此相应，中国的现代城镇化道路探索呈现为"被动输入型城镇化阶段""自主输入型城镇化阶段""自主辐射型城镇化阶段"。关于这一艰难历程，我们稍后再论。关键是中国式城镇化新道路之

推进"以人为核心的新型城镇化"构筑诗意美丽家园

"新"如何对标超越西方式城镇化道路这一参照系或坐标系。可以说,尽管我们在中国式现代化如何超越西方式现代化问题上有了比较自觉的认识和实践,然而,就政界或学界而言,对于西方式城镇化弊端的认识以及如何让中国式城镇化新道路对此加以超越,依然缺乏自觉理解。其实,答案就在于:要实现三大超越。

第一大超越,即在根本宗旨上要真正实现"以人民至上的城镇化","人民城市人民建,人民城市为人民","一切为了人民、一切依靠人民、一切城镇化成果更多更公平地为人民所共享",让城市增益公平惠及所有人民,实现"空间正义",走"共同富裕"之路,追求以"共同福祉"为基础的城镇化,创造空间正义和城市权益公平配置的最大共同体,进而逐步减少乃至最终消灭城市权益不公平、城乡对立和城乡差异,超越以资本逻辑为宰制的西方式城镇化模式导致的人与人之间全面异化和对立的社会关系的崩溃。中国式城镇化新道路要着力解决空间正义包括的两大问题:一是要着力解决城市内部的权益公平问题,包括外来流动人口与本埠居民关于城市权利如何公平合理地分配;二是城乡对立和差距如何缩小直至消除。正是在这一方向上,中国式城镇化新道路之"新"与资本逻辑单纯以利益最大化原则而盘剥榨取弱势群体的空间权益之间产生尖锐对立。当然,中国式城镇化新道路既不是指前现代的城镇化道路,也不是指后现代的城镇化道路,而是在"中国新现代性"意义上展开自己的存在。这里的"人民"不仅是一个传统大众化的、具有平等地位和权力的"身份政治"群体的主体概念,更是一个存在于交往理性关系之间的差异性的、多元化的并具有追求平等的城市权利的主体集群,一个差异性社会的城乡共同体。这一差异性社会的城乡共同体,既不是传统文化意义上以血缘和乡源关系为纽带的具有差序格局的群体,也不是完全处于外在撒播、离散状态的后现代多元个体,而是一个在新现代性意义上的差异性社会共同体。

第二大超越,即必须以"人与自然和谐共生"的现代化、城镇化之途,来超越资本逻辑宰制的西方式城镇化为了满足资本逐利需要而肆意破坏生态和环境、造成城乡生态不可持续的弊端。西方式城镇化早期的"羊吃人"即为了"剪羊毛"以满足城市纺织工业资本生产原料的需要,破坏乡村自然风貌、破坏耕地环境,美洲、澳洲为了"挖金矿"而破坏环境,工业资本扩张导致"伦敦雾"、"水俣病"的暴发,以及各种战争甚至核战争对于城乡人类的摧毁和环境破坏,都是资本逻辑的必然结果。对"人类中心主义—帝国主义"展开批判的深生态学,本质上是对造成这一现象的资本逻辑的批判。21世纪西方倡导的自觉的生态—绿色资本主义也在资本主义框架中探索绿色发展新路和生态文明建设的可能性,绿色产业蓬勃兴起,只能是通过产业空洞化和垃圾外溢(将制造业和垃圾等环境污染源大量转移)到发展中国家，而在非常有限的本土中保持生态环境良好的自欺欺人的可耻行动。中国式城镇化新道路在空间生产、分配和消费上要重建生态屏障，山水林田湖草沙统一规划、分类保护，碧水蓝天净土保卫战必须坚决打赢，进而向更深、更高的生态目标迈进。

第三大超越，即在全球城市治理体系上，要坚决打破西方中心论、霸权主义宰制的格局，而代之以全球城市间的多元平等、和平共处、合作共赢、文明互鉴的新全球化城市体系，为人类谋福利、为全球谋正义。资本逻辑宰制的旧全球化城市体系，是一个由西方城市中心宰制、殖民化布展、霸权逻辑统治的世界分级城市体系。我们不难看到，在这一世界分级城市体系中，站在世界城市体系最高端的一类城市都是西方中心城市。世界一类金融中心、知识创新中心、服务中心都是欧美中心城市；东方大都市都定格在地区金融中心、科技中心、商业和服务贸易中心。地区级中心城市的地位与定格选择服务于西方中心城市殖民霸权统治这一地区的全球体系的需要。"东方从属于西方"格局一直是旧全球化城市体系的必然表现。

三大超越本质上是辩证扬弃，即既克服，又保留。之所以"克服"和否定在于中国式城镇化的"道路之新"，本质上是社会主义城镇化，必然全面否定和克服西方资本逻辑宰制的城镇化弊端。之所以"保留"，有三大主要原因。一是对于后发国家而言，"一穷二白"的状况迫切需要我们必须利用一切有利于国计民生的城乡资本因素。中国崛起和超越原初资本宰制全球城市的霸权体系需要一个长期辩证发展过程。由此必须经过百年"自主输入型城镇化"奋斗才能跨进"自主辐射型城镇化"阶段。二是因为资本为了更多逐利和暂时摆脱危机，也在不断创新，呈现系列的资本创新逻辑，从大工业资本主导的资本全球化体系不断走向空间资本等主导的当代资本全球化体系。2008年国际金融危机居然源于美国房地产"次贷危机"，这些创新在不断刷新现代城市化文明样态，从而为中国式城镇化道路提供利用、借鉴资本的必要性根据。中国改造资本并发挥资本的积极作用，让国有、民营、外资都采取资本形式，建立社会主义市场经济体制，在城镇化进程中充分利用资本逻辑开发建设功能，这是利用资本创新逻辑的最鲜明、最自觉、最有力的形态。三是和平和发展是时代主题，"发展与不发展"成为支配一切、压倒一切的主要矛盾形式，发展竞争成为全球社会主义战胜资本主义的现实路径。中国以全面高质量发展作为崛起优势之纲，既不陷入"修昔底德陷阱"，也绝不陷入"大国赶超陷阱"，积极避免西方式现代化、城镇化道路的弊端。当代中国一方面深度加入并充分利用这一旧全球化城市体系为中国现代城镇化发展服务，坚决抵制西方为了遏制中国而采取"反全球化"单边主义的行动；另一方面也深刻认识到这一旧全球化城市体系本质上依然是资本逻辑的城市霸权体系，需要推动变革为多元主体、合作共赢、文明互鉴的新全球化城市体系。

超越西方式城镇化道路是中国式城镇化新道路出场的主要前提和历史条件。我们必须指出：从制度性和社会形态新旧更迭的历史必然性来看，这一超越是必需、必然的，没有这一超越，就没有中国共产党领导的社会主义城镇化道路，也就不存在"道路之新"。但是，就实践而言，我们还没有完成这一超越，还在奋力跨越之中。而且，既克服又保留的辩证选择的结果，就是我们不是像民粹主义所主张的那样，在现阶段就立即消灭一切城市资本。我们更不能遵循新自由主义逻辑，一切服从、服务于资本逻辑，被资本"另类牵引"而放弃"以人民为中心"的基本立场和根本原则。我们在充分利用资本合理价值和历史作用的同时，要以制度性、合法性方式限制资本的消极作用，最终创造条件超越资本、消灭资本。这就是中国式城镇化新道路"本质之新"的内在辩证法。

四 除旧布新的历史性超越：跨越旧中国城市化道路

第二个超越对象，即旧中国城市化道路。之所以如此，一是因为旧中国城市化道路是新中国城镇化道路的直接历史前提，今天的中国是历史的中国的伟大继续。二是因为旧中国城市化一方面来源于照抄照搬西方式城市化道路和模式，另一方面又无法照抄完全，结果呈现帝国主义、封建主义、官僚资本主义"三座大山"统治下的半殖民地半封建社会的"半现代城镇化"格局，产生了区别于西方式城市化道路的旧中国特点。

在鸦片战争爆发之前，中国传统城市也有发展成为千年内生型现代化历史展现的空间场所和社会根基的趋势，但是最终没有实现这一根本转变。西方列强用坚船利炮打开中国的大门，将中国沦为半殖民地半封建社会，并入以西方为霸权中心的世界版图。同样，以西方城市为中心建构的全球殖民化城市体系，构成了由西方宰制的"世界走向中国"的旧全球化时代的主要城市体系格局。在这一时代，以往中国内生型现代化历史被截断，进入的现代化形态就是"被动输入型现代化形态"。所谓"被动"是指现代化由内生型转为外源型，而且国家没有独立完整的主权，陷入殖民化和半殖民化状态。所谓"输入型"，就是指在帝国主义侵略和统治下，几乎所有现代化的要素和模式都源于西方强行输入，中华仁人志士要想救国救民，从洋务运动、戊戌变法到辛亥革命，也局限于照搬照抄西方式现代化模式。在这一时代，中国城市化道路相应就是"被动输入型城镇化道路"，城镇化也呈现半殖民地半封建的"半现代"形态。旧中国城市化的一个总趋势、总特征就是殖民化或被殖民化的半现代状态。旧中国城市的殖民化、半殖民化表现为受到西方宗主国城市的殖民化霸权奴役和支配。殖民城市充斥着殖民化特点。旧中国发达的沿海城市都曾经是"世界走向中国"屈辱历史中被殖民输入、被西方支配的产物。被长期租借的香港和澳门，被日本侵占长达 50 多年的台湾岛内各个城市，以及广州、厦门、宁波、上海、青岛、大连等，大多是在殖民者入侵后大肆开发并被作为西方殖民统治这一土地的跳板和基地。香港、澳门、上海从一个名不见经传的小渔村，转瞬之间扩展为举世瞩目的大都市，除了有得天独厚的自然条件（黄金水道和天然良港）之外，更重要的是具有天然优越的地理条件，能够成为向中华大地辐射的控制地。上海处在中国南北沿海漫长沿线的中间，背后腹地有一条可以上溯直通中国最上游陆地的长江水道，殖民贸易、货物运输、金融控制、经济辐射、军事控制、文化撒播都很便捷。因而，在西方列强的视域中，开发大上海的定位，一定是覆盖和控制整个中国大地经济、文化神经网络的殖民总枢纽、总跳板。西方欲掌控这一片大陆的一切殖民资本、文化和其他要素，就要率先通过这十里洋场进入中国；这也是一切就地盘剥吸血的总出口，一切盘剥这片土地所得的利益都要通过这一外滩出口贸易转化为真金白银离岸奔向西方。这是西方与这一片大陆双向流动的铰链的中心枢纽。上海被称为"万国建筑博览园"，"罗别根花园""哈同花园""沙逊别墅""马勒别墅"，以及"大世界""国际饭店""跑马场"都遗留下了殖民时代万国建筑的风格。各国在上海设置租界并享有治外法权，外国资本猖狂敛财，加上本地封建官僚和本土商人从浙江、苏南多方侵入，形成了多层次的角逐，上海成为"冒险家的乐园"。殖民化、半殖民化城市，这就是旧中国时期上海、香港、澳门、天津、青岛等港口城市共同的性质。受上海向内地沿江的辐射，南京、武汉、重庆都不过是殖民化的驿站或分支城市。直到 1949 年，中国殖民化的城市总人口只占 5 亿中国总人口的 10%，中国还是一个"乡村中国"，因为这些城市根本不可能颠覆广大乡村中国的封建势力；但是，广大殖民化的城市工业（特别是纺织业生产的"细布"）却颠覆了广大乡村传统家庭"男耕女织"的稳定业态，"土布"被"细布"打倒，农民破产了，纷纷进城进厂做工，在各种资本制度支配下成为"活劳动"。中国乡村劳力对于城市来说几乎就是一个用之不竭的活劳动红利来源。闸北区充斥着从苏北、安徽、河南逃难来的几百万贫民。在污水横流、垃圾遍地的道路两旁的"低矮脏乱"的棚户区内，挤满了那些破产农民，他们拖家带口推着独轮车、扛着大锹、扁担挑着坐着婴幼儿的箩筐、背着铺盖奔走千百里来到上海这一大洋场，住进棚户区安身就算是理想。

半封建半现代特征异常鲜明。在各种外国势力、国内官方势力统治下，旧上海的洪帮、青帮把持社会下层民众，各种劳资关系受到封建黑社会的绑架，工厂中

"包身工""卖身工",被黑社会控制和奴役的女工、童工,比比皆是。原初的封建官僚势力、传统的社会封建势力,加上新生长出来的各种错综复杂的黑帮势力纠结在一起,与外国势力联手把持着城市。

半殖民化、半封建、半现代的城市文化充斥着大众日常生活,形塑着城市灵魂和品格,主宰着城市。城市权力、待遇和文化是等级森严的。当年英国治下的香港、葡属澳门通过殖民当局、宗教、教育、影视、报刊、商业和外交等各种手段推行等级森严的殖民文化。尽管回归之后,"后殖民"时代来临,殖民文化的影响也不可能立刻消失。消除殖民文化影响是一个较长期的艰难过程。旧上海流行的也是分层固化的殖民文化。旧上海文化分层,海外舶来文化为第一等级,官僚文化为第二等级,本土商业资本文化为第三等级,最后是大众流行文化。余秋雨曾经称之为"职员文化",这只是一种委婉变通的称谓。社会结构熏陶和规训出来的大众文化即"精明文化",就是做事要比别人精明,本领更强,细致化程度更高,效率更高,等等。"精明文化"承载者就是为外国资本打工的职工,"精明本领"越强,越能在同等资源环境下工作比别人创更多效益,生活比别人更佳,积累比别人更多,更受主子赏识,可以有碗饭吃。站在旧上海最顶端、占据最高统治地位、整个社会"最吃香"的是外国老板,他们掌握的高层、上端、令人羡慕的财富和国外先进文化是普罗大众很难享受的。社会大众都是打工者,为了表明自己的存在感,"精明"体现的就是优秀打工者的素质和能力。"精明"并不"高明",因为他们不能,也没有资格谋"高明","高明"是站在顶端的外国资本家的专有权力和专属法门,普通打工者如果企图谋取,那就犯忌了。因此,"职员文化"就是中下层的"殖民文化",潜在于这一文化内核的恰好就是对外国文化的自发羡慕、推崇、向往、追求和执行。旧上海所谓"海派文化"的前提就是不断地在"第一时间"将海外西方的"先进文化"输入中国,并且作出先人一步的注解或对话。这就是殖民城市、殖民文化的风格。脱离了"第一时间""输入"海外文化这几个要素,就没有"海派文化"。为了挣钱,西方列强不择手段地向中国倾销他们的各种商品和资本,包括从黑乎乎的鸦片到哈德门香烟,搜刮大量中国的民脂民膏,大部分回流西方,一部分留在居于城市中的那些官僚买办资本、各种地方黑恶封建势力手中。

中华民族反抗西方式帝国主义、殖民主义奴役的历程举步维艰。旧中国的仁人志士潜心"师夷长技以制夷",向西方学习,照搬照抄西方式现代化的模式,也是为了救国救民,抵抗西方殖民统治、追求自强自立,但是因为对西方式现代化和城镇化的本质和规律认识不正确、对中国现代化和城镇化道路选择不正确、对领导主体和承担主体的选择不正确,最终结果却屡抄屡败,加剧了中国现代城市化的西方化趋势。中国仁人志士对于西方式现代化、城镇化道路的理解呈现出一个不断深化的历史。洋务运动之所以要将西方式现代化仅仅限定在"坚船利炮"的"器物"层，那是因为西方就是用坚船利炮打开了古老中国的国门。"中学为体、西学为用"足以让"长技"落后的中国强盛起来。那时不仅向西方购买"坚船利炮"、派留学生学习西方训练指挥海陆"新军"方法，而且加速兴建中国近代工业即"实业救国"，矿业、兵工厂、造船厂、炼铁厂、纺织厂、钱庄银业、医院、新学校等若干致力于富国强兵的工程迅速兴起，官僚资本的注入使红顶商人陡兴，现代业态的注入成为推动传统城镇向现代城镇转型的主要动力。然而，甲午战争的失败，迫使中国清醒意识到不改制、不变法，仅仅诉诸坚船利炮与器皿实业不足以强国。戊戌变法、清末新政、辛亥革命，都是沿着变法之道逐一推进的，但是依然失败。张勋复辟、袁世凯称帝，让中国仁人志士更深刻地意识到不变革"国民性"、不变革文化价值，就不能变革民族、社会、国家。伟大的"五四"新文化运动"借变革文化以变革社会"的逻辑源于马克斯·韦伯在《新教伦理与资本主义精神》《经济与社会》《儒教与道教》等系列著作中倡导的原理。

以殖民化城市扩张为主干的"被动输入型城镇化"进程带给中国的一个效果史，就是"西教条"（全盘西化）横行。从洋务运动、戊戌变法、太平天国、清末新政到辛亥革命甚至五四运动，都是照抄照搬西教条。然而照搬照抄西教条的结果就是屡抄屡败。被动输入型现代化、城镇化模式在中国最终总是破产的。殖民化压迫的结果，就是造就了对抗的两类人，少数的官僚买办洋奴，多数的工人阶级、农民阶级、城市小资产阶级和民族资产阶级。前者与封建势力和外国资本势力勾结，形成占统治地位的"三座大山"；后者被压迫、被奴役，成为强烈要求推翻三座大山统治的革命力量。第一次世界大战爆发，原初成为中国人崇拜模仿的欧洲文明西洋镜被打破，正在中国人彷徨之际，"十月革命一声炮响，给我们送来了马克思列宁主义"[1]。以马克思主义重新观察中国问题，走俄国人的路——这就是结论。马克思主义与中国工人阶级结合，产生了共产党，这是开天辟地的大事变。

"被动输入型城镇化"进程带给中国的另一个效果史，就是在半殖民地半封建基础上形成的主导势力——官僚资本主义一统天下。新民主主义革命打倒官僚资本统治并不等于完全消灭官僚资本传统。从洋务运动开始，旧中国的现代化、现代城镇化发端就采取官僚资本的形式，除此之外的现代民族资本力量微弱，不成气候。清朝的"国有资本"与官僚资本被中华民国全盘接受，发展成为以"蒋宋孔陈"四

---

[1] 《毛泽东选集》第4卷，人民出版社1991年版，第1471页。

推进"以人为核心的新型城镇化"构筑诗意美丽家园

大家族财产为主要标志的官僚资本和民国"国资";此后被新中国全盘剥夺。然而,后发国家现代化、城镇化道路与先发国家最大区别在于:不是先走自发的市场化道路,而是一开始就必须采取"强政府"主导型发展道路。支配发展资源的政府主导、集权形式几乎成为从德国肇始的所有后发国家现代化、城镇化的普遍模式。在社会主义条件下,苏联和新中国的现代化、城镇化都采取以政府集权主导、以国有制为主体的计划经济发展模式,那时的国家权力直接通过计划分配资源,形成的权力—资源分配传统影响深远。改革开放之后,这一传统依然存在,国家主导现代化、城镇化发展的路径并没有随着让市场经济对资源配置起决定性作用而消失。不仅政府、市场效率与均衡三者关系长期矛盾,而且在2010年至2020年,全国31个省、自治区、直辖市级纳税机构,每年财务预算超出本地财政收入的就达24个,需要通过政府借贷,最终由中央财政通过转移支付来兜底。相对负债较多而财政收入难以抵债的地区存在着日益严重的"道德风险"。城市发展追求的均衡效应与效率差异之间的不对称,国家治理究竟如何处置,是一大难题。此外,以权谋私的腐败分子利用政府主导和政策的便利钻营牟利,在城镇化进程中不断不合理地变更规划、操控土地开发指标、非法剥夺农地搞农转非、私下通过向不良开发商输送利益而谋取私利、以权谋取各种建筑工程、倒卖建筑材料、无偿占有若干商品房,等等,成为我们必须在今天要不断通过从严治党,甚至实现"自我革命"才能加以遏制的现实根源。就世界范围来看,无论是"拉美陷阱"还是"东南亚现象",在后发国家现代化进程中之所以腐败现象相对严重,一个主要原因就是制度性的集权与市场同在。如果集权没有对于各种利益的掌控,资本逻辑就不会对掌权者施行腐败。当前腐败所指,正是在于企图用各种新手段重新造就"官僚资本"。从本质上看,这就是一种向旧中国的倒退、复辟行为。因此,在中国特色社会主义条件下,我们从严治党依然在不断巩固新民主主义革命的伟大成果。正是在这一意义上,我们强调在中国共产党的领导下,只有以依法治国和全过程人民民主、全方位人民民主来推进中国式城镇化深度治理,才能解决这一难题。由此看来,中国式城镇化新道路肩负超越旧中国道路的伟大使命,任重而道远。

超越旧中国现代化、城镇化道路,中国共产党带领中国人民奋斗百年,开拓中国式现代化道路,主要肩负完成让中国人民站起来、富起来和强起来的三大使命,由此,中国式现代化道路分为革命道路、发展道路和强国道路三个阶段。第一使命就是要以新民主主义革命推翻帝国主义、封建主义和官僚资本主义三座大山的统治,取得中国独立、人民解放、让中国人民站起来的伟大胜利,建立新中国,彻底结束"被动输入型现代化"和"被动输入型城镇化"的悲惨历史。城市终于回到人民手中，人民成为城市的主体、主人，这是城市现代性的第一主张。超越旧中国的半殖民地半封建城市化和城乡对立状况，需要彻底消灭帝国主义、殖民主义对于旧中国城市化市民社会结构的深度决定性影响，这一改造是异常艰难的。正如葛兰西在《狱中杂记》中曾经尖锐地指出的，与东方国家所有权力集中于国家不同，在西方资本主义国家爆发革命，必须打破两道战壕：第一道是国家，第二道是市民社会。后者日常生活沉浸着资本逻辑的精神文化，很难用暴力简单清除。旧中国虽然是东方国家，但是大中城市却是西方资本逻辑倾心经营的核心空间，其中的市民社会的每一个细胞都深度沉浸着西方殖民文化。因此，在中国共产党带领中国人民通过革命夺取城市之后，这一深度沉浸的市民社会文化并不可能立即就被消除，还会不断地从各个社会细胞中普遍地弥漫散发出来，影响着城市居民的人格，并且腐蚀着领导城市的新机体。我们不能想象，一种城市精神和人格文化会因政权更迭而在一夜之间完全更变，它会持续存在若干年。

超越旧中国城镇化道路的第二大使命，就是要以中国式城镇化新道路全面推进中国城乡人民富起来，全面推动中华民族伟大复兴。革命解决了三大根本问题，也提出了第二使命的三大任务，产生了三方面的新矛盾。

一是确立了"以人民为中心"的根本制度，解决了"现代化、城镇化为了人民、依靠人民、发展成果让人民共享"这一根本宗旨问题，同时也尖锐地提出了以产业化、现代化、城镇化发展这一"硬道理"来摆脱"一穷二白"的落后困境、让中国人民富起来的历史任务。由此带来的主要矛盾必然是"人民日益增长的物质文化需要与落后（欠现代化）的生产力（供给）的矛盾"。在城镇化领域，就是要建设人民当家做主、为人民谋幸福的美好城市家园，但是生产力的严重不足，拖累了城镇化进程。

二是民族独立后"走自己的路"，但是要改变"一穷二白"的现状依然需要中华民族自主开放地向一切世界先进文明学习，我们发展城市、治理城市严重缺乏经验，也缺乏资源，仍然需要在独立自主的基础上争取外援，向世界学习。这就决定了从旧中国"被动输入型城镇化"转向新中国"自主输入型城镇化"模式。这一阶段"走自己的路"是自主的，也是输入的，要将列宁当年提出的社会主义现代化公式"苏维埃政权+普鲁士的铁路秩序+美国技术和托拉斯组织+美国的国民教育+……=总和=社会主义"[①]推广到极致。虽然"自主型"与"输入型"的矛盾是客观存在的，与旧中国"被动输入型城镇化"殖民化矛盾性质完全迥异，但是，自主选择

---

① 《列宁全集》第34卷，人民出版社1985年版，第520页。

推进"以人为核心的新型城镇化" 构筑诗意美丽家园

输入国际资本、参与国际经济"大循环"发展城镇化的行为如果没有改变全球化"西方中心—东方边缘"的城市大格局,没有形成以"自主可控"的内循环新格局为主要支撑的城市现代化板块,肯定会产生因城市的国际依存度、依附性高而受制于人的问题。城市发展的从属性和被支配性依然无法根本摆脱。这与民族自主性存在着一定程度的冲突。在西方恶意围剿中国崛起之时,矛盾就会变得异常尖锐。三是消灭剥削、消灭阶级,走"共同富裕"道路与善治"差异性社会"的使命。这一问题是当前中国城镇化存在的最突出、最尖锐的问题。人民群众对于空间生产美好生活的需要与城镇化发展不平衡和不充分的矛盾,成为中国式城镇化新道路中存在的主要矛盾。解决这一主要矛盾,需要有科学的态度和实事求是的路径。中国式现代化是党领导的社会主义现代化,中国式城镇化是社会主义城镇化。党在新时代新征程的根本使命就是要实现消灭剥削、消灭阶级,让人民走共同富裕道路,推进城镇化产品让全体人民更多更好公平地共享,这是中国式城镇化新道路根本宗旨所在。但是,发展是一个长期过程。中国特色社会主义现代化是科学社会主义的现代化,中国式城镇化新道路是科学道路。所谓科学,就是要按照中国式城镇化道路发展实际的历史规律办事,不能超越历史规律,否则就是空想。在空间生产的物质财富还没有极大丰富到可以完全实施"按需分配"之前,我们的空间生产正义和分配正义原则只能是"将蛋糕做大、将蛋糕分好"的统一。在保障全体公民享有均等的公共产品和公共服务这一基础上,我们还不能如民粹主义正义观希望的那样,当下就完全无条件让人民按照自己的需要无偿占有城镇居住空间,也不能立刻让一切城市权利均衡地彰显,无条件地、绝对平等地配置给每一个生活在城镇空间中的常住人口。我国的基本经济制度包括了以公有制经济和非公有制经济,分配正义包括从第一次有差异的分配("按劳分配"和"按生产要素分配")、第二次政府主张的社会公平分配和第三次分配(自愿善治)。因此,包容、鼓励、发展资本为国家富强和民族振兴服务,发展和完善社会主义市场经济,差异性分配,必然产生的一个重大的社会结果就是我们进入"差异性社会"。在这一社会中,人民的根本利益、整体利益、全局利益和长远利益趋向一致,成为中华民族伟大复兴的利益—命运共同体;同时又在眼前利益、局部利益、群体利益(阶级和阶层利益)、地区利益上存在着若干差别。差异性社会类型是独特的,既不同于阶级对抗性社会,也不同于利益完全同质的同质性社会,但是又与两个社会边界紧密相连,并且在一定条件下相互转化。差异性社会类型的独特性是由其内在主要矛盾性质的独特性造成的。这一矛盾贯穿于整个中国特色社会主义现代化发展全过程,而且各个矛盾方的诉求在经济、政治、社会、文化、生态各个方面全面表达,形成了现阶段中国独有的经济矛盾、政治矛盾、社会矛盾、文化矛盾和生态矛盾。我们的城镇化进程是这一差异性社会的空间表达。在中国特色社会主义初级阶段，我们为了做大蛋糕，甚至采取了"让一部分人、一部分地区先富起来"的不均衡发展战略，扩大差异，激发活力。这一战略的初衷，是为了证明中国特色社会主义制度比资本主义制度具有更强大的优越性。经过改革开放40多年的历史，我们大踏步地赶上世界潮流，但是人际财富收入差异积累（基尼系数）也超过了0.4。差异性社会是我们走共同富裕、空间正义的历史前提和现实基础，但是绝不等于说我们的全部使命就在于消极地认同和接受这一事实而无所作为；恰好相反，我们的使命是要创造一切条件，加快缩小差距进程、最终消灭差异，走共同富裕的道路。即是说，要超越差异现状，对差异性社会加以善治。善治这一社会，需要有独特的解决矛盾的正义规则。主张一切完全按照自由市场正义分配的是新自由主义正义观；而主张超越现阶段、否定改革开放成就的民粹主义正义观和现阶段就要"消灭私有制"的极左思潮，都是空想社会主义余脉；主张为了社会稳定，反对深化改革和转型发展的属于新保守主义正义观。三者都在现阶段社会流行，势力颇众。然而，上述正义观都是对差异性社会矛盾的误解，由此必然产生对中国式现代化道路、中国式城镇化新道路方向性的误导。这一矛盾，只有植根于唯物史观中国逻辑的"差异的正义"原则，才能真正解决。差异性社会是我们走共同富裕道路的问题之源和现实基础，坚持"差异的正义"原则走好共同富裕道路是解决差异性社会矛盾，达至善治的唯一科学选择。

随着新时代新征程的到来，超越旧中国道路的第三大使命是以中国式现代化强国道路来全面实现中华民族伟大复兴，我们需要面对的内外矛盾发生阶段性根本改变。在这一新阶段，对旧中国道路的彻底超越和对主要矛盾的转化充分显现出以下三大特征。

一是中国式城镇化新道路与西方道路的根本矛盾和冲突集中凸显。就新时代强国道路探索使命而言，强国阶段让中华民族伟大复兴战略全局的成功开展引发了全球百年未有之大变局，"世界走向中国"的时代被"中国走向世界"的时代替代。以美国为首的西方霸权宰制的旧全球化城市体系时代向中国倡导和引领的多元主体、和平发展、合作共赢、文明互鉴的新全球化城市体系时代转变，中国式现代化道路从"自主输入型城镇化"转进"自主辐射型城镇化"阶段。中国不再满足跟跑、置身于世界舞台边缘，而是进入世界舞台中央成为影响世界的负责任大国，立足于在自主创新基础上努力实现领跑世界。"东升西降"使全球矛盾将日益凝聚于中华民族伟大复兴进程自身，西方"围剿中国"的行动日益加剧，矛盾会越来越尖锐。化解这一矛盾既是社会主义与资本主义两种制度百年来对抗性矛盾的解决方案探索，是西方先发道路与东方后发道路矛盾的某种解决,更是现代化诸多矛盾解决可能性的"人类之问""历史之问""时代之问"的中国解答。

二是主要矛盾即需要与供给、发展与不发展矛盾的表达,必然将人民对于城镇化产品的需要方提升至"日益增长的对城镇化美好生活的需要",而将供给方存在的首要问题调整为"不均衡""不充分",因而主要矛盾呈现出阶段性的差异。解决差异性社会之发展不均衡、不充分问题,呼唤满足全面需要、美好生活需要、公正需要、安全需要、生命健康需要的可能性方式将成为主导。

三是自觉设计、开辟和引领中国式城镇化新道路成为原创性选择。"走自己的路"不再满足于盲目的感性探索和走一步看一步,而是立足于唯物史观在中国逻辑指导下的顶层设计和自觉实践。

五 改革创新:超越苏联僵化道路的辩证法

中国式城镇化新道路第三个超越的坐标对象,即苏联僵化教条道路。在中国式现代化道路的探索史和开辟史上,苏联现代化道路就是引领中国道路出场的旗帜、关键的参照系之一,苏联的城市化道路对于我国城镇化发展也产生过较大影响。列宁领导的以城市暴动为主要方式的"十月革命"打破了世界现代化道路由西方资本逻辑宰制和一统天下的格局,开辟了一条社会主义现代化道路,对于中国式现代化、城镇化道路探索具有全方位的指导、借鉴意义。在新中国建立初期,我们采取"一边倒"方针,让中国人成功学习了苏联道路中"苏维埃政权+电气化"的基本精神,中苏两国实现了共同的制度性变革,体现在高举马克思主义旗帜的共产党作为现代化和城镇化发展事业的领导核心、以人民为中心的国家政权、全面建立以公有制经济为基础的社会主义制度、消灭阶级剥削和压迫走共同富裕道路,以自力更生为主大力发展"四个现代化"和拓展工农联盟、城乡一体化等各方面,这些都是中苏道路共同超越西方式道路的优越性所在。此外,为了打破西方帝国主义、霸权主义的经济封锁,苏联对我国现代化发展,特别是在现代工业化建设和城镇化建设上都给予了物质援助,在一定程度上推动了中国现代化、城镇化发展的进程。

然而,之后的苏联社会主义现代化发展却走上了僵化之路,城镇化经验具有成功之处的同时也在相当大的程度上存在着严重的问题和矛盾。一是片面性。没有遵循列宁公式中的"总和"思维,没有成功实现列宁"必须吸收人类创造的一切文明成果"的梦想,而是将现代化仅仅理解为"工业化、电气化"等技术发展程度,将苏维埃制度建设、社会建设、文明建设排斥在现代性变革之外;工业和农业、城市与乡村发展畸轻畸重,重点发展重工业和城市化,而满足民生需要的轻纺工业、农业及其集体农庄发展却长期滞后。二是封闭性。没有遵循列宁"开放"发展的思路，形成一整套单纯的公有制和计划经济等并不完全适合苏联生产力发展和人民生活需要的僵化体制，在城市建设资本上都囿于国家投资建设和公有制运营。三是没有解决后发国家"人民至上"的民主治理体制问题。高度的集权体制导致苏联走上僵化教条的现代化道路。虽然没有城乡户籍制度造成的生活品的计划分配，但是在城市化进程中，对于人的身份、城市住房、工作单位和待遇的管理，还是实行严格的计划分配的。

中国式现代化道路超越苏联道路经历了两次大飞跃。第一次飞跃是在革命道路选择上对陈独秀、王明等人教条化照搬"走俄国人的路"的超越。中国式现代化革命道路之"新"，在于它既没有按照西方现代化的历史逻辑亦步亦趋地走下去，也没有照搬俄国"十月革命"经验，而是"走自己的路"，在半殖民地半封建的社会场域中实现由无产阶级（经过共产党）领导的人民大众推翻三座大山的新民主主义革命。它既超越了照搬西方道路的"西教条"，也超越了照搬"以俄为师"的"东教条"，还超越了旧中国道路，因而成为中国式现代化革命道路的方案。当然，代价也是巨大的。而且"从农村包围城市"路线走出来的革命者大多是根本不熟悉城市的农民，夺取政权后掌握城市治理和发展经验付出的"学费"更高、时间更长。如果说，从1917年爆发"十月革命"算起，苏联在1938年完成工业化的同时就基本完成了城市化，其间仅仅用了20年左右的时间。而更加落后的中国从1949年建立新中国开始，发展到2015年，用了整整65年的时间，城市化率超过50%（常住人口），才从一个"乡村中国"迈进"都市中国"。第二次飞跃是在发展道路选择上的超越。由于新中国成立初期帝国主义封锁，中国发展既需要苏联物质援助又需要学习"老大哥"建设经验，所以采取向苏联"一边倒"的方针，照搬照抄苏联经验，"全盘苏化"的结果必然是再一次呈现"东教条"。这是新中国建立后在现代化探索中形成"老路"的主要根源。以毛泽东同志为代表的中国共产党人十分警惕苏联道路的僵化教条倾向，开了中国式现代化发展道路的先河。

进入新时期，邓小平在1979年正式提出"走中国式的现代化道路"的战略主张，以改革开放、建设中国特色社会主义为标志，终于成功超越苏联僵化教条的包括城市化在内的现代化发展老路。

改革开放第一个伟大变革就集中反映在我们党对现代化理解的全面性突破之中。经过40多年改革开放和中国特色社会主义的伟大探索，党的十九大从"四个全面""五位一体"角度全面阐释"富强民主文明和谐美丽的社会主义现代化"目标内涵，这是21世纪马克思主义对社会主义现代化内涵作出的最丰富、最全面、最先进的阐释，变革和超越了苏联僵化道路的历史性局限。其中，对于走向"共同福祉"的城镇化道路的内容，也包括其中。

第二，以全面改革开放打破了一整套不再适合生产力发展的僵化教条的体制模式，找到了一条切实可行的解放和发展生产力、推动现代化全面发展的道路。其中，主要是重新肯定和吸纳资本的积极作用，强化社会主义市场经济体制在资源配置中所起的决定性作用，在深化改革和充分强化公有制主体地位的同时，大力发展非公有制经济，在坚持按劳分配为主体的同时，放开放活经济分配方式，保护按生产要素分配方式，大力建设和巩固基本经济制度。基本经济制度的建立和巩固，既是保障社会主义现代化方向、走共同富裕道路的必然要求，又是解放和发展生产力、鼓励和推动整个经济发展充满活力的客观要求。基本经济制度是中国式现代化经济发展道路最伟大的创造，是打破苏联僵化教条道路模式、超越其弊端的中国方案。此外，大力实施对外开放战略，在积极推动经济全球化进程中肩负大国责任，以倡导"一带一路"来促进人类命运共同体的建设，突破了封闭的状态。

第三，以党的领导、依法治国和人民至上"三位一体"的国家治理现代化体系和发展全过程人民民主、全方位人民民主来破除和超越苏联僵化教条的高度集权制体制。苏联道路僵化教条的集权体制绝非偶然。现代化的支配主体不再是来自自发的民间市场和市民社会，而是"强政府"，几乎成为自德国以来所有发展中国家走向现代化的主导模式。苏联道路更有党的领导、社会主义制度和计划经济的强大优势，集权统一支配一切的力量更强了，因而在能够发挥"集中力量办大事"的同时也带来了三大弊端。一是权力过于集中，导致长官意志不受制约，主观主义横行，一旦决策失误和战略失误，就是全局性的。二是严重脱离群众，党既缺乏人民的有效监督，又缺乏"自我革命"精神，国家的科层制和"利维坦"机制严重造成以权谋私、特权主义现象横行，公有制财富被个人权力严重侵蚀，导致人民对党和国家领导的信任危机。三是党的领导、国家权力、法治体系与人民民主之间的严重脱节，作为现代化标志的人民至上的主体地位难以得到保障，党与国家治理能力和体系严重滞后于现代化进程，党和国家性质也因此存在容易变质的危险。超越苏联道路，中国以"四个全面""五位一体"推动现代化全面发展，特别是在改革开放新时代实践中将党的领导、依法治国和人民当家做主"三位一体"作为国家治理的现代化体系的政治核心，坚持在发挥人民代表大会立法、布政和监督以及人民群众参与全过程人民民主、全方位人民民主的前提下，大力推进发挥党内"自我革命"、从上到下自我监督的强大功能，对当年毛泽东与黄炎培"窑洞对"之问作出新时代解答，走出中国特色民主政治新道路。

全面超越也必然包括对苏联道路内在矛盾的扬弃和转化。中国式现代化目标的全面性自然将现代化技术和产业层面因素与其他方面的矛盾关系在"五位一体"中加以有效把握；对于资本再利用、市场经济和公有制之间的矛盾关系在基本经济制度体系之中加以再把握；对于高度集权与人民民主和法治国家的矛盾关系在坚持党的领导、依法治国和人民当家做主"三位一体"之中加以再把握，在全过程人民民主、全方位人民民主上加以推进。上述矛盾依然是客观存在、充满活力的，科学把握矛盾关系是有效实现"道路之新"的必要条件。

六 从头越：超越新中国建立初期城镇化之路

中国式城镇化新道路超越的第四个坐标对象，即新中国建立初期城镇化之路。因此，我们的"道路之新"不仅要超越"别人的路"，也要超越"自己的老路"。"老路"之所以成为被新道路需要独立超越的坐标对象，是因为"老路"一方面是照抄苏联道路（全盘苏化）的某种翻版，不但具有苏联道路优越性，同时存在着几乎所有苏联道路的弊端和矛盾；另一方面不完全等同于"全盘苏化"，在如何摆脱苏联道路、走自己的路的探索中也误入盲区，带来了历史教训，导致了自己独有的问题。

新中国建立之后，中国共产党领导的中国式城镇化新道路，要超越旧中国城镇化道路的弊端，还需要经历"自主输入型现代化"和"自主输入型城镇化"阶段的历史积累。所谓"自主"，是因为新中国主权独立，摆脱了殖民和半殖民的束缚，走自己的现代化、城镇化道路；而之所以还需要"输入型"，是由主、客观两方面因素决定的。从主观因素来看，中国共产党领导治理城镇化之"能"不是与生俱来的，不是因为有先进的马克思主义指导、有革命战争年代根据地和解放区治理经验就能奏效的，而是要在马克思主义指导下，带领中国人民经过百年奋斗，特别是从农村转入城市后的治理实践中才能逐步学会和成长壮大的。在旧中国，城市被"三座大山"强力占有，中国共产党领导的新民主主义革命不能够直接广泛动员、汲取和调动城市发达因素，无法如"十月革命"那样直接从城市革命开始，而必须通过"从农村（最贫穷、最落后的乡村）包围城市，最后夺取城市"道路才能取得革命胜利。我们的党最熟悉的是"乡土中国"。我们的革命领导阶级虽然是工人阶级，但是人数极少，党内产业工人出身的占比不到党员总人数的2%，主体是农民。我们的人民解放军就是"穿了军装的农民"。这样的军队从乡村进入城市，大部分革命者严重缺乏城市知识、建设经验和管理经验，需要从头学习。因此，我们党执政之后，毛泽东同志在新中国建立前就向全党提醒道："我们熟悉的东西有些快要闲

推进"以人为核心的新型城镇化" 构筑诗意美丽家园

起来了,我们不熟悉的东西正在强迫我们去做。这就是困难。"① 肩负的使命是要迅速完成从战争向建设、发展转变,单纯从自己实践经验教训中探索学习是必要的,但是充满盲目性,付出代价太大,有条件的要开放学习,更自觉深入地向一切先进的国外经验学习,输入国外的有益资源,在学习中提升主体自主治理能力。从客观因素来看,新中国建立初期经济文化、城镇化状况"一穷二白",大部分先进建设技术、经验和资本要素都在国外,因此,在自力更生基础上,我们急切需要外援、需要输入资本。从现代化和城镇化的目标到各项要素,以及建设经验,都需要中国共产党人老老实实当好学徒。但是,与旧中国"被动输入型现代化"相比,这一输入不再是被动照搬照抄,不再是被强制性地输入,而是在保持主权独立的基础上,自主地选择性地输入,对于一切世界上的先进要素和经验,都采取"拿来主义"的态度,做到"洋为中用"。这一自主输入行为,从新中国建立之初"一边倒"开始,贯穿整个改革开放大部分过程。我们在改革开放初期,从在自主建立的经济特区和开发区内招商引资到派留学生出国留学,从经济跻身于全球经济大循环、开展经济技术国际合作到中国—新加坡两国政府合作建立苏州工业园区具有的"借鉴、创新、圆融、共赢"精神,等等,都是"自主输入型现代化"和"自主输入型城镇化"的集中体现。

自主输入型现代化和城镇化之路的探索取得重大成就的同时也存在着严重局限。在这一时期,总的世界格局依然处在"世界走向中国"的时代,中国现代化和城镇化的发展方式依然是以西方发达国家为追赶目标,采取的仍为"追赶型"或"赶超型"。因此,现代化和城镇化的主要标准,特别是物质技术标准,依然取之于西方,而现代化和城镇化的目标也依然来源于西方,我们的社会制度的优越性就表现为加快发展、赶超发展,将西方几百年才完成的历史用短短几十年,甚至十几年就完成了。虽然有苏联对我国重工业建设的援助,大大推动着中国工业化的进程,但是我们还希望大力自主探索中国的现代化和城镇化独立发展之路。"大跃进"运动随之产生,它的主要口号就是"超英赶美",提前实现现代化和城镇化。党的八大明确指出:因为先进的社会主义制度已经建立,而落后的生产力需要大力发展,因此,要解决的主要矛盾是落后的生产力与先进的生产关系的矛盾。根据西方和苏联经验,中国将现代化定位为生产力技术型的四个现代化,即"工业、农业、科技、国防现代化"。四个现代化首先是工业化,工业化的前提和核心就是"以钢为纲",既然原有高炉炼钢不能满足千万吨钢的产量需要,就发动群众搞"全民炼钢"。"大跃进"

---

① 《毛泽东选集》第4卷,人民出版社1991年版,第1480页。

刺激城市规模迅速膨胀，人口比例倍增。然而，"急于求成"并不符合现代化和城镇化的规律，结果遭遇了大挫折。应对"三年严重困难时期"的战略调整，不得不大幅度削减原初不切实际的工业化、城镇化的盲目扩张计划。因严重缺乏农副产品支撑和农业积累支持，工业化进程不得不倒退，乡村人口自然增长率出现负增长，大批城市人口下放或重返乡村。发展呈现的第一个大马鞍形告诫我们：对于如何开拓现代化和城镇化之路，我们还是没有经验，还需要学习、借鉴国外先进经验。

此外，单纯的计划配置资源方式取得一定均衡效应的同时，也降低了实际的发展效率。为了缓解东西部区域性城市经济文化要素的极不均衡，我们曾经用行政方式内迁一大批高校、企业、科研机构和文化设施，用计划手段强制性地配置资源，在一个时期内起到了抑制东西部资源不均衡的倾向，但是没有从根本上解决问题。国家、均衡、效率三者的完全兼顾是异常困难的。同一份投资，在不同地区的直接经济收益和回报的差异呈现倍数剪刀差。改革开放之后，这一差异在市场经济竞争环境下和"让一部分地区、一部分人先富起来"的宏观政策推动下又迅速扩大了。

如前所述，苏联依据自己的优势，自"十月革命"之后用20年左右的时间就基本实现了工业化和城镇化，而中国在现代化和城镇化方面走的弯路更多、时间更长。如为了尽快赶上美英苏等发达国家，掀起"大跃进"运动，以及为了防止苏联"修正主义"在中国重演，走"以阶级斗争为纲"和"无产阶级专政下继续革命"之路，发动十年"文革"等，就是探索现代化过程中发生的重大历史事件。就前者而言，既然城镇化需要工业化，工业化首要条件是"以钢为纲"，那么探索放手发动群众大炼钢铁路径来解决专业工厂产能不足的问题，就是一次"依靠广大人民群众"发展现代化道路的不成功的尝试。而以发动群众采取"大民主"和"以阶级斗争为纲"的"文革"方式解决苏联道路和老路带来的党和国家脱离群众、严重的特权腐败（所谓"修正主义"）问题，这也是一次旨在突破"东教条"、颠覆苏联道路和老路、走自己新路的不成功尝试。

改革开放40多年来探索以中国特色社会主义道路来超越老路、走出新路取得了巨大成功。中国特色社会主义道路是党领导中国人民百年奋斗开辟的中国式现代化道路在新时期的新探索、新阶段、新形态。在超越的意义上，"道路之新"体现在三个方面。一是以不断深化拓展的改革开放冲破了老路对"四个现代化"理解和战略的局限性，从"物质文明和精神文明一起抓"到"物质文明、政治文明、精神文明协调发展"，再到"经济建设、政治建设、文化建设、社会建设和生态文明建设"五位一体，全面推进。二是以"发展是硬道理"以及以解放和发展生产力这一根本路径来实现让人民富起来这一目标，放手改革、全面开放，冲破一切旧观念的束缚，解放思想、大胆探索，创造基本经济制度和全过程、全方位人民民主制度，从而为解决老路矛盾提供了超越性选择方案。三是积极参与全球化进程，打破封闭状态，让中国在开放中成为世界现代化共同体的主要成员，从而赢得主动，肩负世界大国责任，创造人类文明新形态。改革开放以来，我们向海外开放学习的路子也是如此。20世纪90年代，中国的开放海外学习大致形成了若干对标模式：深圳—香港，珠海—澳门，厦门—台湾，苏州—新加坡，胶东—韩国，东北—日本。随着浦东开放开发的崛起，中国在开放引进输入之余，坚定地走自己的城镇化之路，各地都形成了自己的特色。但是，城市发展格局的借鉴、输入的同构性依然相当明显。上海的浦东布展格局借鉴东京湾和纽约，苏州工业园区公共管理软件主要参照新加坡裕廊工业园。借鉴、融合、创新、发展，成为自主输入型现代化的基本特色。

七 走向理性自觉：超越改革开放初期探路方式的时代使命

"道路之新"超越的第五个坐标对象，就是改革开放初期诉诸感性实践"大胆试、大胆闯""杀出一条血路"的探路方式。无论是就中国式现代化道路还是城镇化道路而言，改革开放初期的探路方式都是在"前无古人"的探索中诉诸感性实践，诉诸"摸着石头过河"，充满着感性的盲目性。未来探路，我们依然不能完全摆脱感性探索方式。由此看出，百年奋斗形成的"道路之新"仍未完结，不是完成态、静止化的在场，而是仍然在不断超越之中不断创造、不断出场。然而，"摸石头就是摸规律"，经过40多年改革开放的感性实践不断上升为理性自觉的探索，进入新时代中国特色社会主义新征程，与改革开放初期探路方式相比，至少有以下的不同。

一是从诉诸感性实践"大胆试""大胆闯""摸着石头过河""走自己的路"，到立足中华民族伟大复兴全局、世界百年未有之大变局来理性自觉地把握中国式现代化道路整体发展规律，自觉地实现远景规划和顶层设计。改革开放是一项前无古人的伟大事业，没有现成经验可以借鉴，没有现成的理论可以指导，一切都要在破除西方式、苏联式、中国老路观念束缚中解放思想，在大胆试大胆闯的感性实践中"杀出一条血路"。我们站在中国式现代化和城镇化发展道路探索新历史方位上，面向未来30年，在物理空间、社会空间、文化空间和数字空间（如"元宇宙"空间）支撑下的复合城镇化趋势之中展望我们的城镇化未来，追问如何重新"走自己的路"，仿佛又重新回到中国式现代化革命道路即新民主主义革命道路开辟之初的困境。40多年来中国改革开放以"摸着石头过河"的探路方式取得了举世瞩目的伟大成就，成功地摆脱了"东教条"和"西教条"，走出了一条中国特色社会主义现代化、城镇化道路。这一道路是伟大的和正确的，沿着这一道路，中华民族创造了中国奇迹，大踏步地赶上了世界潮流，经济总量连续12年世界排位第二，许多产业和技术领先世界，全面建成了小康社会，完成了全民脱贫的历史使命，让中国人民真正富了起来。2022年末中国的城市化率跨越65.22%，历史性地完成了从"乡村中国"向"都市中国"的转变，全国城市化面貌发生了巨大改变，城乡居民收入稳步提升，贫民区、棚户区已然不见，城市居住空间供给已经满足甚至较大量地超过现有市场需求，相对发达的都市公共设施和CBD中心拔地而起，常住人口平均享有的城市公共产品覆盖率大幅度提高，一个年度节假日就有数亿跨界旅游人数的暴增，彰显了人们的生活质量的极大提升，城市生态得到普遍改善。然而，探路方式需要从自发转到自觉，实践探索必然面临主观与客观的矛盾、旧观念与新实践的矛盾、旧体制与新改革的矛盾、旧道路与新道路的矛盾，探路有失误，也付出了若干沉重的代价，交付了"学费"。1998年以来，我们选择的住房全面商品化市场化道路走到今天，在极大地满足一大批市场需求（1998年国内人口12.48亿，城市化率为33.4%；2022年末国内人口为14.12亿，城市化率为65.22%。24年时间国内城市化率提升31.32%，城市化人口从4.17亿，增长到9.20亿，24年时间超过5亿人成为城镇常住人口。24年时间国内年均进城成为常住人口达到2083万。自从1998年初到2021年末，总共24年时间国内商品房销售225.58亿平方米，如果按照每套平均100平方米算，那么也就意味着过去24年国内总共卖房2.2558亿套）的同时，更为各级政府通过土地财政和商品房税收积累了巨额发展资金，培育了一大批各类层次的开发商、建筑商和发展商。在积极利用资本发挥建设城镇化的过程中也受到空间资本逐利本性的强力"另类牵引"，资本扩张引起的强占、强拆导致侵犯原住民和农民合法权益事件屡屡出现，城镇化的推进使社会矛盾集中聚焦在空间资源和利益的公平分配上（据不完全统计，从2000年到2015年，全国各级上访办窗口登记群体上访事件中，超过80%与土地拆迁有关）。某些地方政府为了GDP指标和土地财政收益往往成为"亲商""傍商"派，资本指向哪里，规划就做向哪里，动用地方政府权威部门甚至黑社会力量严重侵害原住民合法权益，在人民与资本利益矛盾冲突中站错立场，严重背离"以人民为中心"的根本宗旨和空间正义原则。矛盾的不断产生和不断解决，推动着改革开放和中国特色社会主义道路的不断拓展和深化。经过长期努力，中国特色社会主义进入新时代。党的十九大以来全面总结实践探索经验和教训，站在把握"大历史"规律性的理性自觉高度，不仅划时代地明确了中国式现代化"富强民主文明和谐美丽的社会主义现代化"目标内涵，更进一步明确了"以人民为中心"的中国式现代化、中国式现代化道路和中国式现代化新道路的选择。"科学目标+现实道路"的明确，让中国式现代化的理论真正成为指引中华民族伟大复兴走向辉煌未来的科学。

二是从新时期到新时代，中国式现代化新道路之"新"就在于即将终结"世界走向中国"的时代，全面开启和跨入"中国走向世界"的时代，宣告在全面自主创新的基础上，"自主输入型现代化、城镇化"阶段向"自主辐射型现代化、城镇化"阶段转变，"道路之新"将从"争第一"到"创唯一"，从跟跑到领跑全球。1840年以来，西强东弱，现代化世界潮流浩浩荡荡，顺之则昌，逆之则亡。"世界走向中国"格局一直主宰全球。中国一直成为世界现代化、城市化道路的忠实学徒，现代化、城市化"跟跑"的最高效应就是实现"追赶式发展"。"走自己的路"变成世界现代化普遍真理在中国民族化、具体化的"分有"形态。从"被动输入型现代化、城镇化"到"自主输入型现代化、城镇化"，都是在"世界走向中国"时代中国处在世界边缘据守现代化、城镇化"学徒状态"的产物。相比之下，中国的城镇化道路探索比现代化更加复杂，因为从农村包围城市革命道路出身的中国共产党人对于城市化发展经验先天不足、后天受限。从1949年新中国成立一直到2000年末，在中国现代化道路探索中产业化始终走在城市化前面，城市化仅为35%，落在工业化、产业化后面。而且，在"世界走向中国"的时代，中国始终在城镇化发展上对标世界发达城市保持学习、跟跑、追赶状态。进入新时代的中国，从世界舞台边缘走向舞台中央，成为依靠全面自主创新来支撑中华民族伟大复兴的负责任大国，成为自主发展主体，并且希望将中国创造的一切让世界分享。东升西降，中国崛起所改变的将是以美国为首的西方霸权主义、单边主义的旧全球化时代，而要以中国倡导的多元主体平等、和平发展、互利共赢、文明互鉴的新全球化时代来替代，创造一个人类文明新形态。中国共产党不仅要为中国人民谋幸福、为民族谋复兴，也要为世界谋进步、为人类谋幸福。那么，就要深度颠覆西方中心霸权宰制的旧全球化城市体系，坚决打破西方城市以霸权中心自居而对发展中国家和地区城市进行的殖民化统治，重塑多元主体、平等交往、和平发展、合作共赢、文明互鉴的新全球化城市体系。这一新全球化城市体系的总体格局、个性化多元化的分类标准、和谐共生的相互关系、整体协调共进的系统功能，都需要我们与世界同仁共同研讨、展望和为之奋斗。这就是未来30年世界的美好前景。

三是从让人民富起来到强起来的转变，从中国式现代化发展道路转向中国式现代化强国道路，中华民族伟大复兴进入全面建设社会主义强国新征程，让"中国式现代化道路"向"新道路"延伸发展，让中国特色城镇化（世界城市化的中国特色）道路向"中国式城镇化新道路"转换，真正成为时代实践的直接主题。虽然中国式现代化实践百年奋斗先后存在着三大使命，即让中国人民站起来、富起来和强起来，由此形成"道路之新"的三个阶段或三种形态：革命道路、发展道路、强国道路，但是最终检验"道路之新"是否真好、中国共产党是否真能、马克思主义中国化是否真行的，肯定是直接能够全面实现中华民族伟大复兴这一百年中国梦的强国道路。只有站在中国式现代化、城镇化全面实现的制高点上，"从后思索"、回望实现中华民族独立和富强的革命道路和发展道路的百年前史，我们才能真正整体看清中国式现代化、城镇化道路自我演化、必然发展、不断超越而最终走向成功的历史逻辑，由此科学而非盲目地坚定历史自信、道路自信、制度自信、理论自信和文化自信。

八 守正创新：坚定不移走好中国式城镇化新道路

中国共产党带领中国人民在百年奋斗中筚路蓝缕一路走来，开辟了中国式城镇化新道路，尽管还在途中，但是这一道路在超越西方、旧中国、苏联、新中国成立初期、改革开放初期等别国道路或原初自己道路的进程中呈现的"道路之新"和"本质之新"的创新品格却不容否定。概而言之，这一道路创造了从"乡村中国"向"都市中国"伟大跨越的奇迹，实现了让9亿多中国人民共享都市化成果的梦想，让城镇化初步具有了中国特色和中国风格，是以城镇化历史集中承载和实现中国式现代化伟业的重要载体和实践场域，并且成为强力推动中国式现代化的主要动力，也是以中国式现代化全面推进中华民族伟大复兴在空间生产中成功应用的具体展现。由此而来，中国式现代化的本质要求，也相应地体现在中国式城镇化新道路之中。我们只有全面理解和深刻把握中国式城镇化新道路的中国特色和本质特征，守正创新，才能不迷失方向，才能准确地预测未来。

中国式城镇化新道路"中国特色"之一是人口巨大的城镇化。从1949年新中国建立之初城市化率不到10%，到2022年末达到65.22%，9.20亿人口成为城镇居民（常住人口），实现了从"乡村中国"向"都市中国"的重大转变，这是第一大国情变化。意味着我们党和国家百年来革命和发展的重心必然要从乡村转向城市。虽然近年来受疫情和中心城市房价攀升、就业竞争压力增加和生活成本飙升影响，出现了人口从超大城市向中西部城乡跨界回流趋势，但是，未来30年，中国的城镇化率完成的目标将从65.22%向80%以上迈进，在9亿多城镇化人口的基础上还要增加2.5亿左右。我国城乡空间生产形态和居民的空间居住方式，依然还有大变革的刚性需求。无论从已经城镇化还是从将要经历城镇化的人口数量来说，都是世界城市化之最。这表明三个不可否认的事实。一是我们的城镇化道路服务主体人口数

推进"以人为核心的新型城镇化"构筑诗意美丽家园

量巨大，任务艰巨，使命光荣。大有大的难处，城镇化的每一步前进都做出了巨大的努力，甚至付出了很大代价。切不可轻言中国式城镇化新道路探索之易。以亿万级巨量人口为基数，任何公共产品和公共服务的生产与供给都是一项无比巨大的投资和巨大的工程。而涉及每个人或者家庭微小的错误公共抉择一旦扩及巨量人口，都将成为惊人的错误。在涉及这样巨量人口城镇化权益和重新选择空间生存形态的重大问题上，差之毫厘就会谬以千里，必将损害巨量人口的空间权益。反之，任何一项巨量投入分布到每一个受益者身上，都被基数分母极大地稀释，显现出微薄效应。因此，决不能照搬照抄小国城市化经验，将之来跨界平移到中国。在巨量人口基数面前，任何决策者做一件普效性好事难，而做一件泛损性坏事却极易。这一"难—易"二值逻辑是任何小国决策者所不能体会的。未来持续10—20年，将依然是不可遏制的乡村人口向城镇流动和迁移，20年后城镇化趋势将相对稳定，甚至有所回落。同样，巨量人口城镇化不等于国外城市化，这是一个重大模式选择问题。许多城市着力走大城市、超大规模城市化极化效应之路，通过就地扩张、并入、跨界流入等途径三管齐下，迅速扩张城市规模、拓展城市空间；然而，城市扩张带来城市化高效率的同时，也不可避免带来负面因素。人口的急剧膨胀必然带来大量的"城市病"。

今天，我们要超越西方式城市化道路弊端，一是要缩小城乡差距，在推进城市化进程中，必须同步推进"乡村振兴"计划，切实保障乡村居民平等享有与城市居民一样的公共产品和公共服务，不能让乡村完全"空心化""凋敝化"甚至消失。在城市化率达到一定的界限（城市化率达到80%）之后，我们需要让农业变成真正的产业、农民变成自由选择的职业、乡村在新的生活空间意义上再繁荣。要让农民可以有机会自由合法地拓展和选择一切可以拓展的职业，不仅不限于第一产业、第二产业、第三产业，而且也不限于金融、运输、保险、信息处理、网络通信、知识产权等。只有让乡村农民择业权利与城市居民相当、对等，才能真正实现"乡村振兴"；否则，亦步亦趋地跟着西方城市化—"逆城市化"—"再城市化"的"之"字形道路前行，必走弯路，付出更大代价。二是要坚决反对为了资本逻辑牟利需要而走单向发展大城市、超大城市，抵制和排斥中小城市的道路。由苏南模式奠基，江苏苏州连续18年来年经济总量领冠全国地级市，2022年末GDP突破2.4万亿元；昆山18年来保持全国百强县首位，2022年末GDP突破5000亿元大关。在中共中央办公厅和国务院办公厅2022年5月颁发的《关于推进以县城为重要载体的城镇化建设的意见》指导下，将会有更多的县城成为中国式城镇化的重要载体甚至成为区域性独立单元。

中国式城镇化新道路的中国特色之二是从追求空间正义到进一步实现"全体人民共同富裕、共同幸福和诗意居住人间新天堂"的城镇化。为了全体人民共同富裕，高扬空间正义旗帜，超越以资本逻辑宰制的西方式城镇化以及改革开放以来资本逻辑单纯逐利本性、回归"以人民为中心"宗旨，是中国式城镇化新道路的根本特征。

中国式城镇化新道路是追崇"空间正义"的城镇化道路。这一崇尚基于两个参照系和坐标系：一是要超越西方式城镇化道路严重的空间不正义，二是要解决中国特色社会主义条件下资本逻辑在城镇化进程中造成的贫富两极分化问题。空间是人们生产和生活的基本生存条件。人们自由享受空间的权益应当属于不可剥夺的基本人权之一。受宪法和法律保护，空间权益包括公民在居住、作业、交通、环境等公共和私人空间领域对于空间产品和空间资源的生产、占有、利用、交换和消费等方面的权益。作为公平的正义，是制度的首要价值。所谓空间正义，就是存在于空间生产和空间资源配置领域中的空间权益方面的社会公平和公正，它包括对空间资源和空间产品的生产、占有、利用、交换、消费的正义。① 然而，要在14亿巨量人口中公平分配"蛋糕"，就首先要做大"蛋糕"。空间生产产品远不能满足中国大众的需要，要激励投入，吸引投资，加快发展，做大"蛋糕"，就不能不利用资本、运用市场。路径与目标存在着矛盾，要想公平必先导致合理差异，扬弃异化必先扩大异化，这就是一个现实道路的辩证法。不利用资本、市场做大"蛋糕"，就无法推动公平分配。中国特色社会主义理论和实践上一个重大创新，就是发现在中国特色社会主义条件下的资本依然具有推动经济社会发展的重大积极功能，当然也具有本性上的消极作用。我们需要继承当年马克思对于资本逻辑的历史二重性的辩证分析视域。我们可以相对区分"好"的资本（代表）和"坏"的资本（代表）。资本逐利本性是一样的，但是利用资本、运用资本、发挥资本作用的代表是受到各种制度环境制约和主体素养制约的。因此，运用资本同样可以呈现不同的方向与后果。这不仅仅是出于道德划界，而首先是制度界划，看资本（代表）是否在中国共产党领导下遵从中国特色社会主义基本经济制度规定，通过法理规定条件下的合法的市场行为，来获取法治规范条件下支持和保护的合法正当利益。改革开放以来，这些民营资本企业成为建设、推动中国城镇化的主力军。国资企业也采取了合法的资本运营形式。我们耳闻目睹的绝大多数城镇化建筑工程，80%出于他们的操持之手。他们中许多人还自觉响应国家号召，以"阳光工程"贡献大量社会慈善，在一次分

---

① 任平：《空间的正义——中国可持续城市化的基本走向》，《城市发展研究》2006年第5期。

配、二次分配（纳税缴费、支持地方政府建设等）和三次分配上都做出了重要的积极贡献，在中国特色社会主义建设史、中国式现代化史、中国式城镇化历史上都谱写了绚丽篇章。这一支撑的条件就是一看各级政府对于资本的规范是否严格合理，对合法资本运营的商务环境营造是否到位。如苏州工业园区建设之初就倡导执行"招商、安商、便商、富商"的一条龙服务，深得来商企业的高度认可，因而园区的资本投资强度长期处于全国前列，原因就在于商务环境好、相对投资回报稳定。二看资本所有人的内在法的和道德的行为约束是否严格。许多投资企业加入世界和中国的企业责任制度体系，许多民营企业在中国经济处在关键时刻给予的关键作用远远超过同类国企，如华为集团。他们在与西方开展技术争端的过程中，能够代表中国，体现中华民族自强精神，成为当之无愧的民族英雄。华为集团董事长任正非的股份只占企业总资本的1%，99%的资本股份为企业工会所有，形成了一种独特的员工集体股份参与制企业。许多大开发商、发展商的资本代表在青少年时代都是在新中国制度环境下成长起来的一代人，他们的头脑中对党、制度、人民，有根深蒂固的觉悟，因此，我们可以将这批资本企业看作"自觉资本"或"好"的资本代表。我们不能简单用"大资本"和"小资本"来区别他们对于历史的作用。我们也不能简单以他们在开发全国城市中占据市场份额和空间生产资源的多少来判断他们的优劣。一切赞成、拥护、参加、支持中国特色社会主义建设事业、中国式城镇化新道路并做出积极贡献的资本企业代表，所代表的资本无论大小，都是人民的一分子。如果说21世纪资本创新逻辑有各种形态，那么，他们的合法权益在中国共产党领导的中国特色社会主义制度下，都应当得到无条件保护。我们的基本经济制度，在维护公有制合法权益的同时，也同等维护一切合法的非公有制经济权益。这就是正义，是中国特色社会主义正义，是与民粹主义和新左派空想社会主义正义原则不同的正义。我们的空间正义，包括这一差异的内容。当然，"坏"资本（代表）则充分体现资本逐利本性，为了利益更大化，敢于践踏一切法律。由于"坏"资本（代表）的影响，大国探索空间转型之路并非一帆风顺，遭遇的问题、得到的教训与付出的代价是空前的。资本逻辑无论其代表"好"与"坏"，资本本性决定其都会因市场化而造成城市资源占有的两极分化，导致空间正义的缺失。我们与"资本"共存、"与狼共舞"，在取得历史性成就的同时，也付出沉重代价。无论是否认成就、否认道路真理性的片面误解，还是遮蔽问题存在、否认代价沉重的话语形态，都严重偏离马克思主义精髓。它们或者倒向民粹主义、新自由主义，或者倒向假马克思主义，都不懂得真正的辩证法所具有的严酷的现实的科学逻辑与历史逻辑。如前所述，空间正义的缺失、城镇化问题的集中出现，究其原因，有多种。一是因为在"农村包围城市，最终夺取城市"革命道路中走出来、原初以乡村农民出身为主的成员构成的政党先期严重缺乏指导大国空间转型的经验，而中国式城镇化新道路探索又是前无古人的事业；二是因为高速增长带来矛盾和难题的积累产生倍增效应，解决困局的难度达世界城市史之巅；三是因为在片面GDP政绩标杆化、市场功能无限化的导向催化下，资本逻辑侵蚀无孔不入；四是因为资本逻辑与高度依赖土地财政驱动的政府部门共谋；等等。上述因素存在注定导致中国城市化道路不平坦，先后造成一系列重大问题。空间的种种不正义是历史付出的代价，我们正是在付出这些代价、不断学会战胜这些问题的过程中觉悟起来、成长起来的；可以说，只有经过问题和教训的"炼狱"考验，我们才能走出一条中国式城镇化新道路。

追崇"空间正义"，正是对资本逻辑遮蔽人民至上逻辑、城市化过度依赖市场化偏向批判反思和历史超越的必然指向，是中国式城镇化新道路的本质要求。空间正义的缺失是以资本为核心、以利润率最大化为导向、以地方政府GDP政绩追求为价值特征、以制度公正相对缺失为条件综合作用的结果。对空间正义原则的侵害是建立在不断剥夺农村居民和城市弱势群体对空间居住和享有权的基础之上的。这样的城市化既背离为民宗旨，又难以持续。作为"思想中的时代"，马克思主义坚守人民至上立场，必然高举"空间正义"思想旗帜以阻击资本，反对资本用增值逻辑遮蔽人民逻辑，有效合法地保护大众对空间的平等权利。

坚持"空间正义"也是对城市权利严重不公平现象进行深刻反思和纠偏转向的产物。全球制造业在中国的集聚和集中，以及迅速扩张的城市规模，吸引大量的农村劳动力转入城市，然而受户籍制度的限制，出现了独特的2亿多"农民工"和城市"常住人口"现象。起初在计划经济尚未完全取消、城乡户籍二元制度仍被严格把关的年代，他们在城市打工并没有获得合法身份，被公开当作"盲流"而到处被拒斥和驱赶。后来，虽然他们中的青壮年被允许为城市贡献"人口红利"，被所在城市榨取活劳动，但是囿于户籍，却无法享受城市居民拥有的居住、医保、子女义务教育、中考高考、社会保障等各种城市权利，出现了城市权利上的严重不公平。作为活劳动，他们做贡献有份，但在同等享受种种城市权利时却被排斥在外。这一公然的差别导致大量的矛盾与冲突，影响社会稳定。纠正这一偏向，追崇"空间正义"，就是让空间权益普惠全体中国人民，进而呼唤中国式城镇化新道路的出场。

发展"空间正义"、开辟中国式城镇化新道路，就是要纠正那种单纯依赖"经营城市"、过度依赖土地财政、持片面"GDP崇拜"的政府政绩观和行为方式，重新引导政府走可持续发展城镇化道路。在财政"分灶吃饭"体制下，受GDP政绩观支配，政府过度依赖土地财政驱动，一方面依赖和放纵资本逻辑获得暴利，另一方面将自己变成追逐利益最大化的盈利主体，最终结果必然导致在空间生产领域的正义原则的缺失。越是产业欠发展的地方政府，越依赖土地财政，"经营城市"于是变味成"为资本服务"的逻辑。政府作为"招商、安商、便商、富商"服务主体最终演化为"资本的共谋"。"资本指向哪里、用地规划就规划到哪里，土地拆迁就推进到哪里"，在城乡规划、项目审批、土地拆迁、利益分配等各个事关大众空间权益环节上，某些地方政府部门一度不仅不维护大众权益，反而完全站在资本立场上，不惜动用暴力违法违规强拆强建，造成对大众权益严重侵犯，引发大量恶性群体事件。从根本上看，这些政府部门严重背离了为民宗旨，甚至站在了人民的对立面。对之纠偏必然呼唤"空间正义"，进而呼唤以空间正义为旗帜的中国城市哲学的出场。

坚持和发展"空间正义"口号是城市学派马克思主义对中国走生态化、可持续城市化之路探索的跨世纪回响。以资本逻辑追求利润最大化为轴心的城市化，既造成严重的城乡对立，又导致同城分裂，更造成生态破坏、人与自然对立。因而，这一城市化道路不仅造成人与人关系的危机，更导致人与自然关系的崩溃。呼唤"空间正义"不仅针对人与人的关系，也针对人与自然的关系；不仅要构建和谐城市，还要构建生态城市和绿色城市，后者才是可持续的。

总之，超越西方式城镇化道路的弊端，创造中国式城镇化的现代性辉煌，必须守正创新，坚定不移地走中国式城镇化新道路。让空间权益普惠全体人民，城镇化公共服务均等化、均衡化，这就是中国式城镇化新道路的本质规定。然而，公共产品、公共服务的均衡性分配正义一般说来是全体人民享有共同幸福、共同福祉的城镇化生活的必要的物质基础，但这还不是全部充要条件。未来30年，中国式城镇化新道路在稳步走向"空间正义"征程的同时，要努力走向人间新天堂，构筑诗意美丽、幸福美满的城市家园。如果说以往的中国式城镇化新道路主要致力于空间正义，那么，今后的中国式城镇化新道路在继续坚守和实践空间正义的同时，还要进一步为全体人民营造适宜居住的人间新天堂这一共同福祉而努力奋斗。这就是中国式城镇化的新现代性的美好家园。为此，我们将要解决一系列的矛盾关系，把握一系列的全局要点，对此稍后再论。

中国式城镇化新道路的第三个中国特色是物质文明、制度文明、社会文明和精神文明相协调的城镇化。列斐伏尔在《空间生产》中就指明空间是三维存在：物理的、社会的和精神的。此外，还应当有独立的制度文明维度。因此，城镇化空间生产是全方位的：不仅是物理空间的生产、社会关系的生产、精神文明的生产（包括信息化的元宇宙即虚拟—现实交融的空间生产），而且包括制度生产。一切城镇化治理空间中存在的制度生产都在这一系列。继西方启蒙现代性、经典现代性、后现代和欧洲新现代性之后出场的中国新现代性的城镇化，作为发达的城镇化，不仅需要有发达的物理空间、社会空间、精神文化空间，更要有治理体系发达的制度空间。同样，追求共同福祉、诗意居住的城镇化，也不仅需要物质文明、社会文明、精神文明的大力支撑，更需要制度文明的保障。

中国式城镇化新道路的中国特色之四是人与自然和谐共生的生态城市。绿色发展、生态文明、人与自然和谐共生是中国式现代化的本质特征之一，也是中国式城镇化超越西方式城镇化道路为了资本逐利本性而破坏生态绿色弊端的基本品格。虽然西方式城镇化在后工业文明时代为了资本所有者的生活品质而将污染通过转移散播于发展中国家，在生态权益和利益上造就"中心—边缘"两极化结构的格局，但是，不能片面地认为当代西方城市建设已经追逐生态化，而且比东方国家城市更加注重生态，也不能仅仅看到西方生态中心主义者倡导深生态学观念就据此认为西方式城镇化已经摆脱生态破坏。恰好相反，在一批生态学家如小约翰·科布（John B Cobb Jr.）、"生态大脚印"理论创立者威廉·里斯（Willian E. Rees）、生态马克思主义学者约翰·贝拉米·福斯特（John Bellamy Foster）、建设性后现代思想家大卫·格里芬（David Ray Griffin）和索拉里等真诚地信仰生态文明、坚持创造世界生态之路的同时，西方资本逻辑依然将发展中国家作为倾倒垃圾、承受污染工业之害、遭受各种环境破坏之苦的低等臣民生活之地。西方式城镇化的生态权益被看作单边主义、利己主义、贵贱两分的霸权逻辑。中国式城镇化新道路则要超越这一西方式城镇化道路的单边主义、霸权主义逻辑。

中国式城镇化新道路作为人与自然和谐共生的生态文明和绿色发展之路要实现多阶段目标。自然生态的山、水、林、田、湖、草、气等自然资源与城镇化构成一体化生态共同体，这是第一级目标。城市依照自然资源条件而建，自然资源保护和优化成为适宜居住美丽城市的自然条件。然而，城镇化生态文明不限于可见视域。第二级目标是需要防止排放高技术污染：光污染、噪声污染、电磁辐射和其他损害人类和生态健康的超高能因素污染。第三级目标则是"生态足迹"平衡。为此我们需要尽快实现新能源转换，不仅要实现碳达峰和碳中和，达到新型能源转型自给，而且经过三年自然灾害之困的中国，要对粮食安全有高度的自觉。就粮食自给率保障而言，中国自给率状况大致可分为三个"三分之一"：至少有三分之一的省份不能满足自给，三分之一产需相对平衡，三分之一自给有余。（据统计，至2021年末，我国耕地19.1792亿亩，其中水田4.71亿亩，占24.55%；水浇地4.81亿亩，占25.12%；旱地9.65亿亩，占50.33%。64%的耕地分布在秦岭—淮河以北。黑龙江、内蒙古、河南、吉林、新疆等五个省份耕地面积较大，占全国耕地的40%[①])其中65%的城镇辖区粮食自给率不足60%，超越红线。因此，满足"生态足迹"除了粮食之外，几乎所有城市居民的需要都难以在本生态资源区域内满足供给。作为一个对于区域生态资源高度依赖的城市，一个创新能源供给和高质量节约的城市，其实现需要我们重新探索一条新路。

中国式城镇化新道路的中国特色之五是倡导、推动、引领和创造和平共赢的全球城市体系。几百年来，以资本逻辑宰制的西方式城市化道路在世界范围内形成了旧全球化的城市等级体系，西方中心成为宰制全球城市体系的霸权主体，造成了"东方从属于西方"的不平等、不正义的城市体系。中国式城镇化新道路不仅要为中国人民谋幸福、为中华民族谋复兴，而且也要为全球城乡居民谋进步、谋空间正义，因而未来就要肩负起一个负责任的世界大国应当肩负的重大责任，即推进全球城市空间正义，以多元平等、和平共处、合作共赢、文明互鉴的新全球化城市体系来取代霸权主义宰制的旧全球化城市体系。为此，中国式城镇化新道路要求中华民族与世界民族协商一致，重新设计规划未来全球城市体系的发展蓝图，制定未来城市分工协作的个性标准，探索合作共赢的相互关系，解决相互合作中的种种矛盾、问题，提出治理方案。

这五大中国特色，与党的二十大郑重宣示的中国式现代化中国特色"本质之新"严格对应、相互支持，成为中国式现代化全面推进中华民族伟大复兴的重要组成部分。这是一个宏观的中国特色，为了彰显和实现这些特色，必须解决系列相关问题。

九　坚定不移走好中国式城镇化新道路：迎接未来挑战的若干思考

坚定不移走好中国式城镇化新道路，我们需要深度思考未来问题，迎接未来挑战，把握未来发展的重点和难点。

第一，走好中国式城镇化新道路，必须坚持中国共产党领导。历史实践反复证明：只有中国共产党领导中国人民百年奋斗，中国人民才能站起来、富起来和强起来，才能摆脱中国城镇化历史遭受帝国主义、封建主义、官僚资本主义殖民化、资本化奴役的悲惨历史，才能不断超越西方式城市化道路，开辟中国式城镇化新道路；只有坚持"以人民为中心"的中国共产党，才能秉持"城镇化为了人民、依靠人民、城镇化成果让全体人民更多更公平地共享"这一根本宗旨，代表中国人民的共

---

① 数据来源：《中国统计年鉴—2022》，中国统计出版社2022年版。

同利益、整体利益、全局利益和长远利益，在差异性社会之中成为全体中国人民为共同富裕而奋斗的坚强领导核心，抵制和排除"左"的和右的各种干扰，带领中国人民坚定不移地走"以人为核心"的中国式城镇化新道路。只有中国共产党才有能力领导世界上第一人口大国最宏伟壮阔的城镇化进程，全心全意为14亿全体中国人民谋划安居乐业的幸福生活。只有以先进的马克思主义中国化时代化旗帜引领指导行动的中国共产党，才能以唯物史观的中国逻辑科学揭示和把握中国式城镇化新道路的本质规律，正确指引方向，带领人民成功赢得未来。习近平新时代中国特色社会主义思想是新时代中国共产党必须长期坚持的指导思想，习近平总书记关于推进"以人为核心的新型城镇化"的战略思想，是全面把握中国式城镇化新道路的根本指导思想。各级党的领导和组织理解和把握这一指导思想的水平，在实践中是否敢创、敢闯、敢干、敢领先，成为这一地区城镇化发展状况的决定性因素。用习近平总书记关于"以人为核心的新型城镇化"思想加强和提升党的领导水平，是中国式城镇化新道路成功走向未来、创造更大辉煌的首要因素。迈向未来，我们的各级党组织要始终走在中国式城镇化新道路的前列，创新人类先进的思想观念指引方向，以带领人民团结奋斗创造实践的奇迹。

第二，走好中国式城镇化新道路必须坚持中国特色社会主义。中国式城镇化是中国特色社会主义城镇化。其中，重点在于：未来中国式城镇化新道路在继续坚持和发展空间正义事业基础上，将走向人间新天堂，构筑诗意美丽家园。这一美丽家园的构筑，首先要在空间正义原则指导下，使公平地共享基本空间权益成为人们不可剥夺的人权，成为如医疗卫生、基础教育等一样人人均等享有的基本公共服务产品。在享受空间产品方面，我们的城市高举"为了人民、依靠人民、创造成果让人民更多更公平地共享"的原则，主张"差异的空间正义"，稳步解决全体中国人民的城镇化空间产品享有问题。中国特色社会主义本质上是全体中国人民在根本利益、全局利益、长远利益、整体利益上趋于一致，有深厚的共同利益基础、走共同富裕道路的社会。我们决不再允许房地产金融化、教育资本化、医疗市场化损害城乡居民的基本权益。但是，这一社会又是社会成员在眼前利益、局部利益、阶级阶层利益上有种种差异的社会。因此是差异性社会而不是利益完全相同的同质性社会，更不是阶级利益根本对抗的阶级对抗性社会。因此，差异性社会特征将全方位贯穿于整个中国特色社会主义社会的始终。在整个差异性社会演化的全过程，我们所主张的空间正义原则，既不等同于主张在现阶段就完全抹去一切利益差异的民粹主义正义观，也不是主张任意由差异在资本和市场主导下两极分化的新自由主义正义观，更不是故步自封的新保守主义正义观，而是一种在承认客观差别合理性、坚持走向

推进"以人为核心的新型城镇化"构筑诗意美丽家园

共同富裕的前提下，主张结构性的差异的正义，即主张在基本空间产品配置上满足所有城乡居民的基本空间生产和生活的需要，做到"居者有其屋"，将满足居民的基本空间权利当作一项基本公共服务产品均等化供给；但是，如果超越这一基本公共服务产品水平线的任何超高需求，将由市场自由供给。这就是"比例—结构公平"，正像医保有基本医保服务均等化和补充医疗服务保障差异一样。我们的努力是根据空间生产能力和水平的提高而不断提升基本空间产品服务均等供给水平，但是，在物质财富充分涌流、可以按需分配的未来共产主义这一大同社会还没有到来之前，就不可能立刻消灭超出基本空间产品服务水平线之上的部分，即由市场和竞争来获得的差异部分。追求空间正义，这是一个动态消灭差异的漫长历史进程。

第三，从单纯追求数量型发展转向高质量发展之路。回溯以往，人们对中国城镇化进程关注的焦点主要在于数量型指标，这不仅是指城市化率，而且指与之相关的巨大人口数量。从1949年末新中国成立之初城市化率不到10%、城市总人口不足5000万，进展到2022年末城市化率达65.22%、城镇常住人口超过9.20亿（增长了17.40倍），由此判定中国已经跨过了城镇化率库兹涅茨曲线的顶端，完成从"乡村中国"到"都市中国"的转变，但是增速进入拐点，进入下滑通道。而且，我们还据此判断，未来尽管增长速率放缓，但是依然保持增长势头。到2035年，中国城市化率可能继续增长到72%，与基本实现现代化目标同步；2050年进展到80%以上，在实现强国目标之时达到发达国家普遍的城市化率水平。中国式城镇化新道路的中国特色之一也与数量型相关。但是，正如强国目标需要走高质量发展之路一样，中国式城镇化新道路在初步完成数量型扩张目标之后，需要将发展重心迅速转移到高质量发展上来，把握好数量继续增长与质量迅速提升之间的辩证关系，解决好以往在单纯追求数量型发展模式之时掩盖的种种矛盾和问题，以高质量发展带动数量增长，做到高质量的数量发展。中共中央、国务院近日已经印发《质量强国建设纲要》，这一纲要虽然没有专章关于城镇化高质量发展的总体论述，没有将城镇化当作推动全面高质量发展的主要抓手，但是涉及的产业、经济、建筑、工程、产品、品牌、基础设施建设、质量体系建设等都与城镇化进程密切相关。其中第六部分"提升建设工程品质"、第七部分"增加优质服务供给"、第九部分"构建高水平质量基础设施"等内容都聚焦这一主题。具体而论，中国城镇化高质量发展急需解决以下问题。

一要着力解决"常住人口"与户籍人口城市化率差异较大的问题。2022年末，两者差异仍然涉及2.9亿人口，总量占据65.22%中的18%—20%。固然，农村改革开放以来家庭联产承包责任制连续两个30年不变周期为流向城市的农民家庭提供了温饱生活的托底保障效应和"三农"红利，这是中国5亿乡村人口流向城市而没有导致城市大量贫民窟后果的成功之处，但是问题的本质在于"常住人口"城市化率虚高背后隐藏的是城市对于外来人口、跨界平移人口所供给的城市权益与户籍人口之间不公平问题，同时反映了城市资本化条件下商品、房价、综合生活成本日益攀高造成常住人口选择城市户籍的门槛和障碍偏高。许多跨界打工者所感叹的"有家的地方没工作、有工作的地方没家"这一"业家分离"，以及由此带来的留守妇儿、老人的生活困境，成为中国城镇化追求数量型发展模式中的一大突出问题，需要在高质量发展之路上加以解决。当然，与大多数农民向往城市的愿望不同，高度发达的地区相反的人口流向追求也在加速。在长三角、珠三角等地，一份农村户籍身份的经济价值远高于普通城市居民。农民户籍在新农合医保水平、享受的村级经济红利、居住条件、养老保障甚至文化生活待遇等方面远高于县市镇没有固定就业岗位的普通市民。因此，2000年以后自己申请付费而不是因被拆迁而"农转非"的农业人口，在当地被看作"吃亏"的人。就地城镇化进程中，高质量发展意味着空间生产、生活精细化、精致化，人民空间生存方式选择自由化、多样化。农村青年选择城镇化生活，都市老人选择回归乡村安宁生活、务农为闲。这种以城乡一体化、乡村都市化方式呈现"乡村振兴"、再造乡村美好前景以及城乡融合发展保障居民生活方式的多样化选择，更不需要用制度化逼迫广大农民"农转非"。乡村居民身份的多样化，原初农民置业的多样化，农业生产专职化，都指向一个共同前景：在城乡流动人口越来越多、范围越来越广、流速越来越快、复杂程度越来越高的时代，让14亿全体中国人民自由选择和享受一种自己需要和向往的空间生存方式。中国式城镇化新道路要分类、分型、精致化地量身定做，让每一个中国人在空间生产和空间生存选择上获得自由，得到公平权益，实现自己的理想。

二要多样化地解决农业转移人口市民化问题。城市扩张造成大量拆迁户楼宇，住户都是原村民，他们保持着"熟人社会"关系和生活习俗，甚至还保留着村级组织建制，顽强地保持着原初的交往共同体格局，与周围市民社会格格不入。跨界流向异地城市的农业转移人口，无论是身份户籍已是市民还是农民工（常住人口），长期以来与周围市民没有深度交往，依然在生活习俗、文化心理上保持着非市民化状态。市民化要解决的户籍问题，登记证制度部分可以解决；但是相关城市户籍居民享有的城市权益，要加快向常住人口覆盖。以往推进市民化主张用居住分散化、网格重建化、活动市民化等方式让他们尽快融入"陌生人社会"。解决这一问题的关键在于要有繁荣、发达的"市"来催化，城市不是居民社会，而是"市"民社会。发达繁荣的业态市场，交往、交流、交换空间，是催生居民变市民，进而变成市民社会的关键条件。当前，许多新造城市为何变成孤居空间或者空荡荡的"鬼

推进"以人为核心的新型城镇化" 构筑诗意美丽家园

城",关键在于要解决"城"与"业"、"城"与"市"分离现象,有"业"才有"人",有"市"才有"城","业"兴、"市"兴才有"城"兴。此外,如果村民共同体文化发达,就不要故意强行分散处置,独特文化整体嵌入城市也会补充"陌生人社会"原初文化弥漫着原子主义的不足,强化城市本地共同体文化价值风貌,彰显城市交往和谐的魅力。

三要精准地高质量规划全国超大、特大、大、中、小城市(镇)的未来蓝图,为全体中国人民建设诗意居住的美好家园。由于资源配置和政策导向上的偏颇,以往盲目追求超大、特大、大城市,盲目升格升级转型城市(县转市、镇转街道等)造成了相当多的空间资源和管理资源的浪费。为了纠偏,一些地方开始实行倒转(街道转镇),意味着就地城镇化方向的逆转,要为此削减人员岗位、公共服务、职业待遇、城建投入,维护成本。未来空间规划必须精准地、理性地预测全体中国人民对于各类城镇化空间生产和消费形态的愿景,任何过度超越需求行为(如呈现大量闲置的房地产)都将付出严重代价。

四要解决如何以创新城市"业"态强势带动"城"的发展问题。"空城计"之所以屡屡唱响,主要原因是"业态"创新乏力,无力拉动和支撑城市扩张,造成一度单纯被低廉房价和居住环境吸引而来的炒房客、居住客和外来人流因为"无业可就"而不得不迅疾离。深圳市连续多年因科技创新拉动产业创新而成为全国典范,年度工业生产总值和工业增加值跨入全国城市首位,因而常住人口增量也保持较高幅度。相反,大多数城市"瘦身"的关键因素是业态创新乏力,无法为外来和本地居民持续提供创业、就业的机会,有些城镇几乎无业可就,因而就难以长久凝聚人气。因此要在构建以国内大循环为主体、国内国际双循环相互促进的新发展格局的基础上,着力重新布展全国的城市体系格局,以全国科技创新大循环体系、产业创新大循环体系、全国统一市场大循环体系、全国多层次消费大循环体系作为基础平台,来规划、调整和部署全国城市体系。

五要解决实现共同富裕的路径问题。加快走"共同富裕"之路的步伐,这是党的二十大报告郑重宣示的新使命。未来五年,"居民收入增长和经济增长基本同步,劳动报酬提高与劳动生产率提高基本同步,基本公共服务均等化水平明显提升,多层次社会保障体系更加健全;城乡人居环境明显改善,美丽中国建设成效显著"[①],等等。但是,要解决城乡居民收入差距扩大的困境,不做大"蛋糕",不可能实现

[①] 习近平:《高举中国特色社会主义伟大旗帜 为全面建设社会主义现代化国家而团结奋斗——在中国共产党第二十次全国代表大会上的报告》,人民出版社2022年版,第25页。

共同富裕。在财政紧张的情况下，为了确保实业和社会经济基本面的投资稳定，我们削减发达地区公职人员工资、减少政府财政支出，致力于打造"廉价政府"能够暂时在统计数字上减轻两极分化，公职人员平均收入过度超过全体居民的人均收入，的确会引起社会不良反应。但是，这一措施如果导致发达地区也不愿意做大"蛋糕"，那么最终结果就会倒退至普遍贫穷。在以美国为首的西方世界神圣同盟加紧"围剿"中国的日趋恶劣的全球环境下，做大"蛋糕"、做强实力的发展仍然是国家的第一要务。改革开放打破大锅饭的最大的积极意义就在于彻底贯彻社会主义的"按劳分配"，同时贯彻"按要素分配"原则。如果国家宏观层面在收入分配上不再与劳动效益、创业业绩挂钩，或者每一个地区的经济社会发展业绩不能与这一地区的奋斗主体挂钩，就不会有持续的业绩贡献呈现，"蛋糕"就不会做大，就会倒退到"干多干少、干与不干一个样"的大锅饭结果，就会与社会主义分配正义原则根本相悖，也无法走"共同富裕"之路。根本出路在于以做大"蛋糕"、彰显中国特色社会主义制度优越性为引领，以比例公平分好"蛋糕"，最终达到共同富裕。主要路径就在于繁荣扩大中等收入群体，将之发展到占全体人口的50%以上，而限制超高收入群体占比和解决低收入群体问题，让其两头占比均处在25%以下，同时全力实现全民基本公共服务、基本社会保障均等化，稳步提升基本社会保障和公共服务水平。只有实现这一目标，才能让中国城镇化的未来经济和社会处在一个相对稳定而又繁荣的状态，这样的城市繁荣发展才可持续。由于生活成本和平均收入不同，每个城市的实际中等收入划线也有高低差异。中等收入群体既是城市秩序稳定发展的坚定支持者，也是向良性善治努力发展的推动者。因此，他们既不会是制度的颠覆者，也不会是发展的阻滞者。这就构成了全体中国人民的主体部分。基本公平部分是兜底工程，需要稳步提升。大凡在"蛋糕"没有做大之前就主张一律消除合理差异的民粹主义主张，本质上都是空想社会主义、伪社会主义；大凡主张根据资本逻辑和市场自由竞争规则行事而不加限制的新自由主义主张，都是资本逻辑的代言人；大凡主张维持现状、固化利益差异的都是新保守主义主张。以上都是不可取的。

第三，需要展望未来新概念城市形态。一是要聚力打造以元宇宙支撑下的多重虚拟与现实交汇、有形与无形融合、在场与不在场统一的理想城市。满足人们对美丽城市的美好追求和愿景想象，首先需要通过元宇宙设计个性化、多样化、变换式构筑虚拟和现实交汇的理想城市场域，让若干志同道合、有价值共识的共同体生活于一个他们追求和理性的交往空间之中，成为享受共同福祉的群体。二是要根据全国生态和自然资源、历史传承和现实发展需要细致规划建设城市带、群、圈、网。要面向未来，不能因循守旧，要在掌握未来城市发展规律基础上加以安排。城市群、

推进"以人为核心的新型城镇化"构筑诗意美丽家园

圈中的中心城市和圈层范围的各个城市地位在竞争中都是可变的，不能指望数十年后依然抱残守缺、固持一定之规。在推动乡村振兴进程中，要大力发展城镇化的产业引领和社会承载功能。要加大城市间人口流动的机会，在构建新发展格局进程中不断打破公共产品的"俱乐部效应"。三是进一步打造高质量全民健康城市。三年多来，全国各个城市在付出若干代价成功战疫进程中，深切体会到我们当年就呼唤倡导健康城市的极端重要性，各个城市都强化了"人民至上、生命至上"的自觉意识，都颁布了相对完整的抗击新冠疫情和其他突发性公共卫生事件的系列公共政策，形成了较为完善的抗疫治理体系，极大地推进了健康城市建设进程。然而，健康城市建设远未达标，更没有达成高质量。体育优先、预防优先、治未病还远没有形成有效机制。健康养老体系还刚刚起步。专业科技研发体系不完善、相关疫苗研发能力严重滞后。为此，打造高质量健康城市，过一种有效的健康生活，成为全体中国人民对未来城市的期盼。四是高质量高、保障安全城市。现代性带来巨大成就，让中国人民享受丰硕成果的同时，也必然以各种"现代病"导致各种非典型风险，甚至成为乌利希·贝克与吉登斯所称的"风险社会"的状况。我们要在深度贯彻"战略性总体安全"观中努力打造高质量、高保障安全城市，但是，非经典安全隐患与现代性社会发展总量呈正比。犹如一个吹大的气泡，风险不仅来自气泡内部，还来自日益增大的气泡表面与外部之间的摩擦。现代性社会越发达，就像将气泡吹得越大，外表摩擦面积就越大，风险概率就越高。风暴往往起于青蘋之末。现代性的复杂程度并未让我们日趋紧张的理性大脑完全安宁。因此，对于总体安全城市的治理和把控能力要求就越高。五是以党的领导、依法治国和全过程人民民主"三位一体"全面推进高质量善治城市的建设。全过程人民民主，是党的二十大提出的中国式现代化的本质要求的一个重要组成部分，也是我们推进高质量善治城市的关键因素。六是在传承底蕴深厚的优秀传统文化的平台上打造具有浓郁乡愁记忆、历史归宿感和精神家园感的富有民族化、个性化文化品位城市。西方启蒙现代性曾经用千篇一律的资本逻辑和工业文明抹平城市的历史个性，包豪斯建筑在强调"一砖一瓦实现人道主义关怀"的同时普及简约式建筑和家装让人们产生了历史记忆的缺失。现代性原初本质上是一种历史精神的断裂，因而遭受后现代的批评和否定。为此，新现代性重新倡导传统价值，中国新现代性即中国式现代化是主张传承优秀中国传统文化的现代化。未来城市，无论是以虚拟还是以现实空间再现的，都是一种仿真的场景，一种人们希望和需要从中得到"属人性"情感满足的家园，而不是虽由数字化、智能化精致控制但风貌外显冷冰冰的空间场所。

中国式城镇化新道路开拓前行的未来，就是中国式现代化的未来。

人民城市：新时代城市发展的理念、价值与实践[*]

董 慧[**] 王晓珍[***]

摘要：进入新时代，人民的个性发展和世界历史条件的变化使我国城市面临着诸多新风险与新挑战。针对人民发展需要与城市发展挑战，习近平提出了"人民城市"重要理念，集中表达了新时代我国城市发展的理念与价值，也引领着我国解决城市问题、应对城市发展挑战、开创城市发展新格局的实践发展。"人民城市"重要理念具有深刻的理论渊源和现实基础，是对中国共产党人民至上的价值理念、马克思主义城市理论的继承和发展，是中国特色社会主义城市思想的最新成果。在践行"人民城市"重要理念及其精神的实践中，我国诸多城市已经探索出具有特色、富有成效的发展路径。"人民城市"重要理念，具有深刻的理论根基、丰富的理论意蕴和鲜明的价值指向，既指引着中国开辟新时代城市发展新篇章，也引领着人类城市文明的发展。

关键词："人民城市"重要理念；中国特色社会主义城市思想；新时代城市发展；城市治理

Cities for People: The Concept, Value and Practice of City Development in the New Era

Dong Hui　Wang XiaoZhen

Abstract: Entering the new era, the development of the people's personality and the

---

[*] 基金项目：教育部哲学社会科学重大课题攻关项目"中国共产党领导下中国现代化道路的探索历程与经验研究"（编目编号：21JZD006）的阶段性成果。

[**] 董慧，华中科技大学马克思主义学院教授。

[***] 王晓珍，华中科技大学马克思主义学院博士研究生。

change of the world historical conditions make Chinese cities face many new risks and new challenges. In response to the people's development needs and urban development challenges, XiJingping has put forward the important concept of Cities for People, which centrally expresses the concept and value of China's urban development in the new era, and also leads the practical development of China's urban problems, urban development challenges, and urban development. The concept of the Cities for People has a profound theoretical origin and practical basis. It is the inheritance and development of the value concept of the people's supremacy of the Communist Party of China and the Marxist urban theory. It is the latest achievement of the socialist urban thought with Chinese characteristics. In the practice of practicing Cities for People and their spirit, many Chinese cities have explored innovative and productive development paths. The important concept of "Cities for People" has a profound theoretical foundation, rich theoretical implications and clear value orientation, which not only guides China to open up a new chapter in urban development in the new era, but also leads the development of human urban civilization.

Keywords: The important concept of "Cities for People"; Thought of socialist cities with Chinese characteristics; Urban development in the new era; Urban governance

"人民是历史的创造者，是决定党和国家前途命运的根本力量。"[①] 中国共产党从诞生之日便确立以人民为中心、为人民服务为理念和宗旨。改革开放以来，我国城市化快速推进，城市规模和体量得到了前所未有的扩展，2020年"年末我国常住人口城镇化率超过60%"[②]。城市既是人民生存、生产和生活的重要场所，也是我们党践行人民观的重要实践空间。新时代我国社会主要矛盾发生转变，在城市中体现为人民对高品质美好生活的需求与城市问题并存。新冠疫情的暴发，使我们认识到，我国城市发展还面临许多未知风险和挑战。近年来，习近平提出的"人民城市"重要理念，不仅回应了我国城市发展面临的问题，也为我国未来的城市发展指明了方向。全面把握并践行"人民城市"重要理念，凝聚城市发展的人民力量，对于全面建设社会主义现代化国家新征程的稳步起航和城市的可持续发展都具有重大现实意义。

一 "人民城市"重要理念的提出与内涵

进入新时代，伴随着全球化、现代化的深入推进，我国城市化在迎来高速发展

---

① 《习近平谈治国理政》第 3 卷，外文出版社 2020 年版。
② 国家统计局：《中华人民共和国 2020 年国民经济和社会发展统计公报》，2021 年 2 月 8 日。

机遇的同时，也面临着各类城市问题。面对日益复杂的城市问题和日益多元的人民需求，党的十八大以来，习近平提出了"人民城市"重要理念，并发表了一系列关于新时代中国城市建设和发展的重要论述，深刻阐明了城市发展为了谁、依靠谁、如何走、走向哪里等关键问题。通过梳理习近平关于"人民城市"重要理念的相关论述发现，其在不同时期具有不同的重点和要求。正是在不同时期的提出与演进中，"人民城市"重要理念的内涵也不断得到拓展和丰富。具体如下。

阐明以人为本、人民至上的首要价值原则，确立"人民城市"的核心精髓。2013年，在中央城镇工作会议上，习近平总书记剖析了我国城市发展面临的城市资源环境承载能力减弱、生态污染、建设速度过快、风险增多、社会治理体系滞后等一系列问题和挑战，并提出了开辟新型城镇化道路应坚持的基本原则，即"以人为本、优化布局、生态文明、传承文化"[1]。其中，以人为本既是我国推进新型城镇化的首要原则，也是新时代城市发展的首要原则，是贯穿习近平总书记城市发展理念的主线。2014年在北京考察城市工作时，习近平总书记重申这一原则，并提出"首都规划务必坚持以人为本，坚持可持续发展"[2]的要求和理念。

明确人民城市为人民、满足人民多元需求的城市发展要求，确立"人民城市"的现实导向。2015年，中央城市工作会议审议的《关于深入推进城市执法体制改革 改进城市管理工作的指导意见》对我国城市问题作出了新判断，明确指出："加强和改善城市管理的需求日益迫切，城市管理工作的地位和作用日益突出"[3]，我们要"推动城市管理走向城市治理，促进城市运行高效有序，实现城市让生活更美好"[2]。此时，我国的城市发展重心已经由城市建设转为城市治理。针对这一重要判断，习近平总书记提出，在城市工作中"要顺应城市工作新形势、改革发展新要求、人民群众新期待，坚持以人民为中心的发展思想，坚持人民城市为人民"[4]，提升城市管理和公共服务的精细化以满足人民群众的生活需要，构建多元的主体结构，创新城市治理方式，"实现城市共治共管、共建共享"[3]。此时，"人民城市"重要理念的基本脉络已经清晰地展现出来，即在城市工作中坚持以人为中心的基本原则，以城市治理为重点任务，积极回应人民需求和关切，鼓励人民参与城市治理，以人民的力量推动城市的可持续发展。此后，习近平总书记在2016年的北京城市副中心部署规划会议、2017年考察北京城

---

[1] 中共中央文献研究室：《十八大以来重要文献汇编》（上），中央文献出版社2014年版。
[2] 《习近平在北京考察工作时强调 立足优势 深化改革 勇于开拓 在建设首善之区上不断取得新成绩》，《人民日报》2014年2月27日第1版。
[3] 《中共中央 国务院关于深入推进城市执法体制改革 改进城市管理工作的指导意见》（2015年12月24日），《人民日报》2015年12月31日第3版。
[4] 中共中央文献研究室：《十八大以来重要文献汇编》（下），中央文献出版社2018年版。

人民城市：新时代城市发展的理念、价值与实践

市规划建设，以及 2018 年山东、上海考察等多个场合，多次强调"人民城市为人民"的重要理念，不断确认人民是我国城市工作的根本指向。

阐明人民共建共治共享的主体参与机制，确立"人民城市"的内涵要素。2019 年，习近平总书记在上海考察时进一步指明人民城市的本质内涵与当代实践方式，丰富了人民城市的意蕴。"城市是人民的城市，人民城市为人民"[①]，城市的主体是人民，城市的实践旨归在于服务人民。在新的历史条件下，"城市治理是推进国家治理体系和治理能力现代化的重要内容"[①]，我们要积极推动城市治理现代化，更好地满足人民群众的需求，提升人民群众的获得感、幸福感和安全感。"调动群众积极性、主动性、创造性"[①]的人民治理机制，成为新时代城市治理的重要任务。此时，"人民城市"重要理念的内在结构体系已愈加完善，其基本内涵包括三大要素，即人民是城市的主体，人民是城市发展的目的，城市发展需要依靠治理现代化水平的持续提升。

明确把握城市有机生命特质的时代发展目标，确立"人民城市"的治理支撑。2020 年，突如其来的新冠疫情给中国城市带来冲击和挑战，城市中人民的生命安全问题前所未有地凸显。面对新冠疫情的重大挑战，习近平总书记在湖北省考察新冠肺炎疫情防控工作时提出了"化危为机"的城市发展新路："加快补齐治理体系的短板和弱项，为保障人民生命安全和身体健康筑牢制度防线……着力完善城市治理体系。城市是生命体、有机体，要敬畏城市、善待城市，树立'全周期管理'意识。"[②] 人民生命安全是城市发展的基础，也是城市治理的基础性目标。人民城市必然是能够首先保障人民安全和身体健康的城市，其治理的首要目的是为人民提供更安全更坚实的生命保障。此后，在深圳特区建立 40 周年、浦东开发开放 30 周年讲话时，习近平总书记提出，"坚持以人民为中心的发展思想……创新思路推动城市治理体系和治理能力现代化"[③]，"提高城市治理现代化水平，开创人民城市建设新局面"[④]。此时，"人民城市"重要理念更加具体和丰富，城市治理现代化在人民城市的建设中地位更加突出，要求和目标也得到提升，是新时代党中央关于建设中国特色社会主义现代化城市的重要思想。

从提出到不断深化、拓展，"人民城市"这一新时代城市发展的重要理念，已经成为了包含价值原则、现实导向、发展目标、主体定位、治理机制等在内的丰富体系。

[①] 《习近平在上海考察时强调 深入学习贯彻党的十九届四中全会精神 提高社会主义现代化国际大都市治理能力和水平》，《人民日报》2019 年 11 月 4 日第 1 版。

[②] 习近平：《在湖北省考察新冠肺炎疫情防控工作时的讲话》，《求是》2020 年第 7 期。

[③] 《深圳经济特区建立 40 周年庆祝大会隆重举行 习近平发表重要讲话》，《人民日报》2020 年 10 月 15 日第 1 版。

[④] 习近平：《在浦东开发开放 30 周年庆祝大会上的讲话》，《人民日报》2020 年 11 月 13 日第 2 版。

经历萌芽、形成、发展到深化，习近平总书记针对我国城市化不同时期的重点问题，提出了"以人为本"的城镇化、"城市的核心是人"、"提升城市环境质量、人民生活质量、城市竞争力"、"人民城市人民建，人民城市为人民"、以城市治理现代化"保障人民生命安全和身体健康"、"城市是生命体、有机体"等一系列城市发展的理念和观点。习近平人民城市重要理念是新时代党中央建设现代化城市、发展城市文明、促进人民共同富裕的重要理念，引领我们建设和发展人人参与、人人共享、人人认同的新时代城市，达到人民城市属人民、人民城市为人民、人民城市人民建、人民城市人民治、人民城市人民享。在具体城市工作中，"人民城市"重要理念主张城市建设、发展和治理依靠人民、为了人民，在城市发展全过程坚持人民至上的价值理念，为城市人民提供更多更好的发展条件，提升人民在城市中的安全感、获得感和幸福感。

二 "人民城市"重要理念的理论溯源

"人民城市"重要理念，既具有深切的现实观照，符合城市的实践发展要求，孕生于马克思主义和中国特色社会主义的当代实践，也汲取西方城市理论的合理成分，具有深厚的历史底蕴和理论深度，是科学理论的演进成果。深悉"人民城市"重要理念的理论渊源，对于我们深刻理解其内涵至关重要。

经典马克思主义城市思想是"人民城市"重要理念的理论来源之一。经典马克思主义理论家在对资本主义社会的批判中包含着关于城市发展、建设的重要理念。其中，恩格斯对19世纪英国城市工人阶级的关照、对资本主义城市剥削本质的揭露、对工人的城市生存关照，以及列宁关于社会主义城市论断的思想火花，都直接构成"人民城市"重要理念的理论来源。

18世纪下半叶至19世纪初，伴随着工业革命，伦敦、利物浦等英国城市建设了大批工厂，并修建了许多铁路以更快运输原料。生产力的高速发展，使"大城市及其附近的其他城市，……以及其他工厂城市，就像是用了法术一样，一下子就从地下变出来了"[1]。城市大量兴起，"城市人口增加了两三倍，这些增加的人口几乎全是工人"[1]。工人居住在城市中最差的住宅中，身体、精神遭受双重摧残。为了掩盖压迫与剥削，资产阶级通过城市卫生运动让城市看起来干净整洁，但"在工人住宅方面并没有任何重大改善"[2]。通过深刻剖析城市现象，恩格斯揭露出资本主义城市的本质是剥削工具与剥削场所，正是这种剥削造成了城市与工人的对立，而城市

---

[1] 《马克思恩格斯文集》第1卷，人民出版社2009年版。
[2] 《马克思恩格斯文集》第1卷，人民出版社2009年版。

人民城市：新时代城市发展的理念、价值与实践

发展的最终目的应该是服务于人的发展。恩格斯对城市与人关系的思考、对人类的健康与发展的关怀，为我国城市发展提供了"人"的导向。

列宁关于城市功能的观点及苏联的城市实践具有重要的理论和现实价值。列宁进一步发展马克思恩格斯的城市思想，于1918年提出社会主义理想城市的标准和功能："城市是人民的经济、政治和精神生活的中心，是进步的主要动力。"① 十月革命胜利后，苏联建立世界上第一个社会主义国家，在第一个五年计划内，苏联快速推动工业化和城市化，导致大量农业人口涌向城市从事工业生产，许多城市出现人口拥挤、住房紧张等问题。为此，苏联从列宁关于社会主义理想城市的标准和功能出发，废除房屋私有制，有计划地分配、修复和调整房屋住宅，改善工人城居环境。这极大地激发了广大工人的劳动热情，使苏联在第二个五年计划时就发展为全球第二大工业强国。尽管由于诸多原因苏联最终走向解体，但其城市实践为我们人民城市的建设提供了富有价值的经验启示。

中国特色社会主义城市思想是"人民城市"重要理念又一关键的理论来源。中国特色社会主义城市思想是我国汲取马克思主义城市思想，跟随时代变迁而不断丰富和发展的城市思想。中国特色社会主义城市思想是历史形成的，在不同时期具有不同的内涵：在社会主义建设、改革时期，中国特色社会主义城市思想以更好地推动城市建设为主线；新时代的城市发展则需要充分挖掘城市治理的深层动力，建设现代化的治理体系。在一代代中国共产党人的领导下，我国开辟出中国特色社会主义现代化城市发展道路（见下表）。

中国特色社会主义城市思想发展历程表

历史时期	历史阶段	城市思想
以毛泽东同志为核心的党的第一代中央领导集体	萌芽	城市已经属于人民，一切应该以城市由人民自己负责管理的精神为出发点
以邓小平同志为核心的党的第二代中央领导集体	形成	城市建设要与改善人民生活相适应
以江泽民同志为核心的党的第三代中央领导集体	发展	城市建设要为人民群众谋福利
以胡锦涛同志为核心的党的第四代中央领导集体	发展	努力形成资源节约、环境友好、经济高效、社会和谐的城镇发展新格局
以习近平同志为核心的党中央	成熟	人民城市人民建、人民城市为人民；转变城市发展方式，完善城市治理体系，提高城市治理能力

资料来源：作者自制。

---

① 《列宁全集》第23卷，人民出版社2017年版。

在新民主主义革命和社会主义建设时期,"城市属于人民"是我国城市发展的主线。1948年,毛泽东同志就准确指出了城市的主体和根本属性:"城市已经属于人民,一切应该以城市由人民自己负责管理的精神为出发点。"① 社会主义建设时期,中国坚持贯彻城市属人的理念原则,例如1951年的中共中央政治局扩大会议决议指出,要"力争在增加生产的基础上逐步改善工人生活。在城市建设计划中要贯彻为生产服务、为工人服务"②。毛泽东"城市属于人民"的重要论断及社会主义建设初期的城市发展探索,奠定了中国特色社会主义城市思想的总基调。

在改革开放初期,提高人民生活水平是我国城市发展的重要标准。改革开放后,以邓小平同志为核心的党的第二代中央领导集体,坚持以是否有利于提高人民的生活水平为一切城市工作的出发点和落脚点。1978年第三次城市工作会议明确指出要加快城市住宅建设、改善城市面貌,"认真抓好城市规划工作;加速住宅及市政公用设施的建设"③,使城市建设与改善人民生活相适应。中国特色社会主义城市思想在此时期得以形成。

在20世纪与21世纪之交,提升城市服务能力是我国城市发展的重要指针。江泽民同志根据时代的变化与城市发展的状况,在"三个代表"重要思想的基础上,明确提出城市建设要为人民群众谋福利的根本要求。此时,随着改革开放的平稳推进,我国城市化进入加速期,城市建设承担着更多重要历史任务:追赶发达国家、提升城市服务力等。对此,江泽民同志提出,要"加快城市交通基础设施建设、环境保护和生态建设、住宅建设,不断增强城市综合服务能力和综合竞争力"④。这些理念和要求是"三个代表"重要思想在城市中的展开。

21世纪初,以人为本的可持续发展是我国城市发展的转型目标。进入21世纪,面对国内经济体制改革逐渐深入、经济发展结构深刻变动的复杂背景,胡锦涛同志提出:"坚持走中国特色的城镇化道路,按照循序渐进、节约土地、集约发展、合理布局的原则,努力形成资源节约、环境友好、经济高效、社会和谐的城镇发展新格局。"⑤ 面对我国粗放型城镇化发展模式带来的经济社会发

---

① 《毛泽东选集》第4卷,人民出版社1991年版。
② 《1951年2月18日中共中央政治局扩大会议决议要点》,http://www.cctv.com/special/756/1/49978.html,2002-9-15/2021-09-30。
③ 王振川主编:《中国改革开放新时期年鉴》,中国民主法制出版社1978年版。
④ 《江泽民在北京市考察工作强调 必须抓住机遇迎头赶上 努力发展高新技术产业》,《人民日报》,2000年1月25日第1版。
⑤ 《胡锦涛强调建城镇发展新格局》,http://www.gov.cn/test/2007-10/10/content_773201.htm,2007-01-10/2021-09-30。

人民城市：新时代城市发展的理念、价值与实践

展问题，以胡锦涛同志为总书记的党中央从转变经济发展方式入手，在城市发展中统筹贯彻以人为本，全面、协调、可持续的科学发展观，提升了我国城市发展的现代化、绿色化、人本化。

新时代，具有中国特色、彰显制度优势的人民城市是我国城市发展的新方向。"党的十八大以来，面对新时代发展的转折点、改革的深水区，党中央带领全体人民展开了前所未有、力度空前的反腐败斗争，深入推进全面从严治党，大力推动政府治理和社会治理"[1]，在这种全面推进国家治理现代化的战略背景下，面对各类城市问题风险与人民需求多元的双重挑战，习近平总书记提出"转变城市发展方式，完善城市治理体系，提高城市治理能力"[2]，"人民城市人民建，人民城市为人民"等理念，坚持以治理改革彰显制度优势，积极创造城市发展新红利、提升城市服务水平和人民城市生活质量，助力国家治理现代化和新征程的开启。这是以习近平同志为核心的党中央充分发挥制度优势、在城市治理中践行以人民为中心的发展思想的重要体现，其核心在于发挥人民群众的主体地位、汇聚人民群众的合力、汲取人民群众的智慧，致力于使人民在享受城市高品质生活的同时成为推进城市发展的有力支撑和强大动力。

此外，西方城市理论也为"人民城市"重要理念提供了一定的理论借鉴。习近平总书记多次强调世界文明的繁荣发展在于交流互鉴，"当今世界，开放包容、多元互鉴是主基调"[3]，在马克思主义中国化时代化大众化的过程中，"对国外马克思主义研究新成果，我们要密切关注和研究，有分析、有鉴别，既不能采取一概排斥的态度，也不能搞全盘照搬"[4]。城市是人类文明的重要源头，西方城市理论也是西方文明的重要组成部分，对其进行批判汲取与合理借鉴是中西文明交流互鉴的重要表征。尽管西方城市与我国城市的历史、文化、制度等存在差异，但西方城市理论对资本逻辑下城市在形成发展、空间规划、文明结构等的剖析与批判较为深刻，且内含着对于城市中"人"发展的观照。其中影响较大的主要包括西方城市社会学、西方马克思主义城市理论等。

西方城市社会学致力于从城市的形成历史、空间规划、结构组织、内部个体

---

[1] 《胡锦涛强调建城镇发展新格局》，http://www.gov.cn/test/2007-10/10/content_773201.htm，2007-01-10/2021-09-30。
[2] 《中央城市工作会议在北京举行 习近平李克强作重要讲话》，《人民日报》2015年12月23日第3版。
[3] 习近平：《共倡开放包容 共促和平发展——在伦敦金融城市长晚宴上的演讲（二〇一五年十月二十一日，伦敦）》，《人民日报》2015年10月23日第2版。
[4] 《习近平在中共中央政治局第四十三次集体学习时强调 深刻认识马克思主义时代意义和现实意义 继续推进马克思主义中国化时代化大众化》，《人民日报》2017年9月30日第1版。

与社会之间的关系等入手探究城市问题。英国城市社会学家霍华德在托马斯·莫尔"太阳城"和傅立叶的"法郎吉"的基础上，针对英国城市化进程中所出现的城市恶化、交通拥堵、人口拥挤等"城市病"，提出通过对城市建筑、农田林地等进行规划建设"田园城市"的构想，开启了人类对城市发展的反思和对宜居城市环境的憧憬。滕尼斯从人的关系及生活方式的变化入手探讨城市内部结构和组织形式，他认为城市"是一种按共同体方式生活的有机体"[①]。韦伯则认为城市产生于人类经济行为，"要发展成一个城市共同体，聚落至少得具有较强的工商业性格"[②]，城市本质是居住聚落和市场聚落，在此基础上他剖析了不同社会背景下城市权力、经济和文化等的差异。这些西方城市社会学家对城市问题的相关考察尽管有一定的历史局限性，但是他们对人的生命的观照和对人的关系的考察，仍具有重要价值。

西方马克思主义城市学家从空间视角出发，深刻剖析资本、生产与城市的关系，对城市内部出现的空间问题、权利问题、人的发展问题等进行哲学回应。列斐伏尔以空间生产的视角揭开了资本如何生产和创造城市空间，并以此控制人的日常生活及各类空间权利。通过对资本逻辑下城市内部空间权利不平等、空间拜物教等现象的揭露，列斐伏尔提出要以正义的空间生产构建平等的城市空间，使城市人获得公正的空间生产权利和使用权利。哈维从历史地理的视角出发演绎了城市化的历史进程，并阐明了资本逻辑下城市化的本质是资本的城市化，即城市化这一进程本身是资本用以剥削并获取更多剩余价值的重要手段。而资本逻辑主导的城市化必然带来城市空间的不平衡发展和城市权利的不平等发展。对此，他指出，"城市权利不是一个排他的个人权利，而是一种集体的权利"[③]，实现城市权利的平等即是实现城市权利的普遍性。列斐伏尔、哈维等人作为西方马克思主义城市学家的重要代表，均观照到"人"作为城市的核心，在城市空间中所应获得的发展条件和权利，并试图提出相应的解决方案，这不仅是对马克思主义城市理论的发展，也为当代的城市发展提供重要启示。

三 "人民城市"重要理念的当代实践

"坚持和发展中国特色社会主义，需要不断在实践和理论上进行探索，用发展

[①] 裴迪南·滕尼斯：《共同体与社会》，林荣远译，商务印书馆1999年版。
[②] 马克斯·韦伯：《非正当性的支配：城市类型学》，康乐、简惠美译，广西师范大学出版社2005年版。
[③] 戴维·哈维：《叛逆的城市》，叶齐茂、倪晓晖译，商务印书馆2014年版。

人民城市：新时代城市发展的理念、价值与实践

着的理论指导发展着的实践"①，才能激活理论的生命活力。习近平提出的"人民城市"重要理念及其相关论述，作为对我国城市发展、建设与工作的经验总结和理论提升，既源于我国城市建设的实践，也需要在新时代的城市实践中不断深化和拓展。进入新时代，我国积极推进城市现代化发展的创新实践，这既是对"人民城市"重要理念从理论转化为现实的先行探索，也引领着具有中国特色的社会主义现代化城市样态和人类城市文明发展道路的开拓。

党建引领构建城市社会治理共同体。城市公共问题的解决、公共服务的优化、共同决策的制定等都需要人民的广泛参与。党建引领能够为人民参与城市公共性事务提供重要的组织支撑和政治保障。以党建引领人民和社会力量参与城市的社会治理，构建开放、立体和活力的社会治理格局，是拓宽人民参与渠道、保障人民城市主体价值的中国特色城市治理模式。新时代城市政治治理模式之"新"也正是突出治理主体的转变、治理结构的发展和运行机制的优化，强调人民在共建共治共享中的主体性地位。北京作为中国首都、超大城市，是中国的政治中心，率先对城市政治治理模式进行改革。通过创新"街乡吹哨、部门报到"的工作机制和响应机制，将党的政治优势与人民的智慧相结合，激发人民群众参与城市治理的积极性，提升了城市治理的效能。上海市委出台的"1+6"文件，以党建为领导完善城市街道治理、居民区治理、网格管理、社会参与等的体制机制，提升了城市决策及其实施的高效性和科学性。

科技赋能打造城市高品质生活共同体。伴随着工业4.0时代的到来，科技手段的运用已经成为推动城市高质量发展的高速引擎和必然选择。以智能技术赋能公共服务，提升城市发展能级和公共服务的精细化水平，促进"治理社会化、法制化、智能化、专业化水平"②。但随着技术赋能治理的深入发展，"技术理性的绝对冷漠与治理理念的主观感知之间的矛盾日益显现"③，为防止过于依赖理性技术而导致的单一化、刚性化治理，平衡技术治理的功用性和机械化，我国城市还积极践行"健全制度、完善政策，不断提升民生保障和公共服务供给水平，增强人民群众获得感"④的理念和要求，打造高品质人民生活共同体，推动人民共享城市发展成果。杭州市于2016年在全国各大城市中率先开始部署"城市数据大脑"，并于2018年制

---

① 习近平：《在哲学社会科学工作座谈会上的讲话》，《人民日报》2016年5月19日第2版。
② 《习近平在浙江考察时强调 统筹推进疫情防控和经济社会发展工作 奋力实现今年经济社会发展目标任务》，《人民日报》2020年4月2日第4版。
③ 顾爱华、孙莹：《赋能智慧治理：数字公民的身份建构与价值实现》，《理论与改革》2021年第4期。
④ 中共中央文献研究室：《习近平关于社会主义社会建设的论述摘编》，中央文献出版社2017年版。

订并发布《杭州市城市数据大脑规划》，覆盖"城市街区治理、文化旅游、卫生健康等民生领域"①，为人民群众提供了高效、便捷、精细化的城市公共服务。"深圳是改革开放后党和人民一手缔造的崭新城市"②，具有年轻城市的活力和强大的科技创新力。在第四次工业革命的浪潮中，深圳充分发挥区位优势和政策优势，借助产业升级契机，部署建设各类新型基础设施，引领粤港澳大湾区打造科技生活共同体，使大湾区人民共享科技成果，以现代化科技赋能高品质城市生活。

传承城市记忆，构筑城市精神家园。城市历史是人类文明史的重要篇章。城市历史内蕴丰富的文化、精神和价值资源。"文化是城市的灵魂。城市历史文化遗存是前人智慧的积淀，是城市内涵、品质、特色的重要标志"③，城市内部人类交往关系的建构、特色文化、精神特征、生活方式、政治制度等，都凝结于悠久的城市历史之中，并通过特定建筑、空间、节日等表现出来，成为城市人民特定的文化记忆。内生于城市历史的文化记忆承载着城市人民"充盈着情感和价值观的共生关系"④，是城市人民认同和归属城市的重要前提，也是城市发展自身人文精神的重要资源。新时代，我国城市在建设中保护城市历史、传承城市记忆、发展城市精神，以共有记忆构筑新时代城市人民共享的精神家园，"让人们记得住历史、记得住乡愁，坚定文化自信，增强家国情怀"⑤，提升人民在城市中的归属感、眷恋感、温情感、家园感。广州市创新城市历史文化传承，在对微空间改造与治理的过程中，丰盈城市人民精神文明。在城市改造和城市更新中，广州坚持注重保留特色历史元素和传统建筑形式，以"活态保护，多规合一"创新微空间改造，修复城市传统建筑，使老城区焕发新活力，并以此为资源培育新文化产业，积极传承城市历史遗产、营造多元城市文化空间，创造性地实现了传统文化与现代文明的碰撞交融，为广州人民构筑了充满活力、繁荣有序的精神家园。

厚植生态文明，建设共生共荣宜居城市。城市生态文明建设是城市文明可持续发展的重要内容，它不仅影响着生命体的有机运转，也影响着城市人民的生命体验感和生活幸福感。随着城市化的快速推进，城市生态问题逐渐凸显，生活于其中的人民对生产生活环境的要求也不断提高。因此，我国许多城市积极为人民构建更加宜居的城市生态环境和生活环境，积极统筹生产、生活、生态三大空间布局，努力

---

① 江南：《杭州 让城市更聪明更智慧》，《人民日报》2020年6月17日第1版。
② 《深圳经济特区建立40周年庆祝大会隆重举行》，《人民日报》2020年10月15日第1版。
③ 《习近平在上海考察时强调 深入学习贯彻党的十九届四中全会精神 提高社会主义现代化国际大都市治理能力和水平》，《人民日报》2019年11月4日第1版。
④ 扬·阿斯曼：《文化记忆》，金寿福、黄晓晨译，北京大学出版社2015年版。
⑤ 习近平：《城市是人民的城市，人民城市为人民》，《人民日报海外版》2019年11月4日第1版。

构建"人与自然和谐相处、共生共荣的宜居城市"①。面对在工业化发展前期遗留下的许多生态问题,上海杨浦滨江在积极转变经济发展方式的同时,创造性地将老工业区"锈带"变为以公园绿地为主的生态"秀带"。"锈带"向"秀带"的转变,意味着上海经济发展方式、城市空间格局、城市治理理念的深刻调整,实现了人与自然、与城市历史文化的有机融合。"秀带"不仅给人民带来了舒适的居住环境、良好的生活体验,还体现着上海城市治理的智慧——将凝聚老工业区调整为绿地公园的创新举措,既保留了上海的历史遗产,还批判继承和巧妙利用工业文明,体现了上海对粗放型城市发展的反思。此外,"秀带"还解放了被工厂私有化的公共用地,实现了人民对生态文明、经济发展、平等空间权利等的多元需求。可以说,"秀带"便是上海在建设人民城市的实践中打造的共生共荣的宜居空间,它不仅实现了对以往人与生态断裂关系的修复,也实现了人人共享的理想生态格局。

四 "人民城市"重要理念的时代意义

城市作为当代人类生活的主要空间,象征着人类对多样需求和高品质美好生活的期待。会聚于城市的人民也发挥着主体动力推动着新时代城市的发展。因而,城市的发展与人的发展是辩证统一的。"人民城市"重要理念,正是新时代以习近平同志为核心的党中央对城市与人民关系的辩证把握和深刻认知,其明确了新时代中国城市发展理念的展开逻辑,在新时代马克思主义城市理论和中国特色社会主义城市思想发展、全面建设社会主义现代化国家和人类文明发展等方面具有重大的时代意义。

从马克思主义理论发展来看,"人民城市"重要理念,开辟了马克思主义理论发展和中国特色社会主义城市思想发展的新境界。"人民城市"这一新时代城市发展的重要理念,坚持人民是城市发展的主体,以人的发展促进城市发展,实现城市发展与人的发展的辩证统一,为人的发展提供更全面的现实条件和优质空间,既继承发展了马克思主义的群众史观,也创新发展了马克思主义城市理论。马克思主义群众史观将人民对历史的实践创造凸显出来,认为人民是历史的主体,"历史活动是群众的活动"②。城市的发展史也是一部精彩的人民实践史,一切城市发展史与城市文明史都是由人民所创造,创生于人民开展的城市实践中。人民在创造总的历史

---

① 《统筹推进疫情防控和经济社会发展工作 奋力实现今年经济社会发展目标任务》,《人民日报》2020年4月2日第1版。
② 《马克思恩格斯文集》第1卷,人民出版社2009年版。

时，通过不断提升自身的历史意识和自觉意识达到"完全自觉地自己创造自己的历史"①，并在此过程中自觉地创造着以城市空间为载体的城市发展史，人民自身历史意识的提升和自身的发展，也推动着城市实践的发展。习近平提出的"人民城市"重要理念，再次确证人民创造城市历史的主体地位，并坚持以人的发展推动城市的发展。同时，"人民城市"这一新时代城市发展与治理的重要理念，坚持以人的发展作为城市发展的归宿，并通过为人民提供有效的公共服务供给、完善城市公共卫生治理体系、建设智慧城市、"精细化"治理、"全周期管理"意识等新理念，统筹利用城市资源、破除一切发展障碍，明确了中国特色社会主义城市思想的价值底蕴、问题导向和现实基础。

从全面建设社会主义现代化国家新征程的推进来看，"人民城市"重要理念，为推进城市现代化提供方向指引。城市现代化是国家现代化的重要组成部分和突出标志，城市承担着引领我国全面建设社会主义现代化国家的重大使命。城市现代化既是城市文化、经济、政治等发展的现代化，在国家治理现代化的战略布局下，还内含着城市治理现代化的核心要义。"人民城市"重要理念，为我国发展城市文化、发展先进生产力、提升空间质量，推动城市内部空间、结构和各类要素的现代化发展提供以人为本的价值指引，为人的发展提供更丰富、充足的要素和条件。此外，随着全球化和现代化的深入发展，"灰犀牛""黑天鹅"事件层出不穷，城市发展面对来自各类风险和挑战，需要现代化的治理水平及相应的价值指引。在推动城市治理现代化中，"人民城市"重要理念，以人民需求为主线、人民参与为格局，为我国城市应对风险挑战、统筹各类要素，促进城市内部人、事、物的和谐运转和有效流通提供了行动指南，使城市更具韧性、更加安全，使城市发展回归"以人为核心"的主体性，凝聚更广泛的人民力量、推动着新征程的稳步前进。在此意义上，"人民城市"重要理念，不仅为我国城市现代化发展提供了方向指引，而且为推动全面建设社会主义现代化国家和中华民族伟大复兴提供助力。

从人类文明发展来看，"人民城市"重要理念，为人类城市文明的可持续发展贡献中国智慧和中国方案。城市既是人类创造各类文明的重要空间，同时也代表着人类文明的高级形态，是人类先进生产力、多元文化、社会交往、政治文明等的汇聚。人类向城市聚集的行为，使城市文明的走向逐渐引领着人类文明的未来走向。"人民城市"重要理念，是习近平新时代中国特色社会主义思想在城市空间中的展开。在生态建设层面，"人民城市"重要理念是对习近平生态文明思想的拓展，其

---

① 《马克思恩格斯文集》第3卷，人民出版社2009年版。

观照城市生态的修复和发展，主张在新时代城市中发展生态文明，"让城市融入大自然……依托现有山水脉络等独特风光，让居民望得见山、看得见水、记得住乡愁"[1]，促进人与自然的和谐共生，打造现代化宜居城市和城市命运共同体。此外，"人民城市"重要理念还观照城市生态治理的共享性和服务性，推动城市生态资源"成为人民群众共享的绿意空间"[2]，保障城市共同体内个体对公共空间和公共服务的平等享有。在经济社会发展层面，"人民城市"重要理念还是新发展理念在城市中的展开，即主张人民共享城市发展成果、人人拥有出彩机会和平台、促进全体人民共同富裕。在城市发展的历史机遇期，让人民更好地共享经济发展成果，构建和谐、公正、平等的交往关系和分配关系，"要坚持发展的目的是为广大市民创造更加美好的生活，采取更加公正、合理、普惠的制度安排，确保广大市民分享发展成果"[3]，已经成为我国城市工作的重点内容。习近平人民城市重要理念正引领人类走向一条可持续的城市文明新道路，推动城市命运共同体和人类命运共同体的构建。

五 结语

习近平提出的"人民城市"重要理念，凝聚着中国特色社会主义城市发展的经验和智慧，它来源于实践，也指引着新时代城市发展的未来实践。其生命力在于解决城市问题、破解城市困境，引领城市尤其是超大城市贯彻新发展理念、提升城市能级、提升治理能力、打造全球中心城市。同时，作为推进全球城市善治的新方案，"人民城市"重要理念，是人类在城市文明时代探寻文明发展的创新，也是人类对城市的可持续发展、命运共同体构建的探索。在新征程开启的伟大实践中，我们需要持续丰富"人民城市"重要理念的理论内涵，创新其实践方式，彰显我国开辟中国特色社会主义城市建设、引领全球城市发展的独特智慧。

---

[1] 《习近平谈治国理政》第3卷，外文出版社2020年版。
[2] 《习近平在浙江考察时强调 统筹推进疫情防控和经济社会发展工作 奋力实现今年经济社会发展目标任务》，《人民日报》2020年4月2日第4版。
[3] 《澳门未来如何发展？习近平提出4点希望》，《人民日报》2019年12月20日。

全球城市理论与中国城市数字化转型

徐　翀[*]

摘要：约翰·弗里德曼的"世界城市假说"和萨斯基亚·萨森的"全球城市"理论构建了世界城市研究的基本理论框架，成为全球城市以及全球城市体系研究的标准范式。弗里德曼和萨森提出的理论的核心是以新的国际劳动分工作为全球城市的划分标准，并建立了经济全球化与城市化之间的联系。然而，标准化的"全球城市"政策路径并不完全适合当前中国的发展阶段和客观国情。本文认为全球城市治理的数字化转型是对建设中国新型城镇化道路具有参考性的"全球在地化"实例，一方面要加强数字联通性、服务、文化和可持续性这四个数字城市指标建设，另一方面则要把数字化转型和城市建设结合起来，从根本上解决城市发展格局不平衡、城市发展潜力不充分的问题。

关键词：全球城市理论；全球在地化；中国；新型城镇化

Global city theory and China's path of new-type urbanisation

Xu Chong

Abstract: John Friedman's "World City Hypothesis" and Saskia Sassen's "global city" theory have constructed the basic theoretical framework of world city research and become the standard paradigm for the study of global cities and global urban systems. The core of the theory proposed by Friedman and Sassen is the new international division of labour as the standard for dividing global cities, and establishes the link between economic

---

[*] 徐翀，苏州大学社会学院历史学系教授。

globalisation and urbanisation. However, the standardised "global city" policy path is not completely suitable for China's current development stage and objective national conditions. This paper argues that the digital transformation of global urban governance is an example of "glocalisation" that can be used as a reference for building China's new urbanisation path on the one hand, and it is necessary to combine digital transformation with urban construction to fundamentally solve the problems of unbalanced urban development pattern and insufficient urban development potential on the other hand.

Key words: global city theory; glocalisation; China; new-type urbanisation

一 全球城市理论的形成与发展

如今,"全球城市"这个旨在揭示全球化和城市化相互作用的跨学科概念已广为人知,不仅被城市规划师、学者、政治家、商人等城市治理的参与者广泛引用,而且也越来越受到媒体的追捧。[1] 20年前,英国地理学者詹妮弗·罗宾逊(Jennifer Robinson)便撰文探讨了某些试图摆脱地图束缚的渐趋流行的城市研究方法,她认为通过强调跨国性的全球和世界城市的研究方法,人们能更好地理解在全球化过程中城市的功能与城市研究的未来。[2] 总体而言,所谓的"全球城市"是指那些在本质上能集聚当时全球最重要资源并在世界范围内提供最重要服务的城市或空间,其发展过程中经历了从贸易中心到贸易中心加金融中心,再到金融中心加信息科技中心的历史演变。[3] 尽管如此,直至目前学界对于全球城市的明确定义却仍然莫衷一是。

本文首先尝试对全球城市理论的起源与演变进行梳理。一般认为,帕特里克·盖德斯(Patrick Geddes)在1915年提出的"世界城市"(world-cities)的概念是"全球城市"概念的最早雏形。但直至20世纪20年代,马克斯·韦伯(Max Weber)才在《城市》(*Die Stadt*)这部著作中第一次提出了关于城市聚集的系统性理论。[4] 韦伯的这部著作最早形成于20世纪初,但在1921年作为遗著在身后出版,他在书中将都市聚落(urban settlements)区分为四种类型,每种类型又根据其经济

---

[1] Marcio Siqueira Machado, *Analysing the "Global City": Meanings, evolution and challenges*, Master thesis of Science in Urban Planning and Policy Design, Milano, Politenico di Milano, Academic Year 2009/2010, p. 16.

[2] Jennifer Robinson, "Global and World Cities: A View from the Map", *International Journal of Urban and Regional Research*, Vol. 26, No. 3, September, 2002, pp. 531-554.

[3] 倪鹏飞、沈立:《新型全球城市假说:理论内涵与特征事实》,《城市与环境研究》2020年第4期。

[4] Andrew J. Jacobs, "Global City", in Anthony Orum (ed.), *The Wiley-Blackwell Encyclopedia of Urban and Regional Studies*, Volume Ⅱ, Oxford: Wiley, 2019, pp. 722-731.

或政治功能进行定义。韦伯定义的第一种城市类型是"生产者城市"（producer cities），即那些制造业具有国际声誉，并向国内外市场销售工业产品的城市区域。韦伯列举了埃森、波鸿等德国城市的例子，但显然这一概念也可用来描述19世纪的曼彻斯特或20世纪的底特律等城市。[1] 韦伯定义的第二种城市类型是"商业城市"（merchant cities），即那些由于国际贸易而在经济上得到快速增长的城市，这些城市或是因转口贸易而繁荣或是作为大型贸易公司的总部驻地。韦伯列举了伦敦、巴黎和柏林等当时欧洲主要城市的例子，事实上"商业城市"这个概念更适合用来定义20世纪以后的纽约、洛杉矶、法兰克福、新加坡、香港等国际贸易大都市。[2] 韦伯定义的第三种城市类型是"消费者城市"（consumer cities），这类城市的发展依赖于以全国资源来促进的投资和服务业的发展。今天的北京、莫斯科、罗马，甚至东京便属于这种以行政力量发展起来的城市。[3] 至于第四种类型的"农业城市"（agrarian cities），韦伯并未提供具体的实例，但在他的描述中这些城市是作为生产、销售农产品和自然资源的中心。今天的卡尔加里、休斯敦、约翰内斯堡、珀斯等城市便属于这种类型的城市。[4] 继盖德斯和韦伯之后，对早期全球城市理论发展具有影响力的学者还有芝加哥学派的罗德瑞克·麦肯锡（Roderick D. McKenzie），他在韦伯划分城市类型的基础上运用生态学隐喻——相互联系的蜘蛛网（the spiderweb of interconnectedness）——来概述都市圈内外的空间发展方式，以及20世纪早期世界主要城市区域（city-regions）的发展动力。[5] 尽管麦肯锡的理论带有明显的西方中心论色彩，认为欧洲和北美的城市是世界城市网络的中心，并且凭借雄厚的资本、先进的技术，以及在国际贸易体系中占据的有利地位将这种城市组织方式推向亚洲及热带地区的欠发达国家。[6] 但麦肯锡明确指出了随着交通和通信技术的进步，分布在不同地区的城市将有可能构成世界城市聚集网络，在工业和商业活动中实现协作。这种去中心化的生产方式使得精英能够通过中心城市，而不仅仅通过自己的公

---

[1] Andrew J. Jacobs, "Global City", in Anthony Orum (ed.), *The Wiley-Blackwell Encyclopedia of Urban and Regional Studies*, Volume Ⅱ, Oxford: Wiley, 2019, pp. 722-731.

[2] Andrew J. Jacobs, "Global City", in Anthony Orum (ed.), *The Wiley-Blackwell Encyclopedia of Urban and Regional Studies*, Volume Ⅱ, Oxford: Wiley, 2019, pp. 722-731.

[3] Andrew J. Jacobs, "Global City", in Anthony Orum (ed.), *The Wiley-Blackwell Encyclopedia of Urban and Regional Studies*, Volume Ⅱ, Oxford: Wiley, 2019, pp. 722-731.

[4] Andrew J. Jacobs, "Global City", in Anthony Orum (ed.), *The Wiley-Blackwell Encyclopedia of Urban and Regional Studies*, Volume II, Oxford: Wiley, 2019, pp. 722-731.

[5] Andrew J. Jacobs, "Global City", in Anthony Orum (ed.), *The Wiley-Blackwell Encyclopedia of Urban and Regional Studies*, Volume II, Oxford: Wiley, 2019, pp. 722-731.

[6] Andrew J. Jacobs, "Global City", in Anthony Orum (ed.), *The Wiley-Blackwell Encyclopedia of Urban and Regional Studies*, Volume II, Oxford: Wiley, 2019, pp. 722-731.

司实现对经济活动的掌控。此外,在麦肯锡的理论中与"中心"相对应的"边疆"也是个核心概念,并且根据不同边疆城市在城市聚集网络中承担的具体功能,又可划分为"贸易边疆"(trade frontier)、"种植园边疆"(plantation frontier)和"工业边疆"(industrial frontier)等三种类型。[1]

不过,当代的全球城市研究主要受到彼得·霍尔(Peter Hall)和斯蒂芬·海默尔(Stephen Hymer)两位学者的理论的启发。1966年霍尔出版了代表作《世界城市》(The World Cities),他将世界城市解释为对世界上大多数国家产生全球性经济、政治和文化影响的大都市,[2]并且划分出全世界的七个大都市区域:伦敦、巴黎、兰斯塔德(Randstad)、莱茵-鲁尔(Rhine-Ruhr)、莫斯科、纽约和东京。霍尔得出结论认为,尽管这七个城市区域所处环境不尽相同,但它们都有着相似的成长趋势、空间形式并面临相同的与发展有关的问题,因而在城市治理中也会采取相近的政策。[3]而20世纪60年代也正是跨国公司兴起、跨国经济活动蓬勃发展的时代,海默尔更加关注城市成长的结果,他提请学者们注意跨国公司在世界城市聚集网络中的影响力,并提出采用跨国公司总部在该城市中的落户数量作为世界城市的衡量标准。[4]

然而,到了20世纪70年代末、80年代初,真正意义上的全球城市理论才由约翰·弗里德曼(John Friedman)提出来,尤其是他的"世界城市假说"(The World City Hypothesis)让世界城市或全球城市成为一个合理的学术概念,[5]把城市化过程与世界经济的发展直接联系起来考察,构建出了世界城市研究的基本理论框架。[6]直到1991年,美国哥伦比亚大学的社会学教授萨斯基亚·萨森(Saskia Sassen)在《全球城市:纽约、伦敦、东京》(Global City: New York, London, Tokyo)这部著作中首次提出了完整、系统的"全球城市"理论,受到了国际学界的高度关注,从此成为全球城市以及全球城市体系研究的标准范式,不仅重塑了此后30年的城市研究

---

[1] R. D. McKenzie, "The Concept of Dominance and World-Organization", *American Journal of Sociology*, Vol. 33, No. 1, Jul., 1927, pp. 28-42.

[2] Peter Hall, *The World Cities*, London: Weidenfeld & Nicolson, 1984, pp. 119-128.

[3] Peter J. Taylor & Ben Derudder, *World City Network: A global urban analysis*, second edition, New York: Routledge, 2016, p. 21.

[4] 张亚军:《全球城市研究进展述评》,《全球城市研究》2020年第2期。

[5] Andrew J. Jacobs, "Global City", in Anthony Orum (ed.), *The Wiley-Blackwell Encyclopedia of Urban and Regional Studies*, Volume II, Oxford: Wiley, 2019, pp. 722-731.

[6] 张亚军:《全球城市研究进展述评》,《全球城市研究》2020年第2期。

话语，而且也对世界主要城市区域的公共政策产生了一定影响。[1] 萨森的这部成名作以纽约、伦敦、东京为例，指出所谓世界城市或全球城市应当具备以下特征。第一，作为国际资本和金融的集中地。第二，作为跨国公司的指挥和控制中心，对生产的空间分布和市场的空间组织进行决策。第三，作为信息、新闻、娱乐及其他文化产品生产和传播的全球节点。第四，作为国内外移民的目的地。第五，作为能揭示当代全球资本主义制度"痼疾"的典型案例，例如由于种族和阶级差异而导致的空间分层、城市财政危机，以及中心国家和边缘国家之间逐渐拉大的差距。[2] 不过，需要指出的是，萨森的核心论点认为经济活动的空间分散与金融产业的重组是有助于形成持续的新的资源重组与整合的两个过程。经济活动的空间分散会催生出大量专业化的服务型公司，而金融业的重组则表现为层出不穷的创新和金融公司的大量涌现。[3] 因此，萨森将全球城市定义为发达的金融和商业服务中心，其本质是为全球资本提供服务而非对后者进行具体管理，这便有别于弗里德曼把世界城市视为"集中化的指挥部"的论断。[4]

尽管弗里德曼和萨森的世界城市或全球城市理论建构了以新的国际劳动分工为核心的经济全球化与城市化之间的联系，奠定了全球城市研究的理论基础，然而，早期的全球城市理论存在着诸多明显的不足。学者们的批评主要集中在以下几个方面。第一，专注于中心城市研究，忽视一般性城市。带有明显的西方中心论倾向，认为世界上其他城市与全球城市不可比较，从而导致全球南方城市研究被该理论忽视。第二，唯经济决定论，专注于小范围的经济活动。过度关注伦敦、纽约等经济发达城市在经济全球化过程中的支配性地位，认为城市的政治与文化等因素皆由经济基础所决定。这就无法解释政治力量在北京、东京、首尔等都城发展中所起到的决定性作用。同时，全球城市理论专注于律师、会计师、金融行业从业者等跨国精英人士所从事的少部分职业，从而忽视了城市中许多参与经济活动的其他行业。第三，脱离全球城市的民族国家背景。全球城市理论过于强调城市的主体性地位，以及由城市连接而成的国际网络，却很少考虑民族国家的制度环境对全球化的过滤作用。第四，忽视城市本身的历史以及城市之间关系的多样性。全球城市理论将全球

---

[1] Andrew J. Jacobs, "Global City", in Anthony Orum (ed.), *The Wiley-Blackwell Encyclopedia of Urban and Regional Studies*, Volume Ⅱ, Oxford: Wiley, 2019, pp. 722-731.

[2] Andrew J. Jacobs, "Global City", in Anthony Orum (ed.), *The Wiley-Blackwell Encyclopedia of Urban and Regional Studies*, Volume Ⅱ, Oxford: Wiley, 2019, pp. 722-731.

[3] Saskia Sassen, *The Global City: New York, London, Tokyo*, second edition, New Jersey: Princeton University Press, 2001, p. 19.

[4] 张亚军：《全球城市研究进展述评》，《全球城市研究》2020年第2期。

城市视为新的国际劳动分工的产物，并且过于强调全球城市模式的普遍性而忽视每座城市的独特性。并且城市之间的关系除了经济联系，还涉及政治、文化等个人和制度层面的多种关系构成的城际连接的整体性。①

然而不容否认的是，弗里德曼的世界城市假说和萨森的全球城市视角在招致大量批评的同时，也在事实上启发了许多重新认识城市的原创性理论。彼得·泰勒（Peter Taylor）的"世界城市网络"（a world city network）模型是其中最具影响力的学说。1998 年，英国拉夫堡大学（Loughborough University）地理系成立了泰勒领导的智库"世界城市研究网络"（World Cities Research Network，GaWC）。② 泰勒的学术团队一方面承认弗里德曼、萨森、霍尔、曼纽埃尔·卡斯泰勒斯（Manuel Castells）、尼格尔·斯瑞福特（Nigel Thrift）等人为全球城市理论的"名誉创立者"（honorary founders），另一方面则在过去的十多年中通过大量案例以计量方法论证城市之间的全球联系以及世界范围内的城市层级网络。③ 泰勒的"世界城市网络"模型明显受到沃勒斯坦的世界体系理论的影响，与此类似的还有蒂姆伯雷克（Timberlake）的"世界体系城市"理论（world-systems city theory），二者皆认为一个城市区域在全球经济中的位置由以下因素决定。第一，与世界其他城市之间的联系的多寡。第二，该城市区域中各公司之间的经济联系。第三，城市网络中相互联系的经济部门。换言之，那些倡导世界城市体系理论的学者试图运用计量方法证明世界城市网络和城市等级的存在，以及那些城市聚落在最大限度地集中了企业精英，特别是在金融、通信和其他所谓的生产服务业，并且与其他在世界经济的劳动分工中占据同等位置的城市聚落有着千丝万缕的内在联系。④ 不过，全球城市理论从出现到今天已逾半个世纪，在世界格局风云际会、全球化进程遭遇挫折的当下对其进行反思之际，如果能从国际关系的角度考察在全球化的新阶段中国家与城市在构建新型国际关系时的关联，及其各自所承担的功能，⑤ 或许对我们思考城市问题特别是中

---

① 张亚军：《全球城市研究进展述评》，《全球城市研究》2020 年第 2 期；姜炎鹏、陈围桦、马仁锋：《全球城市的研究脉络、理论论争与前沿领域》，《人文地理》2021 年第 5 期。

② Ben Derudder & Peter J. Taylor, "The GaWC perspective on global-scale urban networks", in Zachary P. Neal & Céline Rozenblat (ed.), *Handbook of Cities and Networks*, Cheltenham & Northampton: Edward Elgar Publishing Limited, 2021, pp. 601-617.

③ Andrew J. Jacobs, "Global City", in Anthony Orum (ed.), *The Wiley-Blackwell Encyclopedia of Urban and Regional Studies*, Volume II, Oxford: Wiley, 2019, pp. 722-731.

④ Andrew J. Jacobs, "Global City", in Anthony Orum (ed.), *The Wiley-Blackwell Encyclopedia of Urban and Regional Studies*, Volume II, Oxford: Wiley, 2019, pp. 722-731.

⑤ Simon Curtis, "Global cities and the transformation of the International System", *Review of International Studies*, Vol. 37, 2011, pp. 1923-1947.

国新型城镇化道路有所启迪。①

二 全球城市治理的数字化转型

"全球城市"已经成为当前城市研究领域公认的最重要的理论成果之一，同时也是具有可操作性的政策路径，对许多国家门户枢纽的发展产生了很强的政策塑造力。然而，标准化的"全球城市"政策路径忽视了发展中国家的发展阶段和客观国情，将之生搬硬套地应用于发展中国家的门户枢纽会在社会、空间、政治和城市体系等四个方面呈现出明显的碎片化的状态，使原本的社会治理问题愈加凸显。② 因此，通过上文对全球城市概念及其理论发展的梳理，尽管我们发现对于中国当下的新型城镇化道路既有的全球城市模型并不完全适用，但也并未过时，而是需要与"中国背景"相结合并不断更新。③

本文认为全球城市治理的数字化转型是我们在建设中国新型城镇化道路过程中可以参考的"全球在地化"的实例，因为顶级"全球城市"被认为是科技创新的重要策源地、扩散地和应用地，它们不仅构建科创型企业的创新生态系统，而且注重在城市治理的实践中应用前沿科技成果。④ 当前在全球资源环境承载力增加、国际间竞争力加剧的双重压力下，提高城市治理效能、提升城市运行效率、推动公共服务和社会管理精准化，进而增强城市综合竞争力成为当下全球城市发展的焦点。其中通过5G、物联网、互联网、云计算、人工智能等前沿技术，实现城市治理的数字化转型是推动全球城市运行效率提升的关键路径，为全球城市运行与治理模式的深度转型提供了关键驱动力。⑤ 从21世纪初开始，全球城市的转型聚焦于创新过程，尤其是有关智慧城市的科学辩论。而数字城市则是作为前沿技术在城市治理过程中

---

① 在20世纪末便有学者以欧洲城市为例，认为在全球化时代随着全球城市地位的提升，会出现"全球在地化"（glocalisation）的现象而不是以城市取代国家的地位和作用。所谓的"全球在地化"，是指国家的范围并未受到侵蚀，而是在次国家和超国家的层面上重新进行领地化的过程。参见 Neil Brenner, "Global cities, glocal states: global city formation and state territorial restructuring in contemporary Europe", *Review of International Political Economy*, Vol. 5, No. 1, 1998, pp. 1-37。

② 汤伟：《模仿和超越：对发展中国家"全球城市"形成路径的反思》，《南京社会科学》2021年第2期。

③ 本文并不赞同某些研究者的观点，即认为对于指导中国的城市规划，全球城市模型是一个相对过时的分析工具。参见王晓阳、牛艳华《全球城市研究的批判与反思——兼论上海的城市规划策略》，《国际城市规划》2021年第6期。

④ 赵霄伟、杨白冰：《顶级"全球城市"构建现代产业体系的国际经验及启示》，《经济学家》2021年第2期。

⑤ 李颖、谢盼、连欣蕾、刘琪、吴纳维：《全球城市运行数字化研究》，《全球城市研究》2022年第1期。

全球城市理论与中国城市数字化转型

应用的试验场。① 2006 年,波士顿就开始了向聘任首位首席信息官主管城市的数字化转型。2010 年,又以首席信息官为领导核心,成立了"新城市技术创新市长办公室"(Mayor's Office of New Urban Mechanics),以开放式创新推动城市的数字化转型。2010 年,东京都政府成立了专门的"数字服务局"(Bureau of Digital Services),负责统筹管理行政数字化事务,推动政府工作的数字化改革。为了在日趋激烈的全球技术竞争中占据主动地位,新加坡经济发展局于 2020 年 11 月宣布在次年推出"科技准证"(Tech. Pass)计划,以吸引全球顶尖科技人才前往新加坡发展,进一步推动新加坡的智慧城市建设,巩固其作为全球城市的地位。②

城市治理的数字化转型是指在城市治理过程中运用新一代信息技术进行全方位赋能,构建新的城市治理形态。其具体表现形式为"统筹运用数字化技术、数字化设施、数字化思维,加快经济、政治、社会、治理、生态文明各方面的数字化"③。那么,数字城市建设的主要方面是什么呢?近期英国经济学人集团(The Economist Group)在日本电气(NEC)的支持下公布了《2022 年度数字城市指数》[The Digital Cities Index(DCI)2022],认为数字联通性(digital connectivity)、服务(services)、文化(culture)和可持续性(sustainability)是数字城市建设的四个主要方面。④ 与其他城市之间的连接性也是全球城市的主要特征,发展城市的数字联通性重点是架设连接工业设备、体育赛事、智慧街区、关键性的交通基础设施的 5G 通信网络。⑤ 数字服务是城市治理数字化转型的重要内容,主要包括电子政务、医疗保健、数字金融等内容。受到新冠疫情的影响,城市数字服务变得更加普及,质量也得到了极大提高。北京、新加坡、首尔、香港等亚洲城市在这方面都走在世界前列。⑥ 因此,总体而言,北京、新德里、迪拜、雅加达、马尼拉、曼谷等新兴市场国家的城市已经有了发达的数字治理文化,而伦敦、多伦多、巴黎、达拉斯、纽

---

① Stefano De Falco, "Are smart cities global cities? A European perspective", *European Planning Studies*, Vol. 27, No. 4, 2019, pp. 759-783.
② 俞俊、薛亮、陈悦:《数字化转型与科技人才推动全球城市的竞争》,《全球城市研究》2021 年第 4 期。
③ 王中原、邓理:《全球城市数字化转型的风险态势及治理路径》,《全球城市研究》2022 年第 1 期。
④ "数字城市指数"(The Digital Cities Index, DCI)是全球政策标杆工具,用来测量城市发展中数字工具的使用情况,包括 17 项主要指标、48 项次要指标和 30 座被监测的全球城市。"数字城市指数"包括联通性、服务、文化和可持续性四个主要方面。参见 The Economist Group, *Digital Cities Index* 2022: *Making digital work for cities: A global benchmark of urban technology*, 2022, pp. 4, 34。
⑤ The Economist Group, *Digital Cities Index* 2022: *Making digital work for cities: A global benchmark of urban technology*, 2022, pp. 4-5.
⑥ The Economist Group, *Digital Cities Index* 2022: *Making digital work for cities: A global benchmark of urban technology*, 2022, p. 5.

约、华盛顿等大西洋沿岸国家的城市在数据创新方面占据着优势。① 可持续性是数字城市建设得以长期发展的根本保证，前沿科技的应用是核心，而城市市民的参与则是关键。总体而言，哥本哈根、首尔和多伦多在数字城市建设的可持续性方面走在世界前列，而除了北京之外的新兴市场国家的城市在这方面的发展低于世界平均水平。②

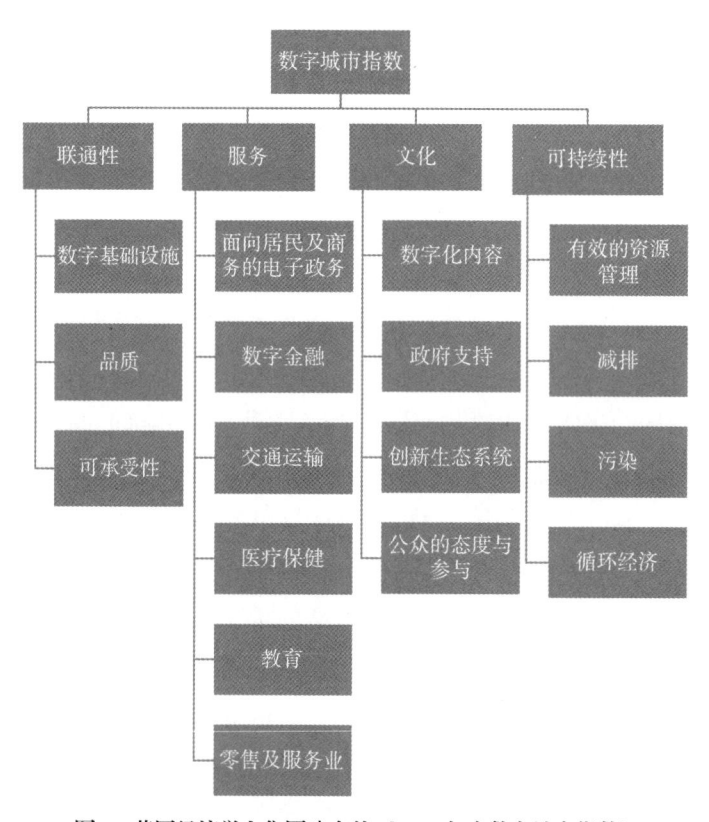

图 1　英国经济学人集团公布的《2022 年度数字城市指数》

内容广泛、高品质和可信赖的互联网连接是任何城市成功运用数字技术对城市进行治理、为居民和商业提供电子政务的前提条件。2022 年，在数字联通性方面丹麦和新加坡的排名分别位列世界第一和第二，接下来则是苏黎世、北京和悉尼。③

---

① The Economist Group, *Digital Cities Index 2022: Making digital work for cities: A global benchmark of urban technology*, 2022, pp. 5-6.
② The Economist Group, *Digital Cities Index 2022: Making digital work for cities: A global benchmark of urban technology*, 2022, p. 6.
③ The Economist Group, *Digital Cities Index 2022: Making digital work for cities: A global benchmark of urban technology*, 2022, p. 10.

事实上，这个排名结果也反映了更广泛的国家层面的数字城市的基础设施建设情况。最近丹麦在"欧盟数字经济与社会指数"（European Union Digital Economy and Society Index）排名中也名列榜首就很好地说明了数字技术在公共服务中的高普及率。丹麦智慧城市的规划方案是把移动电话、公共汽车上的卫星定位系统（GPS）和垃圾处理系统中的传感器中的数据整合起来，以解决交通拥堵、污染和减排等城市治理问题。① 而新加坡的战略则将数字连接和经济发展紧密结合，因为新加坡政府认识到不可能依靠地理条件建立伙伴关系来发展经济。2020年12月，新加坡总理李显龙宣布国家研究基金（National Research Foundation）将着力投入人工智能、5G和信息技术安全等领域的研究，此外，新加坡还同英国、新西兰和澳大利亚等国签订了多项数字经济方面的协议。② 5G技术是下一代数字联通性的核心，城市5G技术的应用从工业生产、体育娱乐到交通运输无所不包。例如，西班牙巴塞罗那规划将5G技术广泛运用于应急处置、公共安全、远程教育、电子商务、车联网、制造业和广播节目等领域。而伦敦市政府则预计将5G技术应用于伊丽莎白女王奥林匹克公园（the Queen Elizabeth Olympic Park）附近路段的交通管理后，该区域的交通拥堵状况在出行高峰时会缓解10%，年均减少二氧化碳排放37万吨。③

数字技术能大大提高市政服务的效率，改善居民的居住体验和城市的营商环境。在"数字城市指数"排名中，机场的旅客生物信息识别、一体化的公共交通应用程序、医疗和教育数字平台的有效性都是重要的测量指标。④ 新加坡在电子政务建设方面走在世界的最前列，开发了移动数字身份证，可以通过功能强大的电子政务服务平台直接处理有关居民和商业的政务。新加坡"智慧国家和数字政府集团"（the Smart Nation and Digital Government Group, SGFinDex）是世界上首个公共数字基础设施，能让个人轻松管理由不同政府部门和金融机构负责的个人金融信息。⑤ 在电子政务建设方面紧随新加坡之后的是圣保罗和新德里，新冠疫情进一步促进了巴西和印度的政务数字化程度。除了电子政务外，数字技术在市政服务中的应用还主要包

---

① The Economist Group, *Digital Cities Index* 2022: *Making digital work for cities*: *A global benchmark of urban technology*, 2022, p. 11.

② The Economist Group, *Digital Cities Index* 2022: *Making digital work for cities*: *A global benchmark of urban technology*, 2022, p. 11.

③ The Economist Group, *Digital Cities Index* 2022: *Making digital work for cities*: *A global benchmark of urban technology*, 2022, pp. 13-14.

④ The Economist Group, *Digital Cities Index* 2022: *Making digital work for cities*: *A global benchmark of urban technology*, 2022, p. 15.

⑤ The Economist Group, *Digital Cities Index* 2022: *Making digital work for cities*: *A global benchmark of urban technology*, 2022, p. 15.

括旅游和医疗。曼谷、柏林、哥本哈根、都柏林、巴黎、首尔和苏黎世等七座城市在旅游业中应用了数字技术而获得大量创收，数字旅行通行证和数字交通应用的推广提高了以服务为导向的旅游业的效率。① 而因为新冠疫情肆虐，远程医疗、远程医学得到了极大发展，尤其是在亚洲的城市中数字健康码在疫情防控过程中发挥了重要作用。② 数字服务的另一个重要领域是数字金融，亚洲城市在这方面走在世界前列，排名前三的城市分别是北京、首尔和香港。其中中国和印度由于有政府的支持，并且因为人口基数大、市场庞大等因素而成为数字金融最发达的两个国家。移动支付又是数字金融中发展最快的领域，全球移动支付方式中使用客户最多的是支付宝和微信支付，其次才是苹果支付和谷歌支付。③

"数字城市指数"排名中第三类重要的监测指标是以价值为基础的数字文化，包括数字化内容、政府介入、数字技术发展意愿、公众态度及对数字技术的信任。这些综合因素能够决定城市数字技术战略的有效性和包容性。④ 在新兴经济体国家的城市中居民对数字技术的掌握水平高于发展中国家的城市居民的水平，包括从基本数字技能到编码、故障排除等高级技术问题。新德里、迪拜、雅加达、北京、墨西哥城、马尼拉和曼谷是在数字文化建设方面排名最靠前的七座城市。除了居民的数字技术掌握水平，居民对提供个人及金融信息的电子政府平台的满意度也是城市数字文化建设的另一项重要内容。这项内容又包括两个方面：居民使用电子政府平台时的舒适度和居民对反馈的满意度。新德里、迪拜、北京、曼谷、雅加达等这五座城市的居民对电子政府平台的评价最为积极。⑤ 此外，人工智能是城市数字文化建设的关键工具，在优化交通、能源使用、城市服务设计和城市规划中有着广泛应用。欧洲城市和美国城市在人工智能开发领域暂时领先，这方面排名处于世界领先位置的城市有达拉斯、纽约、华盛顿、伦敦、柏林和法兰克福。以纽约为例，市长办公室首席技术官于 2021 年 10 月公布了"纽约市人工智能战略"（The New York City Artificial Intelligence Strategy），规划了该市在实施人工智能发展战略中的伦理问

---

① The Economist Group, *Digital Cities Index* 2022: *Making digital work for cities*: *A global benchmark of urban technology*, 2022, pp. 17-18.

② The Economist Group, *Digital Cities Index* 2022: *Making digital work for cities*: *A global benchmark of urban technology*, 2022, p. 18.

③ The Economist Group, *Digital Cities Index* 2022: *Making digital work for cities*: *A global benchmark of urban technology*, 2022, pp. 19-20.

④ The Economist Group, *Digital Cities Index* 2022: *Making digital work for cities*: *A global benchmark of urban technology*, 2022, p. 21.

⑤ The Economist Group, *Digital Cities Index* 2022: *Making digital work for cities*: *A global benchmark of urban technology*, 2022, pp. 21-22.

题，希望在有40%的纽约人不能有效上网和居民使用多种语言的基础上发展人工智能产业。① 显然，城市数字文化建设过程中产生的开放数据也会赋能城市创新并带来社会冲击，在利用开放数据实现创新方面，伦敦、多伦多、巴黎、达拉斯、纽约和华盛顿这六座城市的排名最高。以伦敦的公交系统改革为例，运输部门就依据最近十年的日常出行数据实时更新公交时刻表、服务状态和线路调整等信息供民众免费使用。② 纽约则是另一座有效利用开放数据来实现政策目标的城市。为了解决贫困问题，市长办公室经济发展机会部门利用"美国社区调查纽约部"（the New York portion of the American Community Survey）和"美国人口统计局"（the US Census Bureau）公布的开放数据，将贫困区域的信息在电子地图上呈现出来，目标是为反贫困政策的制定者提供一手数据和政策依据，辨识出导致贫困的多重原因。③

可持续性也是"数字城市指数"排名中重要的监测指标，数字技术在城市减排、交通资源利用、建筑环境建造和发展循环或"分享"经济的过程中有着重要作用。然而与"数字城市指数"的其他三项排名相比，新兴市场国家的城市在可持续性这项排名中表现落后，曼谷、雅加达、马尼拉、新德里和墨西哥城是排在最后面的五座城市。特别是新德里在2021年被评为空气污染最严重的城市。④ 不过，因为近年来在大气污染治理方面取得的明显成效，北京在可持续性方面的表现十分抢眼，位列全球第五，排在阿姆斯特丹、悉尼和柏林之前。⑤ 在大气污染治理方面运用数字技术成效显著的城市是伦敦和奥克兰，伦敦从2018年启动了"呼吸伦敦网络"（the Breathe London network），打造从街道到街道的空气质量数字监控系统；而奥克兰则铺设了5G智能照明基础设施，能够监控中央商业区的空气和噪声污染水平。⑥ 在数字城市的可持续性发展方面，大多数城市正在致力于投资智慧公用事业管理建设，像人工智能这样的数字技术能够提高能源和资源的利用率，极大地改善水、电、

---

① The Economist Group, *Digital Cities Index 2022: Making digital work for cities: A global benchmark of urban technology*, 2022, pp.22-23.

② The Economist Group, *Digital Cities Index 2022: Making digital work for cities: A global benchmark of urban technology*, 2022, p.23.

③ The Economist Group, *Digital Cities Index 2022: Making digital work for cities: A global benchmark of urban technology*, 2022, p.23.

④ The Economist Group, *Digital Cities Index 2022: Making digital work for cities: A global benchmark of urban technology*, 2022, p.27.

⑤ The Economist Group, *Digital Cities Index 2022: Making digital work for cities: A global benchmark of urban technology*, 2022, p.27.

⑥ The Economist Group, *Digital Cities Index 2022: Making digital work for cities: A global benchmark of urban technology*, 2022, p.28.

街道照明和垃圾管理的现状。① 巴塞罗那是在智慧公用事业管理方面做得最好的城市之一，通过"巴塞罗那主要照明计划"（The Barcelona Lighting Master Plan），在城市中安装了 1100 个 LED 照明灯，利用上面的传感器能够收集有关空气质量的数据。巴塞罗那还使用人工智能技术对公共绿化进行灌溉，并通过灌溉系统上的传感器对空气湿度、温度和水位进行远程监控，以便绿化工人能够合理调度维护公共空间的资源。② 此外，欧洲城市在智慧交通管理方面也走在世界的前列，将数字技术应用于城市交通管理中可以不再让汽车在无谓的等待中浪费时间。有预测表明，截至 2050 年，数字技术可以缓解 15%—20% 的欧洲城市的交通拥堵状况。③ 阿姆斯特丹、哥本哈根、法兰克福和马德里在智慧交通管理方面排名世界前列，而马尼拉、新德里、东京、曼谷、首尔和雅加达等亚洲城市则在这方面表现不佳。④ 然而，在另一方面，亚洲城市却是私有公司在智慧交通创新领域投资最多的地方，最显著的例子是阿里巴巴集团建设的"城市大脑平台"（City Brain Platform），已能对 23 座城市的交通状况进行有效监控，以缓解城市交通的拥堵状况。⑤ 城市数字技术发展的可持续性在根本上是发展共享经济。共享经济能够在个人和群体之间分享物品和资源，减少消耗，例如拼车就能减少马路上通勤车辆的数量。截至目前，像阿姆斯特丹、北京、哥本哈根、吉隆坡、首尔、悉尼和多伦多这七座城市已经制定了明晰的共享经济发展规划，例如首尔在 2012 年就实施了"分享首尔项目"（the Sharing City Seoul Project），其中一项关键的措施是增加政府支持的企业共享基金，但绝大多数城市还没有共享经济计划。⑥

三　中国城市数字化转型的风险及治理路径

城市治理的数字化转型是指综合运用新一代信息技术进行全方位赋能，构建新的城市治理形态，是提高未来城市治理水平的必由之路。国家发展改革委与住房和

---

① The Economist Group, *Digital Cities Index* 2022: *Making digital work for cities: A global benchmark of urban technology*, 2022, p. 28.

② The Economist Group, *Digital Cities Index* 2022: *Making digital work for cities: A global benchmark of urban technology*, 2022, p. 29.

③ The Economist Group, *Digital Cities Index* 2022: *Making digital work for cities: A global benchmark of urban technology*, 2022, p. 29.

④ The Economist Group, *Digital Cities Index* 2022: *Making digital work for cities: A global benchmark of urban technology*, 2022, p. 29.

⑤ The Economist Group, *Digital Cities Index* 2022: *Making digital work for cities: A global benchmark of urban technology*, 2022, p. 29.

⑥ The Economist Group, *Digital Cities Index* 2022: *Making digital work for cities: A global benchmark of urban technology*, 2022, p. 30.

全球城市理论与中国城市数字化转型

城乡建设部在 2016 年联合制定的《长江三角洲城市群发展规划》中便提出通过"实现高速网络普遍覆盖""率先建成智慧城市群""促进扩区域信息安全联防联控""稳步降费完善普惠信息服务",实现构建泛在惠普的信息网络的目标。[①] 在 2022 年 6 月经国务院批复同意的《"十四五"新型城镇化实施方案》中又明确了进一步推进城市智慧化改造的方案,要求"因地制宜部署'城市数据大脑'建设,促进行业部门间数据共享、构建数据资源体系,增强城市运行管理、决策辅助和应急处置能力"[②]。重点推进市政公用设施及建筑物的智能化改造,部署智能交通和智能市政服务,推行数字化政务服务,丰富数字技术应用场景。[③] 目标是"提高城市治理科学化精细化智能化水平,推进城市治理体系和治理能力现代化"[④]。

尽管当前我国城市的数字化转型已经取得了显著成效,但仍面临诸多风险和不确定性因素的挑战,对此如若不能有效解决,将会在不同程度上影响城市的数字治理红利。有学者根据风险的不同类型,划分出城市数字化转型的四类主要风险:首先是数字安全风险。安全是城市数字化转型的第一价值,数字安全风险是指城市内部组织的算法系统本身受到安全威胁,影响了数字的具体应用,甚至会导致城市运行体系的整体瘫痪。其中数字安全风险又可区分为原发性风险和攻击性风险两种类型,除了偶发性因素导致的安全困境,人为导致的攻击性风险正在变得越来越多。其次是数字业务风险。在城市治理的数字化过程中会遇到各种各样的意外、问题和困难,这类风险将影响政府公共服务的质量。数字业务风险具体包括数字系统的整合及共享风险、数字服务及应用风险、数字平台的维护及运营风险等三个方面。再次是数字合规风险。城市治理中的数字合规风险是指城市内部的数字管理行为不能与法律、法规、政策或合同协定等保持一致而产生的风险,具体包括数据采集合规风险、数据管理合规风险、第三方合规风险、算法合规风险等四个方面。最后是数字伦理风险。在城市治理中数字技术的应用必然会产生系统性的社会和政治问题,有可能对人与人、人与社会、人与自然、人与自身的伦理关系带来负面效应。具体包括算法造成公民隐私和自由的侵犯、算法操纵和算法歧视损害公民权利及福利、

[①] 国家发展改革委、住房和城乡建设部:《长江三角洲城市群发展规划》,2016 年 6 月。
[②] 国家发展改革委:《国家发展改革委关于印发"十四五"新型城镇化实施方案的通知》,2022 年 6 月。
[③] 国家发展改革委:《国家发展改革委关于印发"十四五"新型城镇化实施方案的通知》,2022 年 6 月。
[④] 国家发展改革委:《国家发展改革委关于印发"十四五"新型城镇化实施方案的通知》,2022 年 6 月。

算法加剧了弱势群体所面临的特异性风险等三个方面。①

针对上述我国城市治理数字化转型中面临的风险和不确定性因素，必须把握好数字化转型的几个关键因素。第一，要以人为本，以用户为导向，积极打造一个更加高效、透明、平等、共享的现代城市治理体系，为市民百姓创造更加美好、便捷的都市生活。第二，打造数字基础设施建设，不仅包括5G、物联网等数字化基础设施，还应涵盖可以监控智慧城市运行的指标体系和统一的数据规则。第三，坚持数据开放，搭建一个能激活从政府、企业到居民的全方位的城市数字化创新力量的生态体系，激发城市治理数字化的潜能。第四，研发算法技术，算法是对城市数字化转型基础的数据进行加工的关键，除建设5G基站、智能传感器、数字中心等基础设施外，还必须着力培养数字人才、有效保护算法技术的知识产权。第五，维护数字公平与数据安全，在城市数字化服务建设的过程中注重个体权利的平等，尊重个体的数据采集权、数据使用权，保护数据安全特别是隐私数据不被泄露。②

以上海为例，作为中国经济最发达的城市，在治理、经济、生活等多个方面的数字化建设已经取得了显著成效。近年来更是相继出台了《上海市促进在线新经济发展行动方案（2020—2022年）》《关于全面推进上海城市数字化转型的意见》《2021年上海市城市数字化转型重点工作安排》《2021年上海市公共数据治理与应用重点工作计划》等一系列政策文件，城市治理的数字化转型进入"深水区"。③ 特别是在2021年12月，上海市政府发布了长达3万字的《上海市新城数字化转型规划建设导引》，具体规划了未来上海数字化建设的蓝图，涵盖了商圈、文旅、出行、社区、公共服务、产业经济等多个方面，意在推动松江、青浦、嘉定、南汇和奉贤"五大新城"组团式发展，形成多中心、多层级、多节点的网络型城市群结构的重要战略空间，全面推动城市数字化转型、重塑未来城市形态④。上海的新城发展规划不仅反映在城市空间形态，更体现在通过数字化转型实现生产方式、生活方式、治理模式的全面创新，在数字底座平台、数字空间体系、智能运营中心、公共服务共享等方面塑造数字时代的全新城市功能和城市品格。⑤ 其中建设高品质的城市公

---

① 王中原、邓理：《全球城市数字化转型的风险态势及治理路径》，《全球城市研究》2022年第1期。
② 武英涛、付洪涛：《全球城市数字化转型的典型案例分析及对上海的启示》，《全球城市研究》2021年第3期。
③ 武英涛、付洪涛：《全球城市数字化转型的典型案例分析及对上海的启示》，《全球城市研究》2021年第3期。
④ 高平：《数启新城 智享未来——〈上海市新城数字化转型规划建设导引〉解读》，http://www.sh.chinanews.com.cn/chanjing/2022-08-25/102553.shtml。
⑤ 高平：《数启新城 智享未来——〈上海市新城数字化转型规划建设导引〉解读》，http://www.sh.chinanews.com.cn/chanjing/2022-08-25/102553.shtml。

共功能区是城市治理数字化转型的重要内容，上海的新城数字化建设以"15分钟社区生活圈"为抓手，通过数字技术赋能社区生活服务和社区治理创新。① 这就需要在城市治理数字化转型过程中从强调政府主导逐步转变到引导、满足用户需求②，解决社区生活数字化的深层次问题。③

四 结论

帕特里克·盖德斯在1915年提出了"世界城市"的概念，形成了"全球城市"的概念雏形。到了20世纪20年代，马克斯·韦伯首次提出了关于城市聚集的系统性理论，将都市聚落区分为"生产者城市""商业城市""消费者城市""农业城市"四种类型。此后经过罗德瑞克·麦肯锡、彼得·霍尔、斯蒂芬·海默尔等学者的努力，全球城市研究得到了进一步发展，提出了都市圈和城市区域的发展理论，以及世界城市的衡量标准。直至20世纪70年代末、80年代初，约翰·弗里德曼提出的"世界城市假说"构建了世界城市研究的基本理论框架，而萨斯基亚·萨森在《全球城市：纽约、伦敦、东京》则第一次提出了完整、系统的"全球城市"理论，并从此成了全球城市以及全球城市体系研究的标准范式。弗里德曼和萨森的理论启发了彼得·泰勒的"世界城市网络"模型等许多重新认识城市的原创性理论，其核心是以新的国际劳动分工作为全球城市的划分标准，并建立了经济全球化与城市化之间的联系。

然而，尽管"全球城市"理论已成为当今城市研究领域公认的最重要的理论成果之一，同时也是具有可操作性的政策路径，但标准化的"全球城市"政策路径并不完全适合当前中国的发展阶段和客观国情，需要与"中国背景"相结合并不断更新。本文认为全球城市治理的数字化转型是我们在建设中国新型城镇化道路过程中具有参考性的"全球在地化"的实例。根据英国经济学人集团近期公布的《2022年度数字城市指数》，数字联通性、服务、文化和可持续性是数字城市建设的四个主要方面，每个方面又包含若干监测指标。总体而言，新兴市场国家的城市已经有了

---

① 高平：《数启新城 智享未来——〈上海市新城数字化转型规划建设导引〉解读》，http://www.sh.chinanews.com.cn/chanjing/2022-08-25/102553.shtml。
② 例如，很多老年人不会使用智能设备，因此便出现了"数字鸿沟"，降低了数据的包容性。参见武英涛、付洪涛《全球城市数字化转型的典型案例分析及对上海的启示》，《全球城市研究》2021年第3期。
③ 数字技术可以使广大市民广泛参与城市治理政策的制定过程，提高政府决策的准确性和科学性。例如，德国巴登符腾堡州的小城黑伦贝格（Herrenberg）利用数字孪生技术生成可视化的虚拟城市，市民可以通过数字化方式身临其境地看到城市规划方案效果图，及时向市政府反馈自己的意见。参见汤颖颖、盛阳《"数字孪生"技术在欧洲城市的应用》，《全球城市研究》2021年第2期。

数字化基础设施，具备了城市治理数字化转型的基础，但大西洋沿岸的西方发达国家的城市仍然在数据创新方面占据着优势。此外，在数字城市建设的可持续性方面，除了北京之外的新兴市场国家的城市的水平也低于世界平均水平。

实现城市治理的数字化转型，构建新的城市治理形态，是提高未来城市治理水平的必由之路，也是我国"十四五"新型城镇化实施方案中的重要内容。但在中国今后的城市治理数字化转型中应当注意防范和化解数字安全、数字业务、数字合规、数字伦理等四种类型的风险，必须把握好以人为本、打造数字基础设施建设、坚持数据开放、研发算法技术、维护数字公平与数据安全等几个关键因素。以上海为例，在建设中国新型城镇化的过程中要把"新城建设"和"数字化转型"结合起来，从根本上解决不同城市之间以及同一城市内部发展格局不平衡、城市发展潜力不充分的问题。

走向共同福祉：
新时代中国城镇化政策回顾与展望

钱振明*

摘要：公共政策是影响中国城镇化的重要变量。改革开放以来的中国城镇化进程，实际上是一个包括国家城镇化战略、户籍制度在内的一系列制度和政策的变革发展过程。1978—2012年，伴随着中国经济的快速增长和公共政策的作用，中国城镇化高速推进。2012年以来，中共十八大开启新时代十年伟大变革，中国城镇化进入新发展阶段，走向以人为核心的新型城镇化。中国式城镇化旨在让人民群众享有更高品质的城市生活，使全体人民共同富裕。共同富裕，就要把人民群众共享城镇化成果作为城镇化政策的价值取向，追求公平正义。要以完善的政策规范和有力的政策执行，推进公共服务体系健全和公共服务水平提高，实现城镇公共服务均衡优质、公平可及。增强公共服务均衡性和可及性，实现公共服务均衡化，是走向共同福祉的新时代中国城镇化政策新愿景。

关键词：城镇化；公共政策；共同福祉；公共服务

Towards Common Well-being: A Review and Outlook of China's Urbanisation Policies in the New Era

Qian Zhenming

Abstract: Public policy is an important variable affecting the urbanisation in China. The urbanization process in China since the Reform and Opening-up has actually been a process of changes and development of a series of institutions and policies, including the national urbanization strategy and the household registration system. From 1978 to 2012, a-

---

* 钱振明，苏州大学中国特色城镇化研究中心教授。

long with the rapid growth of China's economy and the role and function of public policies, China's urbanization advanced at a high speed. Since 2012, the 18th National Congress of the Communist Party of China has initiated a decade of great changes in the New Era, and China's urbanization has entered a new stage of development, approaching a new type of urbanisation with people at its core. China's urbanisation is people-centred, aiming to enable more people to enjoy a better quality of urban life and to achieve common prosperity for all people. To achieve common prosperity, we must make the people's sharing of the fruits of urbanisation the value orientation of urbanisation policies, and pursue equity and justice. We must promote a sound public service system and improve the level of public services with sound policy norms and strong policy implementation, so as to achieve the balanced high-quality and equitable access to public services in urban areas. Enhancing the balance and accessibility of public services and realising the equalisation of public services is a new vision of China's urbanisation policy in the New Era towards Common Well-being.

Keywords: urbanisation; public policy; common well-being; public services

城镇化作为人类社会不可逆转的发展过程，世界各国有共同特征，也有各自特色。作为拥有14亿多人口的超大规模的发展中国家，中国的城镇化在人类历史上没有先例，必须"走出一条新路"。[1] 中共十八大以来，中国特色社会主义进入新时代，中国式城镇化正在改变过去那种借助土地的非农化实现城镇空间的快速扩张，从而引致非农产业和财富快速增长的传统模式，致力于追求物的全面丰富和人的全面发展，促进全体人民共同富裕。促进社会公平正义，增进人民福祉，成为中国式城镇化的出发点和落脚点。人口大国以人为核心，着力解决人的问题，走向共同福祉，是中国式城镇化的关键。从外在表现看，城镇化是一种由产业聚集所引起的人口的空间聚集，意味着城镇居住人口和工作人口数量的不断增加。中国式城镇化基于中国独特的国情，以人为核心的重点是通过相应的政策优化去解决已经转移到城镇就业的农业转移人口落户问题，以及农业转移人口融入城镇的素质和能力提高问题。由此，必须加强对城镇化的管理，制订实施好城镇化规划，强化政策协调。[2] 从世界范围的城镇化历程看，城镇化作为一个过程，是由一系列紧密联系的变化过程所推动，这些变化过程包括经济、人口、政治、文化、科技、环境和社会等领域

---

[1] 习近平：《在中央城镇化工作会议上的讲话》，载中共中央文献研究室编《十八大以来重要文献选编》（上），中央文献出版社2014年版，第593页。

[2] 习近平：《在中央城镇化工作会议上的讲话》，载中共中央文献研究室编《十八大以来重要文献选编》（上），中央文献出版社2014年版，第593页。

走向共同福祉：新时代中国城镇化政策回顾与展望

的变革。① 由此看来，城镇化发展是市场、政府等多种力量共同作用的结果，公共政策是影响城镇化发展的重要变量。从中国城镇化历程看，公共政策在中国城镇化进程中的作用体现得尤为明显。中国独特的政治制度，长期实行的中央集中统一领导体制，使得公共政策对中国城镇化过程影响巨大，与众不同。② 新中国 70 多年的城镇化历程表明，城镇化在中国不只是一个工业化引起的经济结构和社会结构的变迁过程，而且是一个国家主导的政策和制度的变革过程，是国家制定的城镇化政策持续作用城镇化发展的人为过程，也是城镇化政策按照国家的城镇化发展战略持续实施的过程。中国共产党领导的国家机构通过公共政策主导城镇化过程，是中国式城镇化的重要特征。走向共同福祉为导向的中国式城镇化，应根据中国城镇化所处发展阶段和发展环境、城镇化过程中所出现的新情况新问题，加强城镇化政策研究，区分哪些政策可以继续实施、哪些应有所调整变革，明确面向未来的中国式城镇化的公共政策怎样进一步优化。由此，对过去几十年中国式城镇化战略和城镇化战略引导下的具体政策的演进发展过程进行回顾总结，对城镇化政策与城镇化进程的互动机制和实现路径进行剖析，有助于深化对中国式城镇化经验和问题的理解，从而科学把握中国城镇化政策的成效和面临的挑战，明晰中国城镇化政策优化的方向、思路和措施，以城镇化政策创新推进中国式城镇化实现走向共同福祉的价值和目标。

一 城镇化政策及其对城镇化的影响

公共政策是影响中国城镇化发展的重要变量。改革开放前，中国的城镇化长期处于滞后状态，这与我国长期实施"非城市化"的公共政策有关。③ "非城市化"的公共政策不仅使乡村人口向城镇迁移受阻，而且还推进城镇人口向农村地区逆向流动。改革开放后，我国政府果断停止城镇人口向农村地区迁移的"非城市化"政策，并顺应新兴的乡镇企业发展需要，重视包括小城镇在内的各类城镇的建设和发展，中国城镇化逐步进入快速发展阶段。城镇化政策在中国城镇化的某些阶段起着阻滞作用，而在另外一些时期却起着推动作用，城镇化进程的快慢与城镇化政策密切联系着。公共政策在中国城镇化进程中的作用情况表明，中国城镇化问题不只是一个经济发展问题，也是一个政治和政策问题，某种程度上甚至可以说是一个重大公共政策问题。中国城镇化历程与城镇化政策演进的密切关联，意味着探索中国城

---

① ［美］保罗·诺克斯、琳达·迈克卡西：《城市化》，科学出版社 2009 年版，第 9 页。
② 顾朝林等：《经济全球化与中国城市发展》，商务印书馆 1999 年版，第 173 页。
③ 徐和平、李明秀、李庆余：《公共政策与当代发达国家城市化模式——美国郊区化的经验与教训研究》，人民出版社 2006 年版，第 3 页。

镇化的经验、道路、问题及未来走向，离不开对中国城镇化公共政策的分析。

公共政策具有价值分配功能。早期的有关公共政策的经典解释提出，公共政策是对全社会的价值作有权威的分配，① 这阐明了公共政策所具有的功能价值。由此，公共政策就是关于政府所为和所不为的所有内容。② 中国的政策研究者，基于中国共产党在中国政策体系中的独特领导地位，通常把公共政策看作"党和政府用以规范、引导有关机构团体和个人行动的准则或指南"。③ 这个表述比较客观地反映了中国公共政策的实际，即公共政策的制定者不限于政府，执政的中国共产党是中国政策的最重要制定者。从实际的政策过程看，许多重大政策、重要政策由中国共产党的专门机构讨论研究，由中共中央制定和发布，或由中共中央与国务院共同颁行。公共政策的实施主体则主要是政府及其组成部门，包括作为中央政府的国务院及其组成部门、地方各级政府及其组成部门。公共政策的回顾与分析应梳理中共中央、国务院及其组成部门制定和实施的政策，以及地方党委、政府及其组成部门制定和实施的政策。

城镇化政策是一系列规范、指导和直接影响城镇化的公共政策的总和。从制定和实施的主体看，包括了中共中央提出的国家发展规划中有关城镇化发展的建议、作为中央政府的国务院制定的国家发展规划中有关城镇化发展的规划，中共中央和国务院共同发布的关于城镇化工作的决定、意见，国务院或国务院有关部门关于城镇化的专项规划、实施方案、各种规定，地方政府及其部门执行国家有关城镇化的规划、规定过程中结合本地区实际制定和实施的各种城镇化规划、规定和方案。从规范和规定的内容看，城镇化政策既包括宏观的直接影响城镇化进程和布局的城镇化战略规定，也包括中国特有的户籍政策，以及各种规范和直接影响城镇化的具体政策，如产业政策、土地政策、教育政策、社会保障政策、城乡规划和城镇建设政策以及区域协调发展政策等。

城镇化战略，是对城镇化目标及其实现路径和具体措施的总谋划。是走小城镇发展道路，还是重点发展大中城市，属于城镇化战略问题。城镇化战略贯穿于城镇化实践总过程，决定着城镇化的效果与后果。一些国家或某些国家的一些时期，城镇化"失败"或出现不可持续问题，都源于城镇化战略失误或城镇化战略管理失当。20世纪80年代，我国乡镇企业的兴起带来了小城镇的繁荣，费孝通提出"小城镇，大问题"，主张中国城镇化应走小城镇发展道路。1990年施行的《中华人民

---

① 转引自张金马主编《政策科学导论》，中国人民大学出版社1992年版，第18页。
② ［美］托马斯·R.戴伊：《理解公共政策》，彭勃等译，华夏出版社2004年版，第2页。
③ 张金马主编：《政策科学导论》，中国人民大学出版社1992年版，第19—20页。

走向共同福祉：新时代中国城镇化政策回顾与展望

共和国城市规划法》进一步明确"严格控制大城市规模"的方针，强调"合理发展中等城市和小城市"。1998年，中共十五届三中全会通过的《中共中央关于农业和农村工作若干重大问题的决定》把"发展小城镇"上升到"带动农村经济和社会发展的一个大战略"，强调要避免大规模转移的农业剩余劳动力向大中城市盲目流动。2000年，中共中央、国务院发布《关于促进小城镇健康发展的若干意见》，在总结小城镇发展经验的基础上，进一步明确"发展小城镇，是实现我国农村现代化的必由之路"。这是对改革开放之后中国农村改革基本经验总结的结果。20世纪后半叶的20年经验表明，"小城镇发展"已成为中国特色农村现代化道路的重要内容。由此，各级政府对中小城市特别是小城镇发展采取更加积极的态度。① 小城镇发展战略，作为中国城镇化的一项国家战略，实施效果显著，极大推动了我国城镇化率的快速上升。但与此同时，人们对小城镇的质疑和批评从未间断，而且随着小城镇弊端的不断暴露，有关小城镇发展的质疑和批评愈加兴盛，并一直延续至今。与"小城镇发展论"相悖的是"大城市论"，后者主张中国城镇化应走大城市扩容、以大城市为主的发展道路。虽然，重点发展"大城市"并没有被明确上升为国家战略，但城镇化实际进程中，许多大城市变得越来越大，一些中等城市也发展成特大城市甚至超大城市。地方所拥有的"做大做强"心理和地方政府的政绩驱动，使大城市发展实际上得到了具体政策尤其是地方的政策执行者的支持，以至于我国出现了一批特大和超大城市。20世纪90年代后期和21世纪初，作为小城镇重要兴盛地的江苏，在注重提高小城镇发展质量的同时，提出要积极发展大中城市。② 而且提出，不仅经济较为发达的苏南地区要发展大城市，经济相对落后于苏南的苏北地区也应发展大城市。由此，还一度提出和推行"大城市优先发展"。③ 江苏省政府2002年12月发布的《关于加快推进城市化进程的意见》明确要继续推进特大城市和大城市建设，提出把大城市发展作为全面提高城镇建设质量的重要举措。这些政策主张和政策文本被有意无意地付诸行动，其结果是大城市在江苏的超常规发展。2000—2010年，江苏的大城市和特大城市人口占比大幅增长，小城市和小城镇人口占比明显下降。④ 从全国范围看，2008年，我国500万常住人口以上的特大城市（含1000

---

① 罗思东：《从小城镇到大都市：改革开放以来我国城市化政策的演进》，《马克思主义与现实》2014年第6期。
② 张锋：《江苏城市化战略问题研究》，《江海学刊》1997年第4期。
③ 郭忠兴、曲福田：《江苏城市化战略构思与政策调整趋向》，《地域研究与开发》2003年第5期。
④ 罗震东：《直面收缩的挑战——新时期江苏小城镇发展趋势与规划应对》，《规划中国》（微信公众号）2022年6月6日。

万人口以上的超大城市）共12个，总人口占全国总人口的8.38%[1]，而到了2018年，特大城市上升至17个，总人口占当年全国总人口的13.4%。[2] 从2021年公布的第七次全国人口普查数据可见，我国已有人口超过1000万的超大城市7个、人口在500万至1000万的特大城市14个。[3] 超大城市的出现，导致各种各样的"城市病"，于是，国家强调要大中小城市和小城镇协调发展。显然，城镇化的理念和理念指导下的战略，及与战略相配套的政府有关城镇化发展的具体意见和规定，都直接影响了中国城镇化的进程和布局。

人口问题和土地问题是城镇化战略的基本问题。人口的空间移动是城镇化的外在表现。工业化引起的人口集聚，农村人口的非农化和向城镇的流动迁移，都会导致城镇数量的增加和城镇规模的扩大，因此，城镇化被看作工业化的必然结果和必然趋势，城镇人口占总人口的比例则被视为城镇化率。由人口集中所引起的土地及其所承载物质空间的变化，是城镇化最直接的表现和最直观的形态。工业化以及由工业化引起的人口聚集，要求相应比例的农业用地转变为工业用地、农村土地转变为城镇建设用地，"土地城镇化"成为城镇化的必然过程，也是城镇化的基本形态。由此，中国具体表现为户籍政策的人口管理政策，以及规范土地利用的土地政策，是影响城镇化的最直接和最基本的政策。

人口管理在中国实行特有的户籍政策。中国户籍政策，最初是针对城乡人口流动活跃特别是大量农民流入城市而形成，用以改变先前的城乡人口自由迁移，实现对城市人口规模控制、对农民进城限制的一种政策。1958年全国人大常委会通过《中华人民共和国户口登记条例》，国家管控人口的独特政策以法律形式确定下来，并一直延续至改革开放之后相当一段时间才被逐步调整和变化。城镇化是一种人口移动，不仅表现为人口居住地和工作地的变动引起的空间变化，而且表现为人口的职业改变，农业人口由于农业生产力的提高和非农产业对劳动力的需求而成为农业转移人口，表现为向非农产业转移的农业转移人口。人口的职业发生了改变，并由职业改变进一步发展为身份改变。城镇化还表现为农业转移人口由于职业和身份的变化，思维、行为和生活方式相应变化，表现为农业转移人口包括"非农民化""非农业化"的"市民化"过程，是一种人口的综合变化过程。市民化首先涉及农业转移人口户籍与身份变化，它要求农业转移人口在职业发生转化即由原先主要从

---

[1] 俞可平：《中国城市治理创新的若干重要问题——基于特大型城市的思考》，《武汉大学学报》（哲学社会科学版）2021年第3期。

[2] 俞可平：《中国城市治理创新的若干重要问题——基于特大型城市的思考》，《武汉大学学报》（哲学社会科学版）2021年第3期。

[3] 《全国最新超大城市、特大城市出炉》，《廉政瞭望》2021年第18期。

走向共同福祉：新时代中国城镇化政策回顾与展望

事农业生产兼从事副业生产，转变为主要从事非农生产，同时要求农业转移人口在户籍意义上完成向非农转移，即向市民身份的转变。如果说，职业的转换更多取决于市场因素——农业劳动生产率的提高和非农产业对劳动人口的需求，那么，户籍的改变则由政府控制，户籍政策是政府管理和控制人口的政策。政府可以通过户籍政策的调整和运用，使农业转移人口的户籍和身份发生非农化改变，改变其职业已是"工人"、户籍仍是"农民"的"农民工"身份，在身份上转变为市民，为其最后真正进入和融入城镇获得与市民均等的生活和生存机会奠定基础。户籍政策是影响城镇化最直接、最有力和最有效的政策。

通常意义上说，城镇化是工业化发展的自然结果。作为工业化的结果，城镇化的根本推动力量是工业生产和其他非农产业发展。产业政策影响产业发展。非农产业的发展必然要求相应的劳动力从原先的第一产业向非农业的第二、第三产业转移。劳动密集型制造业的发展，需要更多的劳动力从劳动力相对富余的农业转移过来，由此，影响产业发展的产业政策尤其是产业结构政策会影响城镇的人口吸纳能力，从而影响城镇人口规模、人口结构和城镇建设水平。[1] 产业会影响城镇化质量。低端的劳动密集型产业发展会引起具有一般劳动技能的劳动人口的集中，而高端甚至智能制造业或科技研发产业发展，则会引起科技人才和企业经营人才的集中。因此，提高城镇化质量，需要相应产业政策的支持，从而使产业结构优化，产业间更加协调，特别是服务业得到高端化趋向的发展，以更好满足城镇居民对现代城市生活服务的期望和需求。

土地在城镇化过程中所扮演的角色极为重要。城镇化过程是土地由农业农村用地转变为工业和城镇建设用地的土地变动的过程。城镇化所表现的城镇建设要求土地由农村土地转变为城镇建设用地，而农民向城镇转移，就意味着离开土地并可能从此割断与农村土地的联系。是严格保护耕地，节约农村土地，还是扩大城镇规模，让更多的城镇建设占用农地，更多土地实现非农化？这是城镇化过程中一个始终存在的矛盾。土地政策作为规范土地利用和土地变动的政策，不仅制约城镇化进程，而且直接影响城镇化模式。放松土地控制，意味着走规模扩张型、摊大饼式的城镇化道路。严格控制土地利用，意味着城镇化只能偏向人的现代化发展，难以顾及那种借助土地非农化实现城镇快速扩张的城镇化。中国城镇化过程中的土地政策，涉及土地所有制、土地有偿使用、耕地保护、农村土地承包等领域和土地管理具体层

---

[1] 王伟、郭文文：《我国五年计划/规划对城镇化的政策影响研究》，《科学发展》2018年第5期。

面的许多具体政策。①

人口在非农领域的就业影响城镇化。我国长期实行的是城乡分割的就业政策。中国户籍政策所导致的居民有城镇户口和农村户口两种不同类型的划分。这种城乡分割的制度引起居民就业的城乡分异。就业的城乡分割是以户籍为依据的。城镇户籍居民可以通过政府"统配"实现"劳者有其岗",而乡村劳动力不属于国家统配范围,不能由国家统一安排就业,更无机会进入城镇就业,只能在农村"自然就业"。改革开放后,乡村居民的就业范围开始突破传统的农业,向非农产业扩展。由此引起的变化使农民在法律形式上开始被赋予与城镇居民同等的就业权利,农民可以进城在就业市场选择合适的职业和工作,但是,仍然保留着的农村户籍使进城农民与城镇居民"同工"不能"同酬"。"同工不同酬"实际上是就业权的不平等。农业转移人口的"非农化""市民化"进程受到就业政策的阻碍,户籍政策及与户籍政策相适应的就业政策使农业转移人口已非传统的农民,而是具有"农民"身份的"工人"即农民工。

户籍的城乡分割,带来了公共服务的城乡差异。我国长期实行的是城乡分离的公共服务体系。中国的户籍政策之所以能有效控制和引导城镇化进程,就在于其背后有着与户籍挂钩、附着在户籍上的各种公共服务的支撑。不同的户籍意味着不同的社会权利,意味着只能享受不均等、有差别的公共服务。城镇的教育、医疗、住房、养老等各种公共服务,乃至包括食品供应在内的各种福利待遇,相当长一个时期只针对城镇居民,对进城农民是封闭的,以至于农民无法进城居住和生活。待户籍限制放宽,特别是新出台的城镇公共服务政策不再与户籍挂钩,附着于户籍上的各种社会福利逐步剥离之后,进城农民才可以逐步分享部分城镇公共服务。全面建成覆盖城镇常住人口的基本公共服务体系,给进城的农业转移人口与城镇居民同等的社会权利和市民待遇,即所有社会成员在任何地区都能均等享受基本公共服务,这有利于人口在城乡间和区域间自由流动;反之,区域间特别是城乡间的人口自由流动就会受到有形或无形的阻碍,即不利于以人为核心的新型城镇化之深入推进,不利于人的全面发展,城镇化只能限于"物"的层面。城镇化如果仍然局限于"物"的城镇化,局限于人口的空间集聚和城镇的空间扩张,无关乎人的生活品质提升,城镇化则会失去其应有的提升人的生活品质、实现人的全面发展之意义。当中国城镇化已完成数量扩张任务,达到一定水平之后,应注重城镇化质量提升,城镇化政策应从户籍政策的调整改革走向更为广泛的公共服务发展及其支持这种发展

---

① 钱玉英、钱振明:《中国农村城镇化公共政策问题研究述评》,《甘肃行政学院学报》2008年第4期。

的公共政策优化。

总之，城镇化政策是一个体系，是多种具体政策交织在一起，控制、引导或影响着中国城镇化的速度和质量。加速城镇化进程，抑或提高城镇化质量，都有赖于城镇化政策的变革。走什么样的城镇化道路，让城镇化达到什么样的目的和效果，需要相应的一系列城镇化政策的支持。

二 从小城镇发展到大城市和城市群发展的政策演进

具有上下五千年文明史的中国，有着悠久的建城史。但由于现代化进程的长期滞后，直到19世纪中叶，世界城镇化进入高潮，最早完成工业革命的英国城镇化水平已达45%之时，中国的工业化和城镇化进程才逐渐开始。近代中国城镇化发展还非常缓慢。1949年新中国成立前夕，当发达国家城镇化水平已超过50%，中国城镇化水平仅10.6%，与发展中国家城镇化16%的平均水平、世界城镇化28%的平均水平都有明显差距。新中国成立后，国家十分重视工业经济的发展，相应地带来了城镇化的发展。20世纪50年代，随着社会主义工业化进程的推进，现代中国大规模的城镇化进程开始。但是，改革开放前30年，中国城镇化进程总体处于比较缓慢的状态。中国城镇化在整体上还是受工业化滞后等各种较为客观的因素抑制和人为的严格管制，以至于比工业化的步伐还缓慢，与世界水平差距大。[①] 1978年，中国的城镇化水平仅为17.92%。

1978年以后，中国市场取向的经济体制改革逐步展开，经济建设和社会发展同步推进，城镇化进入持续、快速发展的新时期。1980年，中国城镇化水平上升到19.4%，2002年则达到39.09%，基本形成了小城镇发展迅速、大中小城市发展大致协调的城镇体系和发展格局。小城镇发展最为显著和突出。1978年底，全国仅有镇2173个，1983年底则发展到2968个，1984年迅速上升至7186个，1986年突破1万个，2000年突破2万个。2002年，全国小城镇数量近4万个，其中建制镇达21276个。有统计显示，1999年，小城镇人口和小城镇的"非农业户口"人数分别达到2.2亿和1.4亿，分别占全国城镇总人口和全国城镇"非农业户口"人数的56.57%和44.36%。同时，全国667个城市中，国家规定标准的小城市占54.72%。这意味着小城市人口是中国城市人口的主体。[②] 小城镇在中国城镇化进程中占据重要地位，发挥着极为重要的推动作用。

改革开放之后的相当一个时期，小城镇发展是中国城镇化的重要特点，也是中

---

① 王延中、王俊霞：《中国城市化政策的回顾与前瞻》，《规划师》2002年第10期。
② 王延中、王俊霞：《中国城市化政策的回顾与前瞻》，《规划师》2002年第10期。

国城镇化的重要推动力量，与这一时期坚持推行"积极发展小城镇"政策有着密切关联。1978年12月，中共十一届三中全会作出改革开放和把工作重点转移到经济建设上来的重大决策，启动农村改革，带来了农业生产和乡镇工业的发展及由此引起的农村剩余劳动力向城镇集中、向工业转移，开始了以小城镇发展为主要特点的农村城镇化进程。1979年9月，中共十一届四中全会通过的《中共中央关于加快农业发展若干问题的决定》明确提出"有计划地发展小城镇建设"。当时的政策认为，农业现代化发展所引起的大量农业劳动力不可能也不必要都进入大中城市，由此，通过小城镇建设把农村人口转变为城镇人口，开启了适应"四个现代化"客观要求的中国独特的城镇化过程。1998年10月，《中共中央关于农业和农村若干重大问题的决定》明确提出"小城镇大战略"，把"小城镇"上升为用国家力量推动的城镇化战略。2000年，中共中央、国务院《关于促进小城镇健康发展的若干意见》，再次强调小城镇发展的重要地位。小城镇发展作为改革开放后相当一个时期我国城镇化发展的重要战略被反复明确和持续强化。

小城镇发展的国家战略由相应的政策和法律法规配套支持。1978年的《政府工作报告》提出，在工业建设中，"新建项目尽可能不要挤在大城市，要多建设中、小城镇"。[①] 1980年的《国务院批转全国城市规划工作会议纪要》即提出"控制大城市规模，合理发展中等城市，积极发展小城市"的方针。[②] 这个城镇化发展方针还由《中华人民共和国城市规划法》以法律形式予以规范和推进实施。

小城镇发展战略实施得到了一系列具体政策的支持。户籍政策在20世纪80年代开始偏向小城镇发展的调整，有效促进了农村劳动力向小城镇转移。1958年正式确立的户籍制度严格限制农民向城镇迁移，并由此形成了分割的城乡二元结构。改革开放初期的户籍政策调整，是从允许农民到"集镇落户"开始的。1984年的"一号文件"，即《中共中央关于一九八四年农村工作的通知》开始允许务工、经商的农民自理口粮到集镇落户。1984年10月，国务院《关于农民进集镇落户问题的通知》明确规定：凡申请到集镇务工、经商的农民和家属，在城镇有固定住所，有经营能力，或在乡镇企事业单位长期务工的，准予落常住户口，发给《自理粮户口簿》，并按"非农业人口"统计。自理口粮户口的实施，是我国一项有利于人口从乡村向城镇转移，特别是小城镇发展的重大政策突破。统计显示，从1984年到

[①] 《团结起来，为建设社会主义的现代化强国而奋斗——1978年2月26日在第五届全国人民代表大会第一次会议上》，2022年12月13日，中华人民共和国中央人民政府网（http://www.gov.cn/test/2006-02/16/content_ 200704.htm）。

[②] 《国务院批转全国城市规划工作会议纪要》，《中华人民共和国国务院公报》1980年第20期。

走向共同福祉：新时代中国城镇化政策回顾与展望

1986 年底，全国办自理口粮户达到 163 万余户、454 万多人。[①] 1993 年 9 月，为加强小城镇建设，国务院着手推进以小城镇户籍制度为重点的户籍制度改革。1997 年 7 月，公安部《关于小城镇户籍制度改革试点方案》提出，试点镇具备条件的农村人口可办理城镇常住户口。2000 年的《关于促进小城镇健康发展的若干意见》规定，凡在小城镇有合法固定住所、固定职业或生活来源的农民，可根据本人意愿转为城镇户口，在义务教育、就业等方面享受与城镇居民同等待遇。显然，小城镇户籍制度改革已迈出实质性步伐，而各大中城市依然维持传统的二元户籍制度不变[②]，使大中城市发展受限，小城镇发展则得到了有力的政策支持。小城镇户籍政策的改革，成为小城镇发展进入快速、繁荣的重要因素。小城镇繁荣，成为人口规模超大的中国推进城镇化的特色。

偏重小城镇发展的城镇化政策，使中国以小城镇快速发展为重要特征的城镇化，带来工业化进程的加快和乡村的繁荣，但也导致耕地占用过多以及资源浪费和环境污染问题。由此，推进城镇化健康发展，必然要求国家进一步调整优化政策，逐步走向中小城市和小城镇协调发展。[③] 2001 年的国家"十五"计划虽然还专门阐述"重点地发展小城镇"问题，并强调小城镇发展是中国城镇化的重要途径，但同时，政策制定者和学界都已开始意识到小城镇发展战略和政策需要进一步调整优化，中国应走一条不能过于偏重小城镇发展的中国特色城镇化道路。

从 2002 年开始，中国城镇化从过去相当长一个时期偏重小城镇发展政策，向偏重大中小城市协调发展和大城市、城市群发展政策逐步演进，其标志是中共十六大提出"走中国特色城镇化道路"。2002 年 11 月，中共十六大提出全面建设小康社会的宏伟目标，把大幅提高城镇人口比重、加快城镇化进程作为实现全面建设小康社会的重要任务，明确要大中小城市和小城镇协调发展，"走中国特色的城镇化道路"，同时，对小城镇发展作出规范，强调小城镇发展要"科学规划、合理布局"。这意味着我国城镇化战略和政策，已开始向偏重大中小城市协调发展进行调整。2006 年的国家"十一五"规划，在坚持大中小城市和小城镇协调发展的同时，还提出把城市群发展作为中国推进城镇化的主体形态。2007 年中共十七大报告进一步强调"走中国特色城镇化道路"，要促进大中小城市和小城镇协调发展，形成以特大城市为依托的城市群。2010 年《中共中央关于制定国民经济和社会发展第十二个五

[①] 张英红：《户籍制度的历史回溯与改革前瞻》，《宁夏社会科学》2002 年第 3 期。
[②] 张英红：《户籍制度的历史回溯与改革前瞻》，《宁夏社会科学》2002 年第 3 期。
[③] 罗思东：《从小城镇到大都市：改革开放以来我国城市化政策的演进》，《马克思主义与现实》2014 年第 6 期。

年规划的建议》阐明了"中国特色城镇化道路"的特色和要求，明确中国城镇化新战略在于：以大城市为依托，以中小城市为重点，发展城市群，促进大中小城市和小城镇协调发展。这意味着我国城镇化政策在寻求大中小城市协调发展的同时，在逐步偏向大城市和城市群发展。中国城镇化战略和政策的这些调整，影响了后续的中国城镇化进程和布局。

中共十六大提出、中共十七大再次明确的中国城镇化战略和政策，其实施后果是中国大城市的快速发展和世界级城市群的崛起。有统计数据显示，2002—2012年，从城市数量增长情况看，中国出现大城市迅速增长，而中小城市萎缩状态。[①]一些中等城市并不是由于产业的发展集聚更多农业转移人口，而是通过人为的区划调整，把县市改为市辖区，扩大城市地域和人口规模，进一步增强中心城市的经济和行政地位。苏州是其中的一个典型。早些时候，苏州先是把环古城的吴县市改为吴中、相城两区并纳入市辖区，后又将邻近城区的吴江市改设为吴江区。由此，苏州市区的规模和人口急剧扩大，增加了其"首位度"。

显然，改革开放之后的1978年至2012年，伴随中国经济的快速增长和城镇化政策的作用，中国城镇化进程加速推进，城镇化率从1978年的不足18%提升到2011年的超过50%，达51.27%，城镇人口首次超过农村人口，2012年则达到52.57%，基本接近全球平均水平。城镇化率超过50%，意味着城镇化出现拐点。中国城镇化开始由加速增长期转入减速增长新阶段。长期快速城镇化所掩盖或引起的一些深层次矛盾和问题也逐步凸显，城镇化转型发展势在必行。

三 以人为核心的新型城镇化政策及其效果

中共十八大以来，中国特色社会主义进入新时代，新时代十年发生历史性变革，中国式城镇化进入新发展阶段。十年前，中国城镇化取得巨大成就，同时出现一系列突出的矛盾和问题。2012年，中国城镇化虽已达到较高水平，但计算城镇化率所用的城镇人口数据是城镇常住人口数据，而非拥有城镇户籍、平等享受城镇公共服务的城镇户籍人口数据。2012年城镇常住人口7.1182亿，城镇户籍人口仅4.7784亿，[②] 按此计算，户籍人口城镇化率仅35.29%，意味着17.28%的人口属于进城"农民工"。按照2010年第六次全国人口普查数据分析，城镇常住人口6.66亿，而城镇户籍人口3.84亿，意味着常住人口城镇化率虽有49.68%，但户籍人口城镇化率仅为29.14%。城镇人口中超过40%的人口属于进城而尚未具有城镇户籍的"半

[①] 倪鹏飞：《新型城镇化：理论与政策框架》，广东经济出版社2014年版，第95页。
[②] 倪鹏飞：《新型城镇化：理论与政策框架》，广东经济出版社2014年版，第91页。

走向共同福祉：新时代中国城镇化政策回顾与展望

城镇化"人口。考察十年前的中国城镇化，突出问题不仅在于"半城镇化"，还在于土地城镇化快于人口城镇化。有数据显示，我国城市建成区的面积 2010 年与 1980 年相比扩大了 8.2 倍，而城镇人口 2010 年比 1980 年只增加了 2.8 倍。中国城镇化快速发展过程中的诸多矛盾和问题的日益暴露表明，新型城镇化是中国城镇化发展的必由之路。于是，中共十八大提出"走中国特色新型城镇化道路"，不仅强调科学规划城镇体系，而且强调有序推进农业转移人口市民化，实现城镇基本公共服务常住人口全覆盖。换言之，中国城镇化不只是需要城镇数量增加、城镇人口比例提高和城镇规模扩大，更需要人的城镇化发展，重点是要解决与进城人口密切相关的公共服务、就业和市民化问题，应走以人为核心的新型城镇化道路。

十年来，为推进新型城镇化，中共中央、国务院作出了一系列决策部署，国务院相关部门则制定了一系列具体政策予以贯彻落实。2013 年，中共十八届三中全会通过《中共中央关于全面深化改革若干重大问题的决定》，明确"走中国特色新型城镇化道路，推进以人为核心的城镇化"，强调大中小城市和小城镇协调发展，并创新人口管理，稳步推进城镇基本公共服务常住人口全覆盖，推进农业转移人口市民化。2013 年中央城镇化工作会议对推进以人为核心的城镇化作出具体部署，强调以人为本，把促进常住人口有序实现市民化作为首要任务。政策制定者意识到，以人为核心的新型城镇化，主要任务是推进农业转移人口市民化。城镇化不再是城镇规模的无序扩张，而应重在提升城镇建设水平。2014 年，中共中央、国务院印发《国家新型城镇化规划（2014—2020 年）》，对新型城镇化相关领域的制度改革和政策创新作出具体规划，由此，进一步推进了中国城镇化战略和具体政策发生重大转型。

围绕新型城镇化，国家制定和实施的一系列具体政策中，与户籍制度改革相关的政策最为突出。2014 年，为适应新型城镇化需要，推进户籍制度改革，落实放宽户口迁移政策，《国务院关于进一步推进户籍制度改革的意见》提出进一步调整户口迁移政策、创新人口管理、扩大基本公共服务覆盖面等政策举措。为促进户籍人口城镇化率的提高，2016 年《国务院关于深入推进新型城镇化建设的若干意见》提出进一步放宽落户条件，允许农业转移人口在就业地落户。[①] 国家发展改革委确定的新型城镇化建设年度任务，都把户籍制度改革深化作为重点之一。国家发展改革委《关于实施 2018 年推进新型城镇化建设重点任务的通知》要求中小城市和建制镇全面放开落户限制；《2019 年新型城镇化建设重点任务》提出，在此前的中小城市和小城镇陆续取消落户限制的基础上，大城市要全面取消落户限制或全面放开放宽落户条件；《2020 年新型城镇化建设和城乡融合发展重点任务》《2021 年新型城

[①] 钱振明：《县城城镇化趋势与县城公共服务供给强化之路径》，《中国行政管理》2022 年第 7 期。

镇化和城乡融合发展重点任务》《2022年新型城镇化和城乡融合发展重点任务》都强调了城市取消落户限制政策。户籍政策调整的结果是，户籍人口城镇化率的提高开始快于常住人口城镇化率。2021年，常住人口城镇化率与户籍人口城镇化率的差距首次明显缩小。① 特别是在中小城市，户籍人口城镇化率已明显高于常住人口城镇化率，意味着户籍人口城镇化在中小城市尤其是西部地区小城镇已无太大政策障碍。② 过去那种较为突出的"半城镇化"状态正在趋缓。

为让城镇人口均等享有基本公共服务，体现城镇化的以人为核心，国家在放宽户籍限制的同时，通过公共服务规划予以推进。国务院2017年印发的《"十三五"推进基本公共服务均等化规划》强调，促进公共服务的城镇常住人口全覆盖、缩小城乡服务差距、提高区域服务均等化水平。《"十四五"公共服务规划》作出一系列相关制度安排，以保障符合条件的外来人口与本地居民平等享有基本公共服务。经过一系列规划、政策的实施，城乡公共服务供给水平和均等化程度显著提升。城镇化注重质量提高，其增速也逐步趋缓。有研究者分析了2015—2019年的城镇化水平，发现中国城镇化的增速呈现逐年下降趋势，增幅年均降低约0.08个百分点。③ 伴随着户籍人口城镇化率的提升，城镇化布局和形态趋向优化，新型城镇化不断走向其应有的"健康发展"目标。

新时代十年深入推进的以人为核心的新型城镇化，与先前的传统城镇化不同，已从过去的偏重"物"的城镇化转向注重"人"的城镇化，重在实现"人的全面发展"。传统城镇化是一种"物的城镇化"，强调物理空间的变化和城镇规模的扩大以及相应的城镇建设用地增加、城镇人口数量增加，核心内容是土地的城镇化。那种传统城镇化的高速度、高增长，带来的是包括土地在内各种资源的高消耗及由此引起的环境高污染。农业人口向非农产业转移和向城镇尤其向大中城市集聚，带来中国经济数十年高速增长，同时，也带来经济结构失衡、环境污染严重，乃至社会治理矛盾突出等问题以及种种"城市病"，以至于城镇化被诟病。城镇化出现一系列突出的矛盾，实际上并不是城镇化本身的问题。城镇化是工业化的必然结果，是现代化的重要标志，其本意在于人的现代化发展。而实际的城镇化内容和方式偏离其本意和本来目的，使城镇化遭受质疑。城镇化问题源于城镇化模式失当，具体表现为城镇化战略、政策和政府治理的失误。公共政策既能驱动中国城镇化进程，也会造成城镇化出现问题。城镇化政策存在的缺陷是城镇化问题的主要根源所在。中国

---

① 陆娅楠：《新型城镇化今年的任务举措》，《人民日报》2022年3月22日第2版。
② 钱振明：《县城城镇化趋势与县城公共服务供给强化之路径》，《中国行政管理》2022年第7期。
③ 魏后凯、李玏、年猛：《"十四五"时期中国城镇化战略与政策》，《中共中央党校（国家行政学院）学报》2020年第4期。

走向共同福祉：新时代中国城镇化政策回顾与展望

早先的户籍制度内容已远超其本来的人口登记和户口管理目的，以至于制约城镇化发展，更制约了城镇化进程中农业转移人口的市民化。户籍政策既限制了人口在城乡之间和区域之间有选择地双向流动，也导致大量涌入城镇的农业转移人口无法取得合法的"市民"身份，而难以在城镇获得平等的发展机会和社会地位，以至于其城镇认同感缺乏。[①] 有研究发现，传统城镇化发展阶段，一些地方政府在执行国家城镇化战略和政策时，还往往用城镇建设政策替代城镇化政策，把城镇化发展简单地等同于城镇规模扩张、农村人口向城镇转移，由此，城镇化政策调控的重点应放在城镇改造和城镇规模扩张上。[②] 2009年9月，全国农民工总人数达2.42亿，其中外出务工农民工1.52亿，户籍所在地乡镇务工农民工0.9亿。这些人由于在城镇居住满半年以上而被统计为城镇人口，但并没有享受真正的城镇医疗、教育等户籍所附带的福利。[③] 2000—2007年，我国城镇建成区平均每年扩大1861平方公里，以7.7%速度增长，远高于人口城镇化速度。[④] 如此的城镇化，显然有悖于更多人享受现代城市生活，是有违正义的城镇化。

新型城镇化是"人的城镇化"，重在人的生产方式和生活方式的变化，致力于人的文明素质提高和社会权益增进，核心是人的现代化发展。有研究者分析了"人的城镇化"的四重内涵。在生产方式上，城镇化并不限于工业化发展需要的人口进城集中，更是让农业转移人口进城发生职业变化，成为现代生产方式的从业者；在生活方式上，农业转移人口不仅进入城镇居住，而且要多方面享受体现现代城市文明的生活方式，融入城镇生活；在文明素质上，随着生产方式和生活方式的变化，进城的农业转移人口相应转变形成有现代文明的行为和自觉遵守符合现代文明的规范，各种素质大大提升；在社会权益上，强调城乡居民权利平等，所有进城人口和城镇居民在各种公共服务中均拥有平等的获得权。[⑤] 简言之，实现人的城镇化，推进以人为核心的新型城镇化，必然要创造各种满足包括进城的农业转移人口在内的所有城镇居民生产生活需要、享受现代城市物质和精神文明，由此，必然要更好发展公共服务，让所有进城人口均等享有城镇公共服务，关键还在于城镇化政策的进一步调整和优化。

[①] 江莹：《关于中国城市化政策制度的研究》，《理论月刊》2003年第5期。
[②] 王建志、吴作章：《中国城镇化发展的问题与政策思路》，《首都经济贸易大学学报》2011年第4期。
[③] 马庆斌：《中国城镇化发展的当前态势与"十二五"政策展望》，中国与世界年中经济分析与展望2010会议，2010年8月。
[④] 马庆斌：《中国城镇化发展的当前态势与"十二五"政策展望》，中国与世界年中经济分析与展望2010会议，2010年8月。
[⑤] 李强、薛澜：《中国特色新型城镇化发展战略研究 第四卷，城镇化进程中的人口迁移与人的城镇化研究 城镇化进程中的公共治理研究》，中国建筑工业出版社2013年版，第53页。

四　公共服务均衡化：新时代中国城镇化政策走向

新中国成立 70 多年来的中国城镇化，经历了缓慢发展、高速推进和高质量发展的历程。改革开放前 30 年处于缓慢发展阶段，1978 年之后则处于高速推进阶段，而中共十八大以来，中国城镇化进入"以提升质量为主的转型发展新阶段"，[1] 并逐渐走向其促进人的全面发展之美好前景。中国城镇化的政策体系，也经历了一条"严格管控—放松管制—积极推动"的渐变式改革道路。[2] 城镇化的外在表现是产业和人口向城镇集聚，但中国城镇化的最终目的应是使更多人民群众享有更高品质的现代城市生活，[3] 是全体人民共同富裕。当下中国，城镇化发展仍然表现为不充分不平衡，部分超大特大城市功能过度集中，中心城区人口过度聚集，"大城市病"较为突出，一些中小城市尤其是中西部地区的中小城市则缺乏必要的产业支撑而显得活力不足、功能萎缩。超大和特大城市以及一些大城市人口过于聚集所引致的大规模公共服务需求又难以得到有效满足和平衡，进城的农业转移人口还尚难公平公正地享受城镇公共服务。由于公共服务发展的不充分不平衡，全体人民共同富裕、共享高品质城市生活，应通过新时代中国注重质量提升新型城镇化来推进。面向未来，中国城镇化需要以更为有效的公共政策支持，使其空间格局优化和公共服务均衡化。

城镇化要回归其应有的本意和本质，让全体居民均等享受现代化的城市生活，首先需要消除居民间的权利不平等。户籍及由此引起的城乡居民之间的权利不平等，是制约进城的农业转移人口均等享受城镇公共服务的主要政策障碍。新时代十年伟大变革在城镇化方面的重要成就是户籍限制的逐步放松，并由此逐步引致农业转移人口市民化和公共服务均等化，这也是中国城镇化坚持以人民为中心发展思想的具体体现。坚持以人民为中心，深入推进以人为核心的新型城镇化，让城镇化成果更多更公平惠及全体人民，是中国城镇化公共政策变革与发展的总原则、总方向。中共十九大在总结十八大之后的五年工作经验时，明确要"深入贯彻以人民为中心的发展思想"。基于新时代我国社会主要矛盾是人民日益增长的美好生活需要和不平衡不充分的发展之间的矛盾，必须把人民对美好生活的向往作为奋斗目标，不断促进人的全面发展、全体人民共同富裕。[4] 而中国发展的现实是，城乡区域发展和收

---

[1] 《国家新型城镇化规划（2014—2020 年）》，《光明日报》2014 年 3 月 17 日第 5 版。
[2] 李兰冰、高雪莲、黄玖立：《"十四五"时期中国新型城镇化发展重大问题展望》，《管理世界》2020 年第 11 期。
[3] 任晃、赵蕊：《中国新型城镇化内涵演进机理、制约因素及政策建议》，《区域经济评论》2022 年第 3 期。
[4] 习近平：《决胜全面建成小康社会　夺取新时代中国特色社会主义伟大胜利——在中国共产党第十九次全国代表大会上的报告》，人民出版社 2017 年版，第 19 页。

走向共同福祉：新时代中国城镇化政策回顾与展望

入分配差距依然较大，应持续推进区域协调发展战略。新型城镇化是区域协调发展的重要内容。为推进区域协调发展，中国城镇化应走向以城市群为主体构建大中小城市和小城镇协调发展的城镇格局，以加快农业转移人口市民化为重点。① 要把人民利益摆在至高无上的地位，让改革发展成果更多更公平惠及全体人民，促进全体人民共同富裕。② 中共二十大提出，深入实施新型城镇化战略，加快农业转移人口市民化；同时强调，为增进民生福祉，必须健全基本公共服务体系，提高公共服务水平，增强均衡性和可及性，扎实推进共同富裕。③ 坚持以人民为中心，深入推进以人为核心的新型城镇化，实现全体人民共同富裕，已成为新时代中国特色社会主义一以贯之的行动战略，也是新时代中国城镇化政策一以贯之的方向。

坚持以人民为中心，走向共同福祉，首先应追求多元、包容的城镇化发展。从城镇化的空间格局看，是优先发展小城镇，还是重点发展大城市，都有失偏颇，强调城镇化的质量应该是核心和根本。"城市中心主义"和"反城市中心主义"都与中国国情所需相悖。中国作为人口大国，区域经济发展差距大，城镇化的区域差异同样明显，城镇化推进不能"一刀切"。"一刀切"往往是公共政策执行中的一个常见现象，是针对这种公共政策执行偏离所采取的一种应对策略，④ 但也带来政策执行忽视地方实际而使中央政策意图遭遇歪曲和走样，为形式主义提供了空间，实际的政策效果并不理想甚至适得其反。⑤ 中国城镇化政策的进一步调整以促进城镇化空间格局的优化，要充分考虑人口大国资源环境承载能力的区域差异，避免城镇化发展的"一刀切"和简单化。不同地区应采行不同的城镇化模式和因地制宜的城镇化政策。比如，经济发达的长三角地区可发展以上海为龙头的世界级城市群，并带动产业结构的高端化和城市品质的进一步提升。另外一些地区，如长江中游地区可推进区域性城市群建设，重点提高产业承接能力和完善公共服务供给。还有一些地区，可能应更多以中小城市和特色小镇的高质量发展为重点。

走向共同富裕，意味着城镇化发展不能从少数人的利益需求出发，更不是依据

---

① 习近平：《决胜全面建成小康社会 夺取新时代中国特色社会主义伟大胜利——在中国共产党第十九次全国代表大会上的报告》，人民出版社2017年版，第33页。
② 习近平：《决胜全面建成小康社会 夺取新时代中国特色社会主义伟大胜利——在中国共产党第十九次全国代表大会上的报告》，人民出版社2017年版，第45页。
③ 习近平：《高举中国特色社会主义伟大旗帜 为全面建设社会主义现代化国家团结奋斗——在中国共产党第二十次全国代表大会上的报告》，人民出版社2022年版，第46页。
④ 张璋：《政策执行中的"一刀切"现象：一个制度主义的分析》，《北京行政学院学报》2017年第3期。
⑤ 马光选：《公共政策执行中"一刀切"的适用性及其去污名化探析》，《领导科学》2020年第18期。

资本逻辑，而应遵循人民逻辑，奉行人民至上，把人民权利作为城镇化政策的基本价值取向，追求社会公平正义。公平的权利包括居民自由选择的权利。选择小城镇居住、就业、教育、养老，还是走进大城市，都应以居民意愿为导向。因此，进一步优化城镇化政策，应以完善的政策规范和有力的政策执行，致力于推进公共服务体系的健全和公共服务水平的提高，实现有助于公共服务更加公平可及的新发展，使人民群众享有更多的符合意愿的选择权，而不必纠结于是就地城镇化，就地享受现代城市文明，还是进入小城镇，走就近城镇化之路，或"舍近求远"，以更多"市民化"成本融入大中城市。

增强公共服务均衡性和可及性，实现公共服务均衡化，是深化以人为核心的新型城镇化、促进全体人民共同富裕、走向共同福祉的重大命题。公共服务、共同富裕、新型城镇化之间相互联系、相互促进：共同富裕必然要求深化以人为核心的新型城镇化，推进公共服务均衡化；以人为核心的新型城镇化，更多农业转移人口均等享有现代城市文明，能有效驱动全体人民共同富裕；公共服务又是可以被政府用来作为推进新型城镇化质量提升的政策工具。健全的公共服务体系，是共同富裕和新型城镇化高质量发展所必需的。[①]

公共服务均衡化，让所有进城人口均等享有现代化的城镇公共服务，是新型城镇化应有之义，是农业转移人口进城后能实现市民化的基础和前提。没有公共服务均衡化的支撑，农业转移人口无法真正融入城镇社会，更无从共享城镇化成果。农业转移人口市民化，首先是职业的变化，由农业劳动者转变为非农产业从业者，然后是社会身份的变化，基于户籍制度的改革而成为城镇居民，更重要的是权利的变化，享受城镇居民应均等享有的公共服务，并融入现代化城市社会。让进城的农业转移人口与城市市民一样享受均等的城镇公共服务，享有城镇生产机会和现代生活品质的平等权利，是市民化的关键和基础。健全的城镇公共服务体系，应当既能服务于原有的城镇居民，也能同样服务于新进城的农业转移人口；同时，要根据不同群体的多元化需求形成便捷可及的公共服务。当然，农业转移人口市民化，意味着已经脱离"农民"职业的农业转移人口，在改变"农民"身份，获得"市民"权利的同时放弃"农民"权利，实现真正或比较彻底的市民化。这意味着市民化，就要与农民"退出"农村机制的建立健全相顺应。在推进市民化的同时，要建立进城农民"三权"多元化退出机制。[②] 只有这样，才是所有"城里人"的公平公正，符

[①] 钱振明：《公共服务新发展：走向共同富裕的新型城镇化质量提升政策支持》，《苏州大学学报》（哲学社会科学版）2022年第4期。

[②] 魏后凯、李玏、年猛：《"十四五"时期中国城镇化战略与政策》，《中共中央党校（国家行政学院）学报》2020年第4期。

合正义社会所要求的得其应得、不得其不应得。当然,这种"退出"应遵循自愿原则。农业转移人口可以选择不退出,可以选择在城乡之间的双向流动,则在城镇不享受城镇居民的应有待遇,而仍保留"农民"的权利和农村发展的其他福利。城乡权利两者兼得,是有违正义的。

面向未来,中国城镇化政策如何优化以促进公共服务均衡化,是一个有待深入探讨的问题。国家的制度和政策较早地支持公共服务均等化。改革开放初期,政府为改变过去的平均主义,利用市场发展公共服务,一度把政府独立承担还存在某些困难的公共服务支出,如基本医疗、教育等服务逐步推向市场。公共服务市场化引起了人民群众"看病难、上学难"等问题。2002年中共十六大提出,要完善政府的经济调节、市场监管、社会管理和公共服务,把公共服务纳入政府职能范围,意味着公共服务均等化问题被提上国家日程。2006年的"十一五"规划纲要正式提出公共服务均等化概念,强调应由政府财政主导基本公共服务均等化。之后,国家陆续开启了一系列单项政策试点。如2007年的《关于解决城市低收入家庭住房困难的若干意见》将保障性住房体系纳入政府基本公共服务范围,2007年的《关于加强公共文化服务体系建设的若干意见》提出建设覆盖全社会的公共文化服务体系,2009年颁行的《关于促进基本公共卫生服务逐步均等化的意见》提出基本公共卫生服务覆盖城乡居民,2011年的《中华人民共和国社会保险法》保障公民在年老、疾病、工伤、失业、生育等情况下获得物质帮助的权利,以及2005年的《关于进一步推进义务教育均衡发展的若干意见》,都在逐步推进公共服务均等化。这些政策试点取得成效后,政府开始注重基本公共服务均等化顶层制度设计。[①] 2012年的《国家基本公共服务体系"十二五"规划》提出加快建立健全基本公共服务体系,提升基本公共服务水平和均等化程度。这是我国第一部以基本公共服务为主题的规划。这个规划实施取得成效后,国家又全面推进基本公共服务均等化。2017年的《"十三五"推进基本公共服务均等化规划》,进一步明确基本公共服务由政府主导,让全体公民公平可及地获得大致均等的基本公共服务。2021年的《"十四五"公共服务规划》,把公共服务区分为基本公共服务、非基本公共服务和生活服务三种,并明确三种不同公共服务的内涵范围和政府在其中的不同责任。基本公共服务保障全体人民生存和发展基本需要,由政府承担保障供给的主要责任。非基本公共服务满足公民更高层次需求,大多数公民以可承受价格付费享有。这类公共服务由于会出现市场自发供给不足的可能,政府给予一定的支持。生活服务则满足公民多样化、个性

[①] 张启春、杨俊云:《基本公共服务均等化政策:演进历程和新发展阶段策略调整——基于公共价值理论的视角》,《华中师范大学学报》(人文社会科学版)2021年第3期。

化、高品质服务需求，完全由市场供给。① 这个规划旨在规定"十四五"时期持续推进基本公共服务均等化，扎实推动实现共同富裕。

事实上，公共服务均衡化不仅要解决公共服务的均等、均衡问题，还应解决公共服务的优质和可及性问题。公共服务的均衡性强调通过高质量发展缩小公共服务差距，可及性则强调方便可得，意在让公共服务发展成果更多更公平惠及全体人民群众。让公共服务实现其由于均衡化而具有的促进人类走向共同富裕的价值功能，还需增强公共服务的可及性，解决"最后一公里"问题。可及性，源于卫生服务的研究，原意是"服务系统与顾客需求之间的适配程度"②，涉及公民能否及时便捷地获得公共服务体系所提供的公共服务，以及公共服务体系所提供的公共服务是否契合公民需求。③《国家基本公共服务体系"十二五"规划》较早地提出了公共服务"可及"问题，强调公共服务要方便公众使用。增强公共服务的可及性，主要考虑公共服务的地理可达性、服务可获得性、经济可承受性、品质可接受性。④ 增强公共服务可及性，要基于"可及性"的目标导向，完善政策和制度体系，从资源配置和服务提供、成本分担和服务质量保障等多方面着手。增强可及性，使公共服务生产和供给与人民群众对公共服务的实际需求之间趋于匹配，从而实现更高水平、更高层次的公共服务均衡化。

数字赋能，创新公共服务供给的技术手段，有助于增进公共服务的可及性。以大数据技术支撑的智慧城市，可以优化和完善公共服务供给方式，让公众能方便快捷地享受公共服务，增强人民群众的获得感。但从根本上还需要提升政府治理能力。增强公共服务均衡性和可及性，既要发挥市场主体的作用，解决政府能力有限问题，让政府以其有限的能力生产和供给提供更多优质公共服务，还要利用好技术手段在公共服务供给中的作用，更要发挥政府在公共服务供给中的主导作用。推进城乡公共服务一体化进程、以财政支持农业转移人口市民化的巨大成本、通过政绩评价体系改革增强地方政府及各级各类官员实施公共服务均衡化发展的积极性和主动性，这些有利于公共服务均衡化的路径和方法，都是政府可以发挥主导作用的领域。应

---

① 国家发展改革委等：《关于印发〈"十四五"公共服务规划〉的通知》（发改社会〔2021〕1946号），2022年1月10日，国家发展和改革委员会网（https://www.ndrc.gov.cn/xxgk/zcfb/ghwb/202201/t20220110_1311622.html?code=&state=123）。

② Pechansky R., Thomas W., "The Concept of Access: Definition and Relationship to Consumer Satisfaction", *Medical Care*, No. 12, 1981.

③ 任梅、刘银喜、赵子昕：《基本公共服务可及性体系构建与实现机制——整体性治理视角的分析》，《中国行政管理》2020年第12期。

④ 熊兴、余兴厚、黄玲：《基本公共服务可及性的逻辑内涵、评价指标及实现路径》，《改革与战略》2021年第8期。

走向共同福祉：新时代中国城镇化政策回顾与展望

以公共服务均衡化为导向，提高政府治理能力，促进公共服务体系的健全和公共服务水平的提升。

财政是政府治理的重要基础和条件。政府治理能力提升的关键，是提升政府财政能力，发挥政府财政政策作用。财政政策也是公共服务均衡化的基础。[1] 新型城镇化和公共服务均衡化都离不开财政政策的支持。财政政策的支持可以从两方面着手：一是以财政直接投入，并通过财政投入引导社会资本参与公共服务生产和供给，以加强公共服务体系建设，缩小城乡间、区域间公共服务差距；二是健全公共服务体系，实现公共服务对包括农业转移人口在内的城镇全部常住人口的全覆盖，让农业转移人口均等享受城镇公共服务。[2] 但是，单一地由政府财政承担公共服务均衡化任务是有难度的。城乡之间、不同区域之间，经济发展水平不同，政府财政能力有差异。经济水平和财政能力差异是导致公共服务水平区域差异和城乡差异的根源所在。城镇内部不同群体享受公共服务的差异也源于财政，主要是财政体制的束缚。而且，区域之间、城乡之间、城镇之间人口是流动的，这种人口流动有时是频繁和快速的，相应地增加了财政实现公共服务均衡化的难度。由此，涉及财政转移支付制度的健全，涉及如何在加大财政投入力度的同时，平衡财政投入结构，使财政政策与人口管理政策、土地管理政策、产业政策等形成合力，促进公共服务均衡化。[3] 特别是在体制上要抑制"城市偏向"的公共服务投入偏好，用城乡间公共服务投入的均衡性来增强公共服务均衡性。[4] 还要防止财政偏向于能显"政绩"的城市基础设施建设，而轻教育、医疗等公共服务支出。因此，需要合理的财政支出结构和财政转移支付制度支撑公共服务均衡化。

走向共同福祉的新时代中国城镇化公共政策优化，是一个渐进过程，而健全公共服务体系、提高公共服务水平、增强公共服务均衡性和可及性是关键。尽力而为、量力而行，循序渐进地完善政策，持续朝着有利于全体人民共同富裕的目标任务不断前行，是新时代推进公共服务均衡化、充分实现新型城镇化的基本走向，也是新时代中国城镇化政策发展前景之所在。

---

[1] 李燕凌、彭园媛：《城乡基本公共服务均衡化的财政政策研究》，《财经理论与实践》2016年第3期。

[2] 刘天琦：《财政政策视角下的新型城镇化助推共同富裕》，《经济研究参考》2022年第7期。

[3] 袁威：《基本公共服务均等化的政策逻辑与深化：共同富裕视角》，《中共中央党校（国家行政学院）学报》2022年第4期。

[4] 范柏乃、唐磊蕾：《基本公共服务均等化运行机制、政策效应与制度重构》，《软科学》2021年第8期。

中国城镇化七十年与国家治理现代化

黄建洪

摘要：城镇化是现代化的标志，是一种生活方式，也是一个社会过程。作为中国式现代化的具体表达之一和综合性战略命题，中国城镇化是集合经济社会发展叠加目标、多重论域和战略依托的实践载体，其本质在于消除经济社会结构的对立性，实现"权利再造"与"国家成长"。70余年的城镇化探索，蕴藏着国家治理现代化的深层密码和行为模式。在"乡土中国"向"城市中国"转变这一社会实践"结构性巨变"的过程中，城镇化正改变着国家治理的尺度，对国家治理现代化产生三重效应，即嵌入国家治理结构的理性选择、引发国家治理能力的持续建设，以及深化开放性的国家认同。这表明，作为发展中一个最重要的中间变量，城镇化的"中国道路"，通过历时性题域共时性题解的方式撬动国家治理，以有效性与合法性累积兼容的方式迈向中国城市性，正成为国家治理现代化的内生主题。

关键词：城镇化；国家治理；现代化；城市性

China's Urbanization in Seventy Years and Modernization of State Governance

Huang Jianhong

Abstract: Urbanization is a sign of modernization, a way of life and a social process. As one of the concrete expressions of Chinese-style modernization and a comprehensive

---

* 基金项目：国家社科基金重点项目"新时代中国政府职责体系优化研究"（项目编号：20AZD031）和国家社科基金后期资助项目"新型城镇化战略与国家治理现代化研究"（项目编号：19FZZB008）的阶段性成果。获江苏省优势学科政治学、新型城镇化与社会治理协同创新中心、江苏高校"地方政府与社会治理"优秀创新团队资助。

** 黄建洪，苏州大学政治与公共管理学院教授。

strategic proposition, China's urbanization is a combination of economic and social development goals, multiple fields, strategic support and practice carrier. The essence of China's urbanization lies in eliminating the antagonism of economic and social structure, realizing "Reengineering of Rights" and "State Growth". The 70-year exploration of urbanization contains the deep code and behavior pattern of the modernization of state governance. In the process of "structural momentous change" in social practice from "Rural China" to "Urban China", urbanization is changing the scale of state governance and has a triple effect on the modernization of state governance (embedding the rational choice of state governance structure, triggering the sustainable construction of state governance capacity, and deepening the inclusive state identity). This shows that, as one of the most important intermediate variables in development, the "China Road" of urbanization leverages state governance by means of simultaneous problem-solving in diachronic domain, and advances toward Chinese Urbanity by the way of accumulation and compatibility of validity and legitimacy. This is becoming the endogenous theme of the modernization of state governance.

Keywords: Urbanization; State Governance; Modernization; Urbanity

一 问题缘起与分析进路

小城镇，大问题。[①] 中国的城镇化是人类史诗般的迁徙现象和实践运动[②]，构成中国国家现代化的重要内容和观测依据。宏观上讲，作为现代化的驱动动力与实践载体，70余年的城镇化是国家经济形态大规模工业化、人民生活形态大规模现代化、社会空间形态大规模权利化的进步进程。[③] 一方面，从历时进程看，城镇化意味着以乡村为主的生产生活向市镇场域的持续转变；另一方面，以共时成果论，城镇化在新的发展位阶上强化了"以人为本"的主体性发展趋势。那么，城镇化之于中国的国家治理，究竟产生了怎样的影响、有哪些深层次的经济社会后果和政治效应？从现代化的维度看国家治理，城镇化扮演了怎样的政治变迁角色、起到了怎样的改变功能？这些问题值得深究。

---

① 费孝通：《小城镇 大问题》，《瞭望》1984年第37期；沈关宝：《〈小城镇 大问题〉与当前的城镇化发展》，《社会学研究》2014年第1期。
② Tom Miller, *China's Urban Billion: The Story Behind The Biggest Migration In Human History*, Zed Book, 2012, pp. 5-12. United Nations, *World Urbanization Prospects: The 2018 Revision*, New York, 2019.
③ 根据经典作家的论述，空间的社会化与社会的空间化是一种双重建构，其间所涉及的内容即权利。参见胡潇《空间的社会逻辑——关于马克思恩格斯空间理论的思考》，《中国社会科学》2013年第1期。

（一）城镇化研究：文献回顾与问题发现

既有文献显示，学界对城镇化展开了富有成效的研究。所谓城镇化，是以人为中心、受多种因素影响的极其复杂多变的系统转化过程，即一种从传统社会向现代文明社会变迁和全面转型的过程。实践中，中国的城镇化有多种推进模式，具有交叠样态的城镇化受到譬如行政区划调整、政府干预程度、人口流动等多种因素的影响，集强时空压缩性的城镇化面临诸如城市异化、城乡断裂、发展失衡以及行政错位等多重风险。针对于此，新型城镇化的"新型"，在本质上体现为"以人为本"的农民工市民化、市镇化。[1] 从政治学角度看，新型城镇化是在社会可承受的范围内对社会权益进行再分配，它是一个从"限制"逐步走向"开放"的"全面深刻的社会变革过程"[2]，是对既往"城市病"反思基础上所做出的调适性新战略[3]。为此，学界提出了城镇化的新思路，诸如向度上，规避由乡到城的单向性，协同推进农村城市化和城市反哺农村，推进新型城镇化与乡村振兴的战略联动[4]；动力上，改造权力驱动型城镇化模式，寻求个体自组织与政府他组织力量的耦合[5]；制度上，突破制度壁垒和利益阻隔，改革包括土地管理制度和户籍制度在内的制度体系[6]，以导向高效、包容、可持续的城镇化；评价上，矫正"摊大饼式"的"硬发展"，寻求产城、城乡、效率与公平融合的科学发展。在此过程中，处理好政府与市场的边界是关键。

然而，跳脱于对"城镇化"的自证，对于作为整体的"国家"而言，城镇化的效应究竟如何？现有研究的基本做法，是借用"现代化"这一个概念范式来展开叙事。我们知道，城市化是落后的农业国在工业化、现代化过程中全面制度创新的结果，是一个国家内部人口、资源与产业在市场机制作用下以城市为主导重新进行空间配置的过程。[7] 譬如在宏观层面，研究者提出，从国家基础权力理论入手，中国的城市化从国家的治理能力、国家对社会的控制范围以及国家统治的微观基础三方

---

[1] 任远：《人的城镇化：新型城镇化的本质研究》，《复旦学报》（社会科学版）2014年第4期。
[2] 李铁：《城镇化试一次全面深刻的社会变革》，中国发展出版社2013年版，第12—23页。
[3] 仇保兴：《和谐与创新：快速城镇化进程中的问题、危机与对策》，中国建筑工业出版社2008年版，第5页。
[4] 苏小庆、王颂吉、白永秀：《新型城镇化与乡村振兴联动：现实背景、理论逻辑与实现路径》，《天津社会科学》2020年第3期。
[5] 杨新华：《新型城镇化的本质及其动力机制研究》，《中国软科学》2015年第4期。
[6] 中国金融40人论坛课题组：《加快推进新型城镇化：对若干重大体制改革问题的认识与政策建议》，《中国社会科学》2013年第7期；韩云、陈迪宇等：《改革开放40年城镇化的历程、经验与展望》，《宏观经济管理》2019年第2期。
[7] 赵新平、周一星：《改革以来中国城市化道路及城市化理论研究述评》，《中国社会科学》2002年第2期。

面提高了国家效能。① 再有,从"以代际分工为基础的半工半耕"生计模式出发,探讨渐进城镇化模式的特色和优势及其对国家稳定的影响。② 在微观层面,既有城镇化对农民政治意识影响的研究,又有探讨城镇化建设与基层治理体制转型等关联性论域的分析,等等。显然,上述探究在宏观分析与微观描述层面,对城镇化的"国家后果"做了较为充分的探讨,扩展了理论视野和分析进路。目前的探究,城市地理学、城市规划学、城市政治学、城市经济学、城市社会学、城市人类学、城市生态学等学科已然做出了各自学科领域的贡献。但是,城镇化如何影响国家治理的发生机制及其过程,则更加需要在中观领域将"城镇化"与"国家治理"二者衔接起来。这不仅是廓清城镇化自身发展规律的需要,也有利于从"城镇化的国家叙事"与"国家的城镇化叙事"之间的辩证关系中清晰把握"国家建构"。

(二) 国家治理现代化的国家建构视域研究:进展与阙如

国家建构(state building)本真意义上就是国家治理现代化。学术史回顾表明,从国家建构研究出发的国家治理现代化探究,存在着多重维度:一是"传统与现代"维度。以"契约论"为代表的国家建构理论,在西方现代民族国家的成长时期,偏重于逻辑推理和演绎的方法,提出社会产生国家的国家建构路径③;在20世纪中叶之后的西方现代国家成熟时期,理论家则采用历史比较的归纳方法,专注于欧洲民族国家经验来探讨国家权力由集权而分权的阶段性特征以及国家建构的不同路径。二是"内源与外源"维度。进入20世纪70年代以来,"内源型"理论认为,国家建构就是"国家对于社会的权力强化进程",包括领土的巩固、专业人员的产生、忠诚的捍卫、专门机构对既定人口垄断暴力的集权,以及国家自主性④;"外源型"理论强调国家建构即国家能力建设,缩小国家职能范围,提高国家能力或制度能力是关键。⑤ 三是"结构与功能"维度。"国家—社会"理论范式,根据经典的国家作为"虚幻的共同体"认知⑥,从"市民社会产生国家"基本立场出发阐释"社会中的国家",进而证成国家应然价值和发展取向;"民族—民主"理论范式,

---

① 谢岳、葛阳:《城市化、基础权力与政治稳定》,《政治学研究》2017年第3期。
② 夏柱智、贺雪峰:《半工半耕与中国渐进城镇化模式》,《中国社会科学》2017年第12期。
③ 杨雪冬:《民族国家与国家建构:一个理论综述》,《复旦政治学评论》2005年第1期;王威海:《西方现代国家建构的理论逻辑与历史经验:从契约国家理论到国家建构理论》,《人文杂志》2012年第5期。
④ Charles Tilly, *The Formation of National States in Western Europe*, Princeton: Princeton University, 1975, pp. 27-31.
⑤ [美]弗朗西斯·福山:《国家构建:21世纪的国家治理与世界秩序》,中国社会科学出版社2007年版,第1—2页。
⑥ 《马克思恩格斯选集》第1卷,人民出版社1995年版,第38页。

则认为民族国家解决国家作为整体的主权独立和权力整合问题、民主国家解决人们从"文本权利"到"实践权利"的实现问题，这是一个双重化、非均衡的建构历程。[①] 四是"自主性与全球化"维度。国家自主性理论"范式"[②]，探讨国家的超越性、主导性与行动力，以及如何形成基于秩序和自由均衡的国家"可治理性"问题；与此同时，作为一个具有复杂结构性影响的变量，全球化会超越国家疆域而对国家的制度运行、行为模式与治理秩序，以及国家治理的有效性与合法性构成挑战。[③] 上述关于国家建构的研究，产生了一批有分量的学术成果，为进一步的探究提供了良好基础。

然而，国家建构的问题探讨，虽一直处于学科研究的重要位置，但吊诡的是，对其的理论关注和研究省思，却一直在一个颇为含糊的氛围和语境中展开的。譬如，国家建构的"从外部"和"由内部"两种研究中，存在着主客体关系不够明晰、主客体关系定位模糊的问题；又如，以西方理论界为主导的国家建构研究，存在着以"西方中心主义"本位强势的自负和傲慢，进而对非西方国家的制度输入性"改造"，将其放置在"失败国家"与"强大国家"的二元对立思维中展开本位主义的国家建构设计。凡此，都在不同程度上限制了国家建构理论的学术关怀和现实价值。

（三）以"城市性"为统摄的融合式研究策略

正如习近平所指出的那样："当代中国的伟大社会变革，不是简单延续我国历史文化的母版，不是简单套用马克思主义经典作家设想的模板，不是其他国家社会主义实践的再版，也不是国外现代化发展的翻版。"[④] 这是一种历史唯物主义方法论的自觉，对于社会科学研究方法论具有指导意义。据此，本文尝试以"城市性"为统摄，导入两个融合式的研究策略，来展开探讨城镇化如何影响国家治理的发生机制及其过程。其一，"过程—事件分析"研究策略，即把社会现实当作一种动态的、流动的过程来加以看待，才能对社会现实做出更为适当的描述和理解。基本之点，就是要"力图将所要研究的对象由静态的结构转向由若干事件所构成的动态过程"[⑤]。"城镇化"不是一个单一的行动，而是一项历经70余年的演进过程，与共和

[①] 徐勇：《现代国家建构中的非均衡性和自主性分析》，《华中师范大学学报》（人文社会科学版）2003年第5期。

[②] 高卫民：《国家自主性：认识现代民族国家建构的一个"范式"》，《马克思主义与现实》2014年第3期。

[③] 俞可平：《全球化主题书系总序》，载赫尔德等编《治理全球化》，社会科学文献出版社2004年版，第1—2页；郁建兴、肖扬东：《全球化与中国的国家建构》，《马克思主义与现实》2006年第6期。

[④] 《习近平谈治国理政》第2卷，外文出版社2017年版，第344页。

[⑤] 孙立平：《"过程—事件分析"与对当代中国农村社会生活的洞察》，载王汉生、杨善华主编《农村基层政权运行与村民自治》，中国社会科学出版社2001年版，第9页。

中国城镇化七十年与国家治理现代化

国的发展相伴相生,在此过程中又有诸多的重要节点、标志性事件彼此关联和影响,表现为一系列建设的成果和效应。这些效应不仅包括为人们所高度强调的经济效应,还有更为复杂的社会、文化效应和政治后果。这些效应的国家后果,并未得到学理上应有的整全性观照,尤其在城镇化与国家治理互嵌互塑的中观机制上,贯穿性的探究仍显不足。为此,分析城镇化70余年所带来的城市性演进历程、主要成效、阶段特征与演进逻辑,便能够为国家治理的研究叙事提供进路。其二,"本体论—方法论分析"研究策略。受既有研究的启发[①],本体论意义上的"'城镇化'研究"——将"城镇化"本身视为一个具有内在结构和功能的、具体的客观对象来研究;方法论意义上的"城镇化研究"——将"城镇化"看作一个多元主体互动博弈的特殊社会场域和理解其他理论问题的"透镜"。前者主要用于分析"城镇化"的"对象事实",重在解释其"本体"是什么,包括其过程、动力和特征等主体性论域;后者则用于探究"城镇化"作为"场域"、作为重塑和重构国家与社会、政府与市场基本关系的基础,其在何种意义上成为国家战略、国家实践和国家成果,最终以对国家治理体系、治理能力和国家认同的沉浸式、互嵌式影响,成为现代化的"中国故事"。

之所以提出这样的研究策略来展开探讨城镇化如何影响国家治理的发生机制及其过程,缘由有如下三方面。

第一,基于城镇化"中国道路"的独特性。中国的城镇化是实现从生存性需求向发展性需求转变、从历时性积累向共时性提升迈进的漫长历程,具有二元性、多维"社会—空间"性、内生性特点,它是作为一种实践战略进入国家治理场域的,可以分为抑制型城镇化、补偿型城镇化、再平衡型城镇化。[②] 不同于欧美自发性城镇化,政府主导推进是中国城镇化的重要特质,时空的压缩与任务的叠加,使得中国的城镇化更多地显现出与西方相对线性的城市化颇有差异的需求和特征。正如美国著名城市学家弗里德曼曾指出,中国城市研究不能够简单地套用西方现代化、城市化理论来描述,因为中国的城市深深根植于其历史文化之中,因为中国不只是另一个国家,更是一个值得研究和有自身逻辑的文明。[③] 这样的认识颇具方法论的启迪意义。

第二,基于中国国家建构的复杂性。在中国语境中,国家建构需要直面深

[①] 肖林:《"'社区'研究"与"社区研究"——近年来我国城市社区研究述评》,《社会学研究》2011年第4期。

[②] 黄建洪:《城镇化发展的"中国道路"与国家治理现代化——基于公共供求的视角》,《江汉论坛》2014年第8期;李从军:《中国新城镇化战略》,新华出版社2013年版,第55页。

[③] John Friedman, *China's Urban Transition*, Minneapolis: University of Minnesota Press, 2005.

深植根于传统生产方式和文化思维中的"家国结构"。"分享型法制"和"压缩式社会"是中国社会两大传统，对国家建设影响甚深；不仅如此，基于经济社会结构的传统性所设定的国家建构战略的非均衡性、追赶型，在相当大程度上与"革命后国家政府"、超大规模社会等因素融合起来，对于现代国家的完整建构产生重大影响。这也表明，单纯导入西方理论范式的国家建构理论，对于解释和解决中国的国家治理现代化问题存在障碍和困难。为此，需要寻求符合中国基因的解释变量和框架。

第三，上述两个层面所决定的中国城市性，一定是复杂的城市性。城市性，即城市的属性或城市特有的生活方式，深刻体现了城市复杂的形态和特征。城镇化政策及新型城镇化战略的提出，均有着深刻的经济社会基础。基于时间、空间和内在结构上的特殊性、多样性和实现过程的阶段性，多重转型阶段中国复杂现代化的整体特征表现为"复杂现代性"。作为不同于从西方自然地域性关联中"脱域"出来的文化模式和社会运行机制，这种复杂现代性表现为[①]：规范协调性和内在结构自洽性方面的复杂性，实现条件和实现方式上的复杂性，以规范、结构的生成性和开放性方式表现出来的发展性。然而，城市是多样异质文明的空间化聚集，城市文明的多样性与中国城市社会的复杂现代性叠加，中国的城市性便演化成为具有空间弹性、制度弹性、意义弹性的复杂体。在长期的城镇化过程中，中国城市性与乡村性、城市性与现代性、城市性与自主性以及城市性与国家性之间的关联，正在不断生成、演变和升华过程之中，集中表现为国家建构的复杂性。因此，研究中国城镇化及其国家治理效应，既需要有马克思主义方法论的自觉，更需要有对中国发展文明形态的深切理解，从而在"城镇化"的鲜活样本中"活化"道路自信和制度自信，以助力国家治理现代化的均衡建构和民生福祉的循序改善。

二 城镇化 70 余年与中国城市性的展开

城市是一种"有序复杂性存在"[②]，这种复杂性则是城市性的本质属性。芝加哥学派沃斯就认为，城市性是区别于乡村的一整套社会与文化特质的"生活方式"[③]。后续还有从居民特性、城市亚文化、流动性交往的社会关系、参与组织网络变迁等

[①] 冯平、汪行福：《"复杂现代性"框架下的核心价值建构》，《中国社会科学》2013 年第 7 期。

[②] [美] 简·雅各布斯：《美国大城市的死与生》，译林出版社 2006 年版，第 397 页。

[③] Louis Wirth, "Urbanism as a way of life", *American Journal of Sociology*, No. 44, 1938, pp. 1-24.

中国城镇化七十年与国家治理现代化

城市社会学角度,作为文化适应过程的人类学角度,以及全球性城市性角度等丰富探讨。① 我们知道,"物质生活的生产方式制约着整个社会生活、政治生活和精神生活的过程"②。在经典作家看来,城市的发展是一个不以人的意志为转移的自然历史过程。作为大工业生产社会化的空间地域,城市是资本积聚和技术积累在空间密集分布的结果,是推动生产力极大发展的社会交往形式,对阶级关系和社会关系的性质具有特殊的影响。因此,工业化以及与之相伴的城镇化发展,必然带来城市社会结构的变化,进而引发城市文化模式与生活方式的深刻变革。而且,城镇化的过程不仅仅是人为造城的过程,城镇化也要有其他诉求,因为它应该有"人类属性"③,即城镇化所累积的城市性,要体现人类文明的积累与进化,"体现人之所求与人之理想"④,体现人的价值和服务于人们的美好生活。

诺贝尔经济学奖得主斯蒂格利茨曾断言,中国的城镇化将改变世界,这是一个值得重视的论断。的确,中国城镇化改变世界的最有力证明,就是业已并将更加深刻地持续改变中国。

(一) 中国城镇化的发展历程

70余年城镇化与国家建设发展的历程因应相随,其间经历复杂曲折的变化。宏观上看,其发展进程大致划分为三个时段。

一是抑制型城镇化(1949—1977年)。1949年新中国成立,开启了中国的新纪元,也意味着独立自主城镇化道路的展开。⑤ 这一时期,审慎的城镇化,"控"字当头,总体上是围绕工业发展需求来选取城市规模和人口政策的谨慎发展阶段,可细分为:1949—1957年的上升期,恢复工业建设,农业劳动力较大规模地进城,城镇化率从10.64%上升到15.39%;1958—1965年的波动期,经历了前三年的快速增长和后五年的持续下降,城镇化率一度达到19.75%的阶段高位,也曾一度因"严控大城市规模"方针、撤销城市而迅速降至17.98%;以及"文革"时期的停滞期,1977年的城镇化率甚至负增长至17.55%。⑥

二是补偿型城镇化(1978—2000年)。改革开放意味着国家治理尺度和治理重心的重新调整。在此背景下,我国的城镇化迎来长时段的较快增长。从阶段上看,

---

① H. Gans, "Urbanism and Suburbanism as Way of Life: A Reevaluation of Definitions", in *Reading in Urban Sociology*, edited by Re phalli, Persimmon Press, 1968; C. Fischer, "The Subcultural Theory of Urbanism: A Twentieth-year Assessment", *American Journal of Sociology*, No. 101, 1995.
② 《马克思恩格斯选集》第2卷,人民出版社1995年版,第2页。
③ [美] 帕克等:《城市社会学》,华夏出版社1987年版,第1页。
④ [美] 芒福德:《城市发展史》,中国建筑工业出版社2004年版,第14页。
⑤ 赵文林、谢淑君:《中国城市手册》,经济科学出版社1987年版。
⑥ 李强等:《多元城镇化与中国发展》,社会科学文献出版社2013年版,第6—8页。

主要经历了由农村体制改革和农村工业化推动（1979—1984）、由城市体制改革和制造业快速发展推动（1985—1991）以及由产业集聚发展和市场化改革推动（1992—2000）三个时段。乡镇企业、城市制造业、市场化条件下的城市各工业部门和服务业的劳动力需求，成为各时期驱动人口向城市汇聚的基本力量，经济发展的市场机制逐渐成为配置城市人口要素的主导。城镇化率由1978年、1992年的17.92%、27.46%，分别增长至1984年、2000年的23.01%、36.22%[1]，形成了城市经济高速增长和大中小城市蓬勃发展的格局。缘于区位优势和政策利好等因素，长三角、珠三角等沿海开放区域大规模地吸引来自中西部的农业转移人口，城市群的建设发展呈现积极态势。这在一定程度上改变了中国的城市空间布局和成长模式。[2]

三是再平衡型城镇化（2001—2019年）。进入21世纪，城镇化发展进入新阶段，其中标志性的重大发展表现在"十五"计划（2001—2005）至"十三五"规划（2016—2020）明确提出"实施城镇化战略""把城市群作为推进城镇化的主体形态"。在党的十八大上，新型城镇化被定位为与新型工业化、信息化、农业现代化道路一道推进现代化发展的"新四化"之一，以助益国家的全面现代化。这一提法在党的十九大报告里被纳入"坚持发展新理念"，成为习近平新时代中国特色社会主义思想中14项基本方略中的重要内容。从推进模式上看，在"多梯度结构的差异化社会"，这一阶段城镇化的突出特征是政府主导、整体推动。[3] 目前看来，城镇化的代表性"推进模式"有建立开发区、建设新区和新城、城市扩展、旧城改造、建设中央商务区、乡镇产业化和村庄产业化等类型[4]，以细分产业为基础的特色小镇建设方兴未艾，逐步形成了城市建设发展的多元路径[5]，农业转移人口更大规模向城市转移，城镇化率于2021年底增长至64.7%。

（二）中国城镇化的显著成就

70余年的城镇化，成为促进中国经济社会发展和厚植现代化事业的驱动机制和进步动力。从城市规模上看，从新中国成立初仅有136座大中小城市及2000多县城和建制镇，发展到2018年全国地级及以上城市297个，城镇常住人口已达8.3亿。与此紧密相关，国内生产总值构成，由1952年第一产业、第二产业、第三产业的

---

[1] 武力：《1978—2000中国城市化进程研究》，《中国经济史研究》2002年第3期。
[2] 刘修岩：《城市空间结构与地区经济效率——兼论中国城镇化发展道路的模式选择》，《管理世界》2017年第1期。
[3] 李云新、杨磊：《中国城镇化"推进模式"的发展困境与转型路径》，《中国行政管理》2015年第6期。
[4] 李强、陈宇琳等：《中国城镇化"推进模式"研究》，《中国社会科学》2012年第7期。
[5] 张鸿雁：《中国新型城镇化理论与实践创新》，《社会学研究》2013年第3期。

50.5%、20.9%和28.6%，转变成为2018年的7.2%、40.7%和52.2%。[①] 综合城市规模和产业结构变迁，可以清晰地知道，中国已进入城市社会或者叫"城市中国"，正在从以农村、农业人口为主的国家，逐步转变为以城市和城市人口为主的国家，正在由一个农业国，逐步转变成为工业化、服务化乃至信息化的国家。这也表明，经由70余年的城镇化建设实践，中国的经济基础和社会构成正在出现重大位移，进入新时代，党和政府执政的经济基础、阶层构成、社会矛盾、发展需求、治理重难点和建设路径等诸多方面，业已走到了一个新的历史起点。

城镇化给中国社会带来的，不仅仅是一串串关联国家治理的显赫数据，更为重要的是，它题中之义就包含了人民对美好生活的向往和追求。中国农村居民、城镇居民家庭纯收入，从1949年的44元、100元，分别猛增至2019年人均可支配收入16020元、42359元。以"半工半耕"为支撑的中国渐进城镇化模式，成功避免了大规模的城市贫困、失业，具有经济发展和政治稳定的双重功能。[②] 尽管难以将上述变化尽数归入城镇化对城乡居民收入状况的正向影响，但是一个确切的信息还是呈现了出来，即伴随着城镇化的持续推进，数以亿计的人口进城实现市民化，而且还同时实现了生产方式、生活方式和社会构成的重大变化，中国业已由现代化的初期转变到了迄今的现代化中期，完成了邓小平所倡导"三步走战略"的第二步。因此，无论从速度到规模、从经济到社会、从结构到功能、从国内到国外，中国城镇化的70余年都是史无前例的。

(三) 中国城市性的阶段特征

70多年的城镇化，"城市"被赋予了许多"国家建设"的功能承载和"美好生活"的社会想象。也正是在这样一个集经济与社会功效为一体的发展历程中，其城市性的阶段性特征得到了鲜明呈现。

譬如，在抑制型城镇化阶段，其主导特征是"控制"。即国家基于迅速巩固秩序、确立有效统治为中轴，选取了适当限制或暂缓城镇化的思路。一则资源匮乏使然。新中国甫一成立，伴随着"城市工作重心"转移战略的确立和实施，恢复秩序与发展生产面临严重资源紧缺，乡村的资源贡献能力成为城市发展规模的设计依据，为此"控制大城市规模"的城市方针成为阶段性的实际主线。二则城市新功能设置使然。置换长期"消费性"的城市定位，以"生产性"来规划和发展城市，需要配套支撑城市生产体系的城乡格局。三则以区隔治理为导向的户籍制度使然。要满足

---

① 数据来源：国家统计局1999年和2019年的统计数据。
② 国务院发展研究中心和世界银行联合课题组：《中国：推进高效、包容、可持续的城镇化》，《管理世界》2014年第4期。

城市人口控制，就需要严格限制农村向城市人口流动，实行差异化治理。本质上，户籍标识的背后是差别化的利益结构安排。[1] 以工农产品"剪刀差"实现对乡村资源的超常规汲取、将经济上"小体量"的城市转变为支配秩序，就需要依托城乡分治的"二元体制"进行社会福利的差异化配置。这一阶段，实际上启动了现代化进程的国家积累以寻求快速推进从农业国向工业国的转变。值得注意的是，这一阶段所留置的城乡分治体系，特别是户籍制度，对于后续城镇化的发展产生了极其深远的影响。

又如，在补偿型城镇化阶段，其"发展"特征尤为鲜明。在改革开放初，城镇化主要由党的十一届三中全会启幕的农村体制改革和后续的农村工业化所驱动。乡镇企业和小城镇的迅速发展，实际突破了对城乡的工业、农业功能定位，既有二元格局逐渐被城市工业化与农村工业化并重的新二元格局所取代，并产生复杂效应。[2] 与联产承包制实施后所带来的生产力和劳动力同时解放同步，"控制大城市规模、合理发展中等城市、积极发展小城市"的基本方针成为城镇发展的新基调。20世纪80年代中期至90年代初，城市体制改革和制造业快速发展成城镇化发展的新动力。以城市为重点的经济体制改革过程中，"控大放小"的城镇化政策得以延续，通过"小城镇"撬动改革发展的"大战略"[3]，对城市的外围发展做城镇"增量"，吸引了大量农村剩余劳动力，城镇化水平快速攀升。进入90年代，市场机制所引导的产业集聚逐渐成为城市发展的重要动力。党的十四大明确了建立社会主义市场经济体制成为改革的目标，这加速了市场对包括大量农业转移人口在内的经济发展要素的城市配置和汇聚[4]，持续拓展的"打工经济"所引致的全国剩余劳动力的东南转移，使沿海区域城镇化快速发展。

再如，21世纪以来的再平衡城镇化阶段，"协同"是其主要特征。表现有三。一是在更高层次上的城市与乡村、区域之间的协同。乡村振兴战略与新型城镇化战略相辅相成，力图解决既往单纯城市主义思路和单向度发展模式所遗留的"城市病"与"乡村病"，具有高位融合城乡一体化发展的价值努力。[5] 二是发展动力上政府、市场与社会的协同。区别于抑制型城镇化的工业发展回应、补偿型城镇化的一

---

[1] 李丹阳、汪勇：《新中国70年来户籍制度改革的演变历程、逻辑与趋向》，《中国人民公安大学学报》（社会科学版）2020年第3期。

[2] 陈云松、张翼：《城镇化的不平等效应与社会融合》，《中国社会科学》2015年第6期。

[3] 赵新平、周一星：《改革以来中国城市化道路及城市化理论研究述评》，《中国社会科学》2002年第2期。

[4] Henderson J. V., "The Urbanization Process And Economic Growth: The So-what Question", *Journal of Economic Growth*, No.1, 2003, pp.47-71.

[5] 周飞舟、王绍琛：《农民上楼与资本下乡城镇化的社会学研究》，《中国社会科学》2015年第1期。

定程度规划性与一定程度自发性的结合①,这一阶段的城镇化更具前瞻性和协作性,在政府主导的格局下嵌入了更多社会参与。三是人口城镇化与人的城镇化的协同。旨在循序解决既往工业化长期快于城镇化,以及土地的城镇化快于人的城镇化所潜伏下的种种矛盾和风险。目前,农业转移人口市民化进程严重滞后,城乡融合发展体制机制中一些关键环节尚未打通,城镇化推进的资源环境代价过大等,是中国城镇化面临的严峻挑战。② 以《中共中央关于全面深化改革若干重大问题的决定》、中央城镇化工作会议精神为指导的《国家新型城镇化规划（2014—2020年）》等决策规划,聚焦推进"以人为核心"的城镇化③,试图通过有序推进农业转移人口市民化,保障随迁子女平等享有受教育权利、扩大社会保障覆盖面、拓宽住房保障渠道、推进符合条件农业转移人口落户城镇等一系列举措,着力解决农民工身体进城了、身份没进城,劳动进城了、劳动保障没进城,土地进城了,而土地的增值收益与刚刚离开这片土地的人没有关系的多重"尴尬"。

（四）中国城市性的演进逻辑

70多年的城镇化,从控制、发展到协同,或者说以政治导向、政治经济综合导向向以国家整体发展战略为主导转变,总体上是一种政府主导下的城镇化建设发展逻辑,其发展趋势是更加尊重国家发展规律。该逻辑表明,现代化的"中国道路"有着自己相对独特的方式。一开始,革命后政权着眼于恢复秩序与巩固统治的秩序需要,在政党、政府与社会高度一体化的"整全式"格局下,国家立场是根本,以鲜明政治动员的方式发展工业,从而形成以人口自然增长支撑"重工业发展"这一非均衡发展战略实践,并经历一定程度的起伏和停滞。改革初年,市场驱动成为城镇化快速发展的动力,城镇化发展所需要的人口、土地、资金等要素开始大规模集聚,从农村工业向城市工业、从农业经济体制向城市综合体体制、从边缘性小城镇向中心城区等扩散,"打工"与"下海"汇聚成了城市经济快速发展的"交响曲",城市空间布局与发展模式较改革前为之一新。21世纪以来,"协同"本身就意味着由规模追逐向质量侧重的强调,更为重要的是由"物本"向"人本"的城镇化转向和转型。为此,"城镇发展方针"升级为"城镇化战略",城市群建设得到高度重视,集经济与社会多种功能于一身的津京冀、长三角一体化以及粤港澳大湾区等国

---

① 在发展类型和动力上有城市群结构带动型、中心城市带动型、交通节点拉动型、市场带动型、工业主导型、外资推动型和现代农业发展型等。张鸿雁等:《城市化理论重构与城市化战略研究》,经济科学出版社2012年版,第186—192页。

② 魏后凯、李玏、年猛:《"十四五"时期中国城镇化战略与政策》,《中共中央党校（国家行政学院）学报》2020年第4期。

③ 李克强:《推进城镇化需要深入研究的重大问题》,《行政管理改革》2012年第11期。

家战略的实施，证明一体化式协同发展的时代业已来临。从政治动员到市场驱动，再到多方协力，实际上呈现出一幅由政治逻辑主导向市场逻辑主轴，再向社会逻辑主体的嬗变图景。尽管这一勾勒是粗线条的，且并未根本改变城镇化发展的"国家叙事"，但是它越来越多地考虑到市场机制对资源配置的决定性作用，越来越充分地纳入了社会参与的意愿和偏好，这原本就是对价值规律、社会自主性的有序接纳和逐步尊重，进而呈现出城镇化的社会建设性和发展友善度。由此可见，复杂现代性背景下的"城市性"正大规模地置换"乡村性"而成为国家治理的新主题，"城市中国"来临所造就的多重挑战与重大机遇为国家治理设置了新使命。

三 城镇化70余年与国家治理现代化的双重维度

国家治理现代化的问题，本质上是一个现代国家建构的问题，核心是寻求国家的有效治理，实现国家富强和民生幸福。在社会实践"结构性巨变"的时代[1]，以战略方式进入治理场域的城镇化，在实践基础、发展逻辑及其塑构作用等方面对国家治理产生了深刻影响。在城市性生成与演进中，作为现代化主要依托和内在构成的城镇化，对国家治理转型有着促进现代性国家治理模式的结构选择和整合性国家治理能力的功能提升的双重价值。[2]

（一）城镇化与国家治理体系的现代化

国家治理囊括自身治理、政府治理和社会治理的丰富内容。作为政治现代化的重要组成部分，国家治理包括治理体系与治理能力两个层面。治理体系是国家运行的制度载体和机制保障，其现代化广泛涉及党的领导体系领下的政府治理、市场治理和社会治理三个重要次级体系；能力层面，是指运用国家制度管理社会各方面事务的能力，诸如改革发展稳定、内政外交国防、治党治国治军等各个方面的能力。国家治理现代化的要义，就是要通过治理结构与功能的持续优化、循序解决国家治理有效性与合法性动态兼容，形成人民之治。

其一，城镇化的利益链。城镇化是一个复杂的利益博弈过程。城镇化70多年的历程中，实际上呈现出国家利益、市场利益和社会利益的阶段性侧重调整。改革开放前的城镇化，从根本上讲属于"高积累、低消费"，资源集聚服从和服务于城市工业和重工业的状况。在此阶段，国人以较低的生活和福利保障水准支撑起相对完善的国家工业体系建构任务，影响深远。进入改革年代，无论是有计划的商品经济

---

[1] Michaels, G., Rauch, F. & Redding, S. J., "Urbanization And Structural Transformation", *Quarterly Journal of Economics*, No. 2, 2012, pp. 535-586.

[2] 黄建洪：《复杂现代性视域中的国家治理模式转型——基于中国城镇化战略的分析》，《社会科学》2014年第6期。

中国城镇化七十年与国家治理现代化

阶段,还是明确社会主义市场经济建设取向的时期,市场逻辑从方方面面改变着人们进城的行为选择与利益衡量,当然,这一切都是在经济改革发展"从农村包围城市"的路径展开过程中逐步实现的。进入21世纪,通过合理成本分担与成果共享的方式实现新一轮的快速发展,成为"以人为本"城镇化的关键。正因为如此,对处于不断演化期中利益较明显的非均衡资源配比,尤其是对地方治理中以土地依赖为中心的粗放发展进行深度改造,便成为重中之重。[1]

其二,城镇化的转型域。新型城镇化是一个系统工程,意味着一系列复杂的多域转型。一方面,它既是技术—经济型的城镇化,核心要解决城市作为发展引擎的作用问题[2];另一方面,它又是社会—政治型的城镇化,现代城市"是人们积极的集聚行动发生的场所"[3],需要将物理空间权利化重构,鼓励开放互动与能动参与。一方面,它是文化—生存型的城镇化,以组织化为导向为生产提供物质手段的同时,城市作为允许和鼓励个性与创造性的社会结构赋予人们以想象力[4];另一方面,还要建设生态—环境型的城镇化,让居民"看得见山、望得见水、记得住乡愁"[5]。这种"时空压缩"下任务的多重性,是由中国复杂的城市性使然。在城镇化进程中,历时性的建设题域逐渐演变为共时性的发展议程,全面嵌入国家追赶型现代化的建设事业之中。

其三,城镇化的风险度。在带来便利、促进创新和繁荣的同时,城市风险与日俱增。城市是贝克所言"风险社会"的集中载体或者说"风险集散器"[6]。这些风险包括以各种"城市病"而表现出来的过载风险、城乡矛盾内化于城市的固化风险、乡村社会快速解体而城市接纳力不足所导致的散溢风险、以区域立体扩散为特征的漂移风险,以及因价值重建过程受阻而出现的认同风险,等等。这表明,以创造性破坏方式铺陈开来的城镇化,在效率、秩序与公平等价值达成平衡的过程中,风险无处不在。

总起来看,城镇化70余年对于国家治理结构的影响主要体现在以下四方面。

---

[1] 余江、叶林:《中国新型城镇化发展水平的综合评价》,《武汉大学学报》(哲学社会科学版)2018年第3期。
[2] 中国金融40人论坛课题组:《加快推进新型城镇化:对若干重大体制改革问题的认识与政策建议》,《中国社会科学》2013年第7期。
[3] [美]斯皮罗·科斯托夫:《城市的形成:历史进程的城市模式和城市意义》,中国建筑工业出版社2005年版,第1—3页。
[4] [美]刘易斯·芒福德:《城市发展史》,中国建筑工业出版社2013年版,第584页。
[5] 陈明星、叶超、陆大道等:《中国特色新型城镇化理论内涵的认知与建构》,《地理学报》2019年第4期。
[6] [英]约翰·里德:《城市》,清华大学出版社2010年版。

一是执政党治理尺度的持续调整。中国共产党为历史所选择，是国家治理结构中的法定政治领导和组织化权威。这既是认知国家现代化发展的关键，更是理解城镇化成为嵌入和促进国家治理结构优化的钥匙。随着城乡人口对比以及产业结构出现一系列深刻变化，城镇化不仅改变着自身的空间结构和地理版图，也对执政党在国家治理中的角色扮演和尺度调整起到了重要作用。这可以从新中国成立初年的"党政一体"到80年代的"党政分开"，再到90年代的"党政分工"，及至党的十九大上所确立的以党统摄即"党领导一切"中[1]，窥得一斑。尽管难以尽数将这种转变都归属于城镇化的直接作用，但是可以确定的是城镇化所造就的经济基础和社会结构之重大变迁——"城市中国"，对执政党治国理政的角色扮演和方式选择产生了极为深刻的影响。

二是国家与社会关系出现重大调整。从总体性社会、相对分化和成长的市民社会，到一个快速流动和信息化的"异质性社会"，是城镇化70多年间社会面貌的基本"画像"。这种流变，既是权力逻辑的结果，更是资本逻辑和社会逻辑的结果。及至网络社会的兴起、城镇化深入推进的今天，国家与社会之间的交互边界出现重大变化，进而导致国家与社会之间的交往方式也不断出现新的调适与调整。最为典型的是，无论是在城市还是乡村，在社区化、集中化生产和生活的发展态势下，网格化社会治理成为新趋势。这种以技术渗透为特征（技术赋能）的信息集成和组织资源集中，形成社会结构持续变化情势下的社会治理新模式，正在依托互联网、大数据等信息技术手段对社会进行解码与编码，从而改变着国家与社会之间的层级关系和交互机制，影响极为深远。

三是中央与地方关系的调整变化。单一制大国治理的核心问题之一便是中央地方关系问题。无论是从管理层级还是管理幅度出发，抑或是从管理容量还是管理方式方法而论，经年的城镇化所促成的城市、乡村、城乡之间，都因为作为国家生产权威性资源的"权力集装器"（power containers）[2]的城市，其体量——无论是经济体量还是人口体量、空间体量——的巨大变化，而持续改变着中央与地方之间的关系，央地关系的解构与重构同时发生着，一种更为协作式、伙伴式的"财政联邦主义"和事权与责任归集模式正面临不断的博弈运作，成为地方具有一定自主性制度空间态势下的"新竞合关系"，进而演化成推动地方经济社会获得快速发展的持续动力。

四是政府与市场关系的持续调整。当计划配置方式在完成其资源配置、促进迅

---

[1] 在治理实践中，中国独特的党政结构兼具的治理"弹性"和功能机制的复合性，成为国家治理优效的产生缘由。参见王浦劬、汤彬《当代中国治理的党政结构与功能机制分析》，《中国社会科学》2019年第9期。

[2] ［英］吉登斯：《民族——国家与暴力》，生活、读书、新知三联书店1998年版，第47页。

速实现经济现代化的功效之后，市场对于配置资源的基础性作用、决定性作用逐渐被接纳到意识形态之中，并成为伴随改革进程及国家建构的主导性发展驱动力量。长期的城镇化过程既见证了计划的威力，又遭遇了计划的乏力；既迎来了市场的发力，又得时刻警惕面临大量市场外部性时候的无力；既接续了社会参与治理的力量，又不得不面对参与的低效。可以认为，政府持续调适其与市场之间关系的努力，构成了城镇化的政策定位、资源供给、治理工具乃至绩效评价不断优化的基础动力。

(二) 城镇化与国家治理能力的现代化

城市是融合生态、经济和文化三种基本过程的综合产物，城市（镇）化便是形成这种有机体的"一种心理物理过程"①。城镇化的发展，既是国家意志的表达，更是一场持续接力的社会公共选择。历史证明，成功的城镇化既是市场调节、自然发展的过程，又是政府调控、规划引导的结果。在此过程中，城镇化的实践发展深切关系到国家治理能力的建构。

其一，从动力机制看，在城镇化发展的演进中，其动力经历了一系列复杂的转换。改革开放前的城镇化，面对国家秩序建构与工业化发展这一"国家可治理性"的强烈需求，追赶型、非均衡的国家现代化战略通过"五年计划"的方式实现国家治理资源的汲取，以权力驱动的城镇化模式满足了发展经济、社会稳定的国家能力建设需要。进入改革开放年代，以家庭联产承包责任制、乡镇企业发展和城市国有企业改革，以及全方位、多层次、宽领域的开放经济发展成为推进城镇化的基本动力。以日渐强化的市场机制配置资源促进了以城市为中心的经济社会发展，尤其通过分税制等一系列改革强化了国家的资源汲取和社会再分配能力。进入 21 世纪以来，通过高端规划、土地增减挂钩、完善落户及社会保障等加速市民化举措，提高城镇化"人本"内涵和发展质量。在此过程中，国家的社会整合和利益平衡等能力得到一定程度提升，这为抑制"土地财政"等"病灶"和化解城乡二元矛盾内化于城镇的风险创造了条件。

其二，以推进模式论，持续 70 余年且规模、能级在不断提高的城镇化，为国家治理现代化提出了新的结构预期与功能期待。表现为，一则，城镇化以持续塑造未来支配性的城市社会结构而为政府职能转变设定依据。把乡村社会大规模整体性地转换成为城市社会，造成对中央与地方关系、城乡空间布局、资源配给以及实践模式的多重影响。二则，城镇化通过撬动复杂的利益再分配而为改革再出发创造契机。城镇化的基础作用在于通过产业的集聚引发人口的集中和生活的结构化演进、增强

---

① [美] R.E. 帕克等：《城市社会学——芝加哥学派城市研究》，商务印书馆 2012 年版，第 5 页。

城市性①，这本身便是一场复杂的权益再调整。三则，城镇化通过探索多元的推进模式而优化治理工具的选择。将市场化工具、工商化工具以及一定范围的社会化工具进行优化组合，有助于国家治理能力的持续强化。

其三，从空间结构讲，城镇化以导向新的空间格局而促进社会发展的公平正义。要循序化解以往将"权力经济等同于权利经济"的固化态势，实现权利再造，就需要将新型城镇化创设为一项系统的"空间正义"进程。一是凸显物理载体空间的共同体属性，即面向生活的便利性、生产的集中性与管理的组织化，创造符合现代城市生产方式、生活方式和交往方式所需要的城市空间载体。二是强化社会权益空间的权益属性。城镇化过程中人口规模扩大与地域面积扩张是"表"，各种权利与利益关系的重新集结、分化与调整为"里"。这种表里的因应关系调整实则是"权利再造"的进步历程，恰恰构成国家治理的内核。的确，城市权利"和客观需要联系在一起，而城市当以满足需要而建立起来"②。从确保市民城市权利尤其是知情权、参与权、表达权和监督权有效履行入手，发展普惠性、一体化的社会保障和公共服务。三是发展心理感知空间的体验属性。这就需要培育和发展基于参与度的效能感、公平感与认同感。"事实上，不论哪一种经济状况，都不足以造就城市，只有城市人民的心态可以造就城市。"③良好的城市心理感知空间，可以涵养城市、发展文明。

概括起来，城镇化进程对国家治理能力现代化的建构作用如下。

一是强化国家治理的资源汲取能力。政治即是资源的权威性分配。④城镇化进程中，涉及人口、土地、资金等各种基础要素以及围绕城市规划、建设、管理和运行的各个环节，都离不开国家政府的有效作用。在后发现代化国家之中，始终面临一个极其重要的问题，即如何解决资源的有限性问题。在特定的发展阶段，与资源有限性紧密相关的是资源汲取、资源配置和资源使用的有效性，此外还有一个资源过程和结果的公正性问题。现代国家需要治理资源汲取能力的强化与优化，即需要逐步跳出显著非均衡资源分配模式的窠臼，发展出国家与社会之间资源交换的动态均衡性。与此同时，在城市发展后的内部治理上，也还存在着治理管控与社会自主性之间的持续张力⑤。作为多向和多项回应，"以人为本"的城镇化从战略价值设置和实践强调等方面开启了国家治理进步和政府能力强化之路。

---

① [美] 贝利：《比较城市化》，商务印书馆2012年版。
② [美] 唐·米切尔：《城市权：社会正义和为公共空间而战斗》，苏州大学出版社2018年版。
③ [英] 菲立普·费尔南多-阿梅斯托：《文明的力量：人与自然的创意》，新世纪出版社2013年版，第21页。
④ [美] 戴维·伊斯顿：《政治生活的系统分析》，华夏出版社1989年版。
⑤ [美] 曼纽尔·卡斯特：《21世纪的都市社会学》，《国外城市规划》2006年第5期。

二是优化国家治理的社会整合能力。从根本上讲,城镇化的发展其实质在于塑造一个"开放的、能够不断发展的秩序"①。现代性国家治理,究其本质就是要有效解决"谁得到什么,何时和如何得到"②的秩序问题。这意味着,国家治理需要面对持续的结构分化,并能管控好这种分化所带来的制度冲击和治理困境。城镇化70余年中,中国正经历着从农业国向工业国、从计划经济向市场经济、从封闭社会向开放社会的全方位转型,经济基础、社会结构与文化意识之间出现了部分的错位甚至局部断裂。面对不断涌现的新阶层、新力量,如何给予社会各阶层以制度化的接纳和整合,对国家治理体系是重大挑战。从实践看,城镇化进程带来大规模利益分化和再配置,这就需要展开制度化和公平性的国家利益整合,这既是其获取源源不断治理能量的内在需要,又是其有效化解治理风险的基本手段。基于需求—回应的视角,国家治理的利益整合就需要着力解决权力过程的开放性、市场竞争的公平性以及社会保障的普惠性,形成"善治"。

三是厚植国家治理的利益平衡能力。马克思认为:"人们奋斗所争取的一切,都同他们的利益有关。"③ 城镇化过程,是一个社会利益结构持续分化的进程,在此过程中如何相对均衡支付成本并公正得到利益回馈是极其复杂的问题。在此阶段,最容易陷入治理结构失衡与治理利益失衡,形成利益固化、两极化,进而危及社会稳定。为此,国家治理中需要对城乡之间、区域之间、群体之间等存在的过大差距进行调节,对发展中存在的问题进行矫正。社会平衡能力意味着,将社会利益分化及其效应控制在合理范围之内,确保既能够保障效率,又能够兜住底线公平,形成有公平的效率与有效率的公平之间的动态均衡。与此同时,特别需要注意的是,社会平衡能力还意味着社会的分层机制有效运行,社会上升通道通畅,社会既有活力又有秩序,既有共识传统的坚守,更有创新发展的前行。

四 城镇化 70 余年与现代国家认同的建构

作为发展中一个最重要的中间变量,城镇化通过历时性题域共时性题解的方式镕铸了国家治理及其现代性。城镇化开启了系统消除经济社会结构的对立性之路,对于缓释和消解无论在城乡之间、区域之间,抑或是阶层之间的区隔和落差,都有着积极的助推作用。作为"历史变迁的工具"④ 的城镇化,嵌入国家治理中,累积了促进国家治理结构的理性选择、强化国家治理能力的持续建设和带来开放性国家认同三种极

---

① [美] 凯文·林奇:《城市意象》,华夏出版社 2013 年版,第 4 页。
② [美] 拉斯韦尔:《政治学:谁得到什么、何时和如何得到?》,商务印书馆 2000 年版,第 1 页。
③ 《马克思恩格斯全集》第 1 卷,人民出版社 1956 年版,第 82 页。
④ Richard Sennett, *Class Essays on the Culture of Cities*, New York: Meredith Corporation, 1969.

为重大的国家成长效应。(见图1)有关城镇化进程在凝集共识与激发创造、优化向心力生产和再生产的国家认同建构功能方面,却未能得到足够的学理关注。

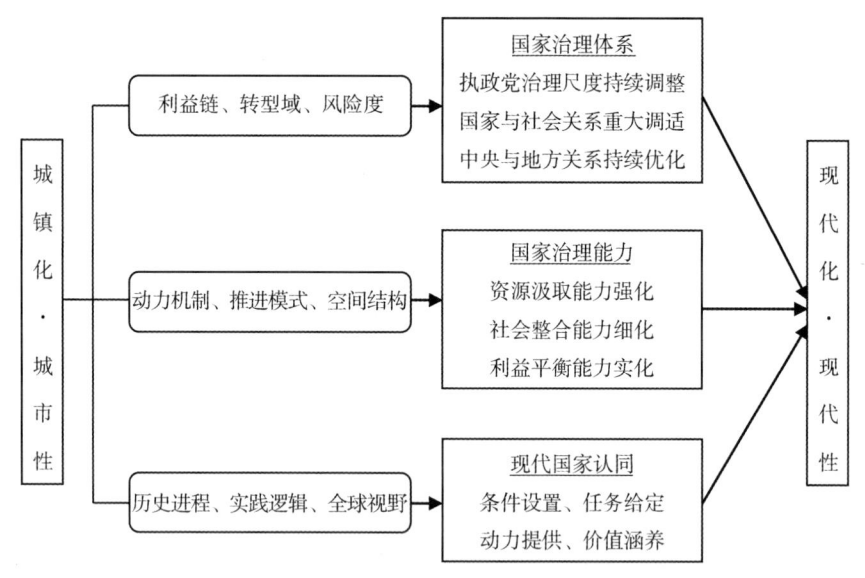

图1　城镇化如何影响国家治理的发生机制及其过程

(一) 生活时代的国家认同

生活政治时代的国家认同,表达了认同政治的内在需要。既有的研究,诸如政治—法律路径强调以民主为基础的国家认同[1],文化—心理路径主张以民族文化认同作为支点巩固政治认同[2]或将其作为群体认同与国家认同的中介形式[3],以及社会功能—结构路径则倡导消解个人层面的本体性焦虑,使其回归本体性安全及实现国家层面的向心力再生产[4],富有启发。我们认为,现代国家认同是公民对人民主权治权化实现的方法性、过程性与结果性认同。它既包括公民对于围绕自身权利义务设置的公民资格认同,又指称国家以组织形态保障发展这种资格所提供价值资源、组织构架和实践行为的能力认同,更涉及以公民反思性的归属感、信赖值与忠诚度表现出来的"心理—行为"认同。国家认同是公民身份与现代国家之间的双向互塑机制,是"人民同意"对国家治理的合法性与有效性的体认结构,也是"公民国家"为公民提供本体性安全与实现社会整合的国家实践能力。[5]

---

[1] 林尚立:《现代国家认同建构的政治逻辑》,《中国社会科学》2013年第8期。
[2] 詹小美、王仕民:《文化认同视域下的政治认同》,《中国社会科学》2013年第9期。
[3] 韩震:《论国家认同、民族认同及文化认同》,《北京师范大学学报》2010年第1期。
[4] 金太军、姚虎:《国家认同:全球化视野下的结构性分析》,《中国社会科学》2014年第6期。
[5] 黄建洪:《中国城镇化与现代国家认同的三维建构》,《天津社会科学》2016年第4期。

（二）城镇化进程中的国家认同

城市既是提供解决共同生活问题的物质手段，又是形成文化承续的象征符号。[①] 不仅如此，"城市是文明的顶峰，是公民权的诞生地，是光明之地"[②]。城镇化70多年的实践进程，构成"国家故事"的细部，它所带来的结构性变化成为民众认识国家、建构国家形象乃至发展国家想象的实现基础。新中国国家认同的形成与再生产，倚重于城镇化70余年进程中民众在权益享有、发展与保障基础上的主体性体验与自主性选择，这成为国家进步不可或缺的观念基础、心理条件与隐形结构。

从历史进程看，城镇化70多年的探索清晰地反映出国家对于保障民众权益以及国家自身建设的发展逻辑，其不同发展阶段对国家认同的塑造有着不同的作用。纵向而论，三个阶段的城镇化分别经历了从国家秩序、发展至上到以人为本的理念演进，即国家价值偏好从"物化"到"人本"的重大转变。以人为本的价值规引着现代国家建构，不断塑造着"人民国家"的国家认同。与此相适应，国家的战略布局逐步由非均衡的现代化渐次转向均衡性和一体化的发展，这突出地体现在对新型城镇化在"新四化"深度融合中作用的强调和基于城乡格局调整的"乡村振兴"战略的协同实施上。这一重大转变，在具体推进中则表现为城市形态由"秩序城市""经济城市"逐渐向"权利城市"的转型[③]。城镇化的70多年，通过理念取向、战略布局、实践模式、动力机制与实践绩效等方面的持续改进优化而改变了中国，并为新的国家认同提供了实践基础。

从实践逻辑论，城镇化70余年的发展带来了复杂现代性和独特的城市性，对国家现代化治理中人民权益实现的感知与体认产生深刻影响。秩序可控与实践可操作性的考虑与改革前对城市"生产性功能"的新设置相匹配，成为国家设置公民角色的现实依据。城乡分治格局下"义务本位"的强调与运动性治理方式的融合，塑造了市民与村民之间悬殊化的身份认同和国家感知。及至改革开放后，经济绩效侧重的城镇化通过利益诱导的方式释放了社会活力、激活改革动力，给国家与公民之间的关系调整带来新的契机。快速城镇化与发展型国家相伴而生，社会观念的多元化与公共生活的平民化使得在利益主导秩序的阶段中，基于法定权益的身份建构和国家认同成为主流。进入21世纪，新型城镇化的发展表征着国家治理进入新的阶段。城市扩张使得"陌生人世界"逐渐成型，人本化城镇化取向下的公平价值、社会效益和生态效益得到高度强调，国家认同感转而聚焦于社会权益的均衡实现，国家职

[①] ［美］刘易斯·芒福德：《城市文化》，中国建筑工业出版社2009年版。
[②] ［英］多琳·马西、约翰·艾伦等：《城市世界》，华中科技大学出版社2016年版。
[③] 陈忠：《城市权利：全球视野与中国问题》，《中国社会科学》2014年第1期。

能重心朝着权利本位方向调整转变。

从全球化视野看，城镇化70余年的发展通过改变"国家"这一全球行为体的角色扮演和作用边界，而对国家认同产生新的界定。全球化超越国家疆域带来全球主体性交互，其中一体化与分散化、单一化与多样化、国际化与本土化等一系列对冲趋势[1]，挑战着民族国家治理的有效性与合法性。一则，国家认同需要新的国家战略实践来型构。至关重要的是增量地让资本逻辑与权力逻辑的运行更多地尊重和接洽权利的逻辑，是通过人本化城镇化以发展新型国家认同的中心环节。二则，国家认同需要新的国家建设动力来支撑。新的国家认同需要新的国家战略实践、新的资源配置方式和动力驱动机制来培育和引导，以此来塑造公民的国家认同。三则，国家认同需要新的国家治理体系来达成，即遵循国情的治理结构开放性与整合度提高、法治化与制度化治理能力提升以及权益之治的治理绩效提质。四则，国家认同需要新型的国家治理来管控风险。城镇化进程中的风险既来自内部也来自全球，既有传统型更有非传统型，这就要求国家在价值重建、体系重构与能力重塑方面有所作为，成为有效国家。

城镇化从方针转变成为战略，赋予实现国家治理现代化的认同价值和塑造功能。城镇化进程构筑了国家认同建构的城市性基础，依据于此，国家认同建构范式出现"权利导引权力""社会规范国家"这一从"国家首肯"到"社会体认"的社会化转向。围绕"价值—结构—秩序"中轴展开，国家认同在确保民众权益、国家工具主义的公民国家观，以权力法治化为核心的治理结构观，以及建设性、动态均衡的开放秩序观等方面持续演进。这样的国家认同建构与城镇化进程中的一系列变化紧密相关。首先，以人的主体性价值的社会实现为思维起点，难点在于突破单纯行政支配或资本逻辑，联通宏观与微观展开权益性城镇化建构。其次，在城镇化进程中重视权力配置、运行、监督的动态匹配和协调，政府角色、职能、工具、绩效的一体化设计和制度化建设渐趋深入。再次，通过公共参与渠道的拓展与参与机制的有效运转，提升决策的民主化、法制化和科学化水平，让参与的在场感、体验感转变成为国家认同的归属感与效能感。最后，建构国家与公民之间平等化的双向信任结构，以获取持续增强的或保持较高的社会忠诚度和信任度，确保了人民主权在治权的社会性转化中得到法治化的保障和制度化的规范。

（三）中国城市性的未来与国家认同的发展趋势

理解城镇化导致的城市性及其对国家认同影响，还需对如下相关题域做进一步探讨。

---

[1] 俞可平：《全球化主题书系总序》，载赫尔德等主编《治理全球化》，社会科学文献出版社2004年版。

中国城镇化七十年与国家治理现代化

第一,未来城市性将为国家认同的变迁设置条件。城市性是一种因变量,会随着城镇化深化而引发的城市社会结构的变化而变化。但是在超大规模且浸润数千年传统的社会之中,城市性与乡村性是一种非线性的复杂互嵌关系,二者互斥、互塑,既断裂、交错,又叠加、融合。因此,在中国城市性的演进过程中,就不存在一个"毕其功于一役"的城市性替代乡村性的套用模板或普遍公式。未来的国家认同,就势必建立在日渐强化的城市性对乡村性的部分替代、内涵改造和机制塑造基础上的结构性调适过程之中,国家认同的认知方式与问题聚焦也就转变为因二者关系变迁所引发的比例调适、结构匹配、机制衔接和彼此涵养等相关的"现代国家"问题。

第二,未来城市性为国家认同供给焦点任务。持续推进的城镇化进程中,面向国家治理现代化的权利保障和发展体系的进一步优化,至关重要。走出单向"工具主义"立场和"被动城镇化"模式所潜隐的权利主体性价值受抑制状况,就需要用"权利"为国家与社会、政府与市场、政府与公民关系的调适设阈。城镇化引发了国家政府与社会民众之间的交往界面的重大变化,也势必因应引发上述诸关系之间交互方式的深刻调整。作为对富有中国特性的"地方性知识"之认知模式和心理机制、文化体验的具体反映,国家认同显然应扎根于对未来城镇化进程中诸如公平与效率所指涉的权利发展[1]等基础问题的循序解决之中。而涉及"权利国家"论域,许多问题仍然任重而道远。

第三,未来城市性为国家认同提供动力。城市性的获得、展开和升级,不仅为国家认同的场景构置和焦点设置创造条件,更为国家认同的厚植和实化提供动力。城市即权利。然而,建设改造自己和自己城市的自由是公民最宝贵的权利之一,也是迄今为止最易于忽视或难以达成的一项权利。[2] 城市社会作为"权利社会",在聚集人口这一城市关键要素的同时,更为重要的是供给了主体性参与的政治能量。现代社会是一个基于认同的社会,作为政治价值实现的政治参与是公共政策周期的重要构造因素。在持续经年的城镇化进程中,公众"公共"参与的范围与程度,同时也直接影响到基于"出场""在场"质量的心理效应及其认知评价,从而完成国家治理过程中自我政治效能感、政治归属感和政治安全感的形塑。因此,异质性城市社会中自我认同强化的需要,构成面向国家成长的公共认同的基础动力。在推进国家现代化的过程中,包含参与维度的"双向运动"[3]与倚重权力创制的"引导程序"[4],对于理性的国家认同须臾不可或缺。

---

[1] 罗知:《兼顾效率与公平的城镇化:理论模型与中国实证》,《经济研究》2018年第7期。
[2] [美]戴维·哈勒:《叛逆的城市:从城市权利到城市革命》,商务印书馆2016年版。
[3] [匈]卡尔·波兰尼:《巨变:当代政治与经济的起源》,社会科学文献出版社2013年版。
[4] [英]保罗·F.怀特利:《社会资本的起源》,载李惠斌、杨雪冬主编《社会资本与社会发展》,社会科学文献出版社2000年版。

第四，未来城市性为国家认同濡化制度价值。"城市是一个重要的文明传播者。"① 现代城市性的形成及其扩展，有助于形成城市文明，有助于涵养人文价值和发展全社会的创新意识。而这些与城市权利大体对应的政治文化或公民文化，在现代化的社会结构成型和巩固过程中，恰恰成为政治民主和社会文明运行的黏合剂和润滑剂。如果说国家的基本治理结构是国家的"骨架"，那么基于城市性的"陌生人"政治文化、规则信任和社会资本，便成为国家治理的"血液"，赋予国家得以运转的灵魂，从而使国家"可治理性"成为现实。因此，以现代性为底色的城市性，将会嵌入中国党政结构体系之中，通过持续促进国家治理制度的韧性和治理质量，把国家制度优势转变为治理效能，从而服务于人民对美好生活的需要。

第五，未来城市性最终将国家认同转变为人民认同。无论是社会持续分化条件下的人民民主，还是共和国治理，社会主义根本制度的充分实现意味着国家治理即人民治理；无论是社会不断信息化、全球化趋势下治理的"制度赋权"，还是"技术赋能"，未来城市性的根本价值意蕴就是人民性。"城市即人民。"② "史诗般"的中国城镇化，不仅是国家治理现代化的"强盛之路"，更是实现人民之治、泽及民生的"福祉之路"。以其所持续时间之长、范围之广、涉及人口之多以及其累计进步效应之深远而论，中国的城镇化不仅是中国的，更是世界的、人类的。城市性展演开来的国家认同，终极意义就是人民对置身其中的生产方式、生活方式和交往方式的认同，本质上就是人民认同。

未来的近30年，即至2049年新中国成立一百周年之际，中国城镇化率或将达至75%以上，届时无论是城乡人口结构，还是土地结构，抑或是空间结构，均会逐渐稳定下来，完成城镇化。以质量为向导、以人本为中心将是未来城镇化发展的主题。毫无疑问，在"以中国式现代化全面推进中华民族伟大复兴"的新征程上③，中国式城镇化新道路为未来中国的城市性注入了活力，也为在不断回应城镇化实践中所遭遇的困境与问题而革新或优化出来的治理策略创造了经验条件和实践基础，成为改进国家治理体系和治理能力现代化、提升现代国家认同的战略性变量。

---

① ［美］爱德华·格莱泽：《城市的胜利》，上海社会科学院出版社2012年版。
② ［美］亨利·丘吉尔：《城市即人民》，华中科技大学出版社2017年版，"前言"。
③ 习近平：《高举中国特色社会主义伟大旗帜 为全面建设社会主义现代化国家而团结奋斗——在中国共产党第二十次全国代表大会上的报告》，人民出版社2022年版，第21页。

党建城市领导力：问题、理论、展望

姜建成*

摘要：当代中国的城市治理体系是一个由城市决策部署、城市建设规划、城市组织机构、城市运行方式、城市质量评估等众多子系统构成的复杂系统，而指挥这个系统的领导核心是中国共产党。加强党建城市领导力研究，就是要从提振党的城市治理时代与战略高度看问题，充分发挥党在城市治理中的领导核心作用，更好统筹协调城市规划、城市建设、城市管理，切实履行党在城市治理中的引领、动员、凝聚、决策、组织、执行、服务、监管各环节、全过程的领导力。提升新时代党建城市领导力的首要任务，就是要强化党对城市治理工作的集中统一领导，转变城市治理方式，完善城市治理体系，提高城市治理能力，激发城市治理活力，揭示城市治理规律，彰显城市治理价值，使新时代中国特色城市发展道路越走越宽广、人民生活越来越美好。

关键词：党建城市领导力；问题；理论；展望

The Problems, Theory, and Prospects of Party Urban Leadership

Jiang Jiancheng

Abstract: The contemporary urban governance system in China is a complex system consisting of many subsystems such as urban decision-making and deployment, urban construction planning, urban organization, urban operation methods, and urban quality assessment, and the leading core commanding this system is the Communist Party of China. To strengthen the Party's urban leadership research is to see the problem from the height of the

---

* 姜建成，苏州大学马克思主义学院教授。

era and strategy of boosting the Party's urban governance, giving full play to the Party's leading core role in urban governance, better coordinating urban planning, urban construction, and urban management, and effectively performing the Party's leadership in urban governance in leading, mobilizing, cohesion, decision-making, organization, execution, service, and supervision in all aspects and the whole process. The primary task of enhancing the Party's urban leadership in the new era is to strengthen the Party's centralized and unified leadership in urban governance, transform urban governance, improve the urban governance system, enhance urban governance capacity, stimulate urban governance vitality, reveal the laws of urban governance, highlight the value of urban governance so that the road of urban development with Chinese characteristics in the new era gets wider, and people's life gets better.

Keywords: Party Urban Leadership; Problems; Theory; Prospects

作为执政的中国共产党，与新时代中国城市治理和城市发展的一切都息息相关、紧密相连。提高新时代城市治理水平，从根本上说，就是要提高党对中国特色城市治理现代化的领导力。所谓党建城市领导力，就是作为城市领导主体的中国共产党，以习近平总书记关于城市治理的重要论述为引领，坚持以人民为中心的发展思想，切实加强对城市治理的全面领导，自觉解决新时代城市治理领导核心问题的重大责任与处置能力。党建城市领导力立足于坚持党对城市工作的集中统一领导，不仅决定着城市治理的性质和方向，而且体现着城市发展的水平与效果。加强新时代党建城市领导力研究，对于破解当下中国城市治理中存在的党建工作疲软乏力的突出问题、城市治理中面临的各种困境，梳理党建城市领导力的基本理论，明确党建城市领导力作用发挥的思路，提升城市治理体系与治理能力现代化水平有着重要的理论与实践价值。

一 党建城市领导力面临的严峻问题

我国正处在城市化进程快速推进期，需要深刻把握当下城市发展面临的新情况、新变化、新问题。反思我国城市规划、城市运行、城市发展等城市治理短板，必须看到与高速城市化进程相伴而生的城乡二元分割、阶层流动固化、公共卫生安全、能源供应紧张以及交通拥堵、生态恶化、风险积聚、群体冲突、社会焦虑、道德冷漠等各种现实问题，由此滋生并凸显相互纠缠、复合叠加的"现代城市病"，已经成为制约我国城市治理发展的"瓶颈"问题。提升新时代党建城市领导力，最重要

党建城市领导力：问题、理论、展望

的就是要探讨目前党建城市领导力在城市治理中实际存在的缺失缺位情况，破解城市治理中不少党员领导干部认识模糊、职责不清、领导不力等严重问题，深入挖掘城市建设、城市治理中的短板，有效防范城市公共安全、生命健康、管控调度等系统性风险问题，集中解决我国目前城市发展中存在的发展格局不大、发展内核不清、发展战略不彰、发展结构不适、发展方式不优、发展后劲不足等问题，更好把握与揭示我国新时代城市治理发展的特点和规律。

（一）城市发展格局问题

进入新时代以来，我国城乡运行结构、城市治理方式和城市发展形态发生了广泛而深刻的变化，对推进普惠型城市空间权益体系发展格局提出了新的更高要求。但是，伴随着中国城市规模的愈益扩大，暴露出诸多城市发展格局问题。在资本的裹挟下，一些城市不是格局大不大的问题，而是有没有的问题。特别是从传统"乡土中国"向现代"城市中国"转型发展中，资本逻辑对城市空间的强势"殖民"，城市空间开发存在无序、无止境向外扩展，大拆大建大浪费，出现土地财政、开发商左右城建与征地拆迁中的潜规则，尤其是城市发展规划混乱，城市空间过度开发与城市布局不合理，出现了城市建设决策的重大失误。目前一些城市依然停留在传统城市发展格局中打转转，实际存在"城市现实主义"规划理念与城市发展政绩观错位的不良状况，新官不理旧账，换个领导换个思路，任性规划与随意更改规划，急功近利的政绩至上导致了"规划规划，墙上挂挂""政府换届，规划改样"，严重影响了城市发展的科学性、稳定性和可持续性。要提升城市发展格局，就必须改变目前城市治理中多头指挥、决策无序、重复建设、空间挤压、社会撕裂以及城市排他性有余、包容性不足等状况。形成与新时代发展要求相匹配的现代城市发展格局，必须"胸怀国之大者"，将中国城市发展放在"两个大局"的时代变迁中来认识，放在党的治国理政全局工作中来谋划，把抓好城市党建领导力作为城市治理的最突出任务。城市的顶层设计和总体布局必须坚持党的集中统一领导，大力发挥党的政治优势、组织活力、统筹功能、协同力量，坚持规划制定、规划统领、规划约束相统一，彻底遏制现阶段城市发展中存在的无序性、滞后性、盲目性、被动性等问题。

（二）城市发展内核问题

城市治理的核心要义在于推进城市高质量发展，提振城市发展内核。所谓城市发展内核就是坚持人与自然和谐相处，以创造人民美好生活为导向，在城市发展质量、建设品位、治理效能的基础上，让城市文脉融入现代生活，将城市原生且独特的文化进行传承和创新，建设人民满意的家园城市。然而，我国快速城市化发展中由于普遍缺少专业型、科学性、合理化的先期规划，出现了土地城镇化快于人口城镇化、权利空间城镇化滞后于物理空间城镇化，弥漫出城市化内核空洞化问题。由于城市发展内核没有搞清楚，城市发展目标不清晰，有的城市文化的公共性被资本的逐利性取代，不注重城市文化内涵，拆了建、建了拆，热衷于造"假古董"，刮仿造古城风，随意损坏城市文脉与文化生态；有的城市大搞形象工程、地标工程，劳民伤财，不仅欠缺美感和实用性，而且增添了城市发展的风险性；还有的城市竞相攀比，一味简单模仿、乏味单调、千城一面、千篇一律，缺少城市独特文化内涵和个性文脉传承，致使城市建设走向雷同、刻板、固化。只有探寻城市内生动力缺失、外溢风险多发问题的根源，找出城市治理治本之策，回归城市文化的敬畏感、神圣感，才能提升城市发展的内在生命力，重塑城市形象，彰显城市价值。发挥城市党组织在城市上下衔接、左右联动、治理有方、运行有序中的领导作用，以最大限度地凝聚城市建设的巨大能量。

（三）城市发展战略问题

目前，我国不少城市只图眼前的局部利益，没有深度考虑城市发展的人口规模、地理差异、发展约束、生态空间、城乡协同等问题，缺乏长远的城市发展战略，与国家"十四五"规划与2035年中长期远景目标不相适应。在加快城市化发展中，各大城市都在试图打造自己的地标性建筑，大大小小的城市在大庭广众面前炫耀摩登时髦。但大量投资和粗放型建设，造成上百亿元上千亿元的浪费，却没有人承担责任，许多城市花费了很大代价拿来的成片土地，最后竟变成了闲置的资产。一方面是城市烂尾楼、空置房大量存在，另一方面是城市化进程中不断把成本和风险转嫁农村，出现乡村"空心化"、中小城市"空城化"，城乡发展不平衡、不充分，大中小城市发展不协调、不配套，迫切需要增强城市治理能力，推进城市引领乡村与城市持续发展的战略决策。中国特色城市治理需要制定符合城市发展实际的发展战略，推进城市引领乡村短、中、长期治理举措，有步骤分阶段地推进实现我国城市现代化战略目标。

（四）城市发展结构问题

当代中国要更好地解决城市化发展问题，一个突出问题是要解决城市内部与城乡之间的非均衡性发展问题，合理调适城市发展结构，提振城市梯度性、差异性、互补性空间形式，协调推进城市全面、健康、可持续发展。目前城市发展中存在着空间结构失衡、功能紊乱、环境失序、生活失准等诸多突出问题，面临人口、宜居、就业、贫富、安全、生态等问题，城市发展结构性矛盾越来越突出，城市"生命线"越来越脆弱。特别是一些城市基层治理中面对突发公共卫生事件缺乏应有的应对能力，引爆诸多人际关系淡漠、社会无序、混乱、冲突；出现企业倒闭、就业岗位骤减，城市打工者纷纷逃离大城市，城乡居民生活受到很大影响。要打造多元立体空间治理结构，加强城市领导主体建设，打通城乡居民自由流动、向上拓展的运行通道，实现疫情防控、经济发展、安全保障有机统一，更好推进高质量发展所需要的产业结构、社会结构、生态结构，有效防范与科学应对现代城市治理中各种重大隐患与系统风险问题。

（五）城市发展方式问题

城市发展方式直接影响城市化的发展水平与治理效能。目前，一些城市仍采用粗放型管理方式，实行部门管理条块分割，治理体制存在漏洞，城市功能不能得到有效开发。在城市化快速发展中，有些城市交通拥堵、出行不便，一场暴雨突袭就让城市变成汪洋泽国、积水成患；有些城市消费昂贵到离谱的程度，给百姓生活加重了很大负担；有些城市依法治理城市力度不够，城市利益主体支配博弈，管理者处事不公，不给好处不办事、给了好处乱办事，城市治理氛围让人感到压抑与难以适应；一些城市建设盲目追求规模扩张，资源浪费严重，集约程度不高，生态质量差，环境污染问题接踵而至，对生命健康的危害越来越大。此类现代"城市病"的加重与蔓延，已经严重影响了城市形象。迫切需要加强城市党建领导力，创新城市治理的组织形式，进一步夯实城市法治根基，更加注重城市细节管理，推进城市治理从政绩驱动向人民至上的高质量治理方式转变。

（六）城市发展后劲问题

由于城市数量的快速增长，城市流动人口增多，人口高密度集聚，特别是在城市化推进中老城改造、房屋拆迁、物业管理等矛盾众多，"被城市化"引发了突发性公共事件，诱发了系统性社会风险，阻滞了城市的可持续发展。由于城市创新理念不清晰，城市发展前景不明朗，城市体检评估不落实，城市发展依然简单依靠大产业、大项目的老路，必然会导致存量空间不优化、增量空间难安顿问题，城市发展缺少活力、缺乏后劲。为保障人民生命安全和身体健康，需要筑牢制度防线，增强城市治理内生性能力，释放城市发展的活力与潜力，加快补齐城市治理体系的短板和弱项，必须强化党建城市领导力，有效治理城市党建中实际存在的"真空地带"，切实增强城市发展的后劲。

必须充分认识到目前我国城市治理中的困难、风险和各种不确定性、不稳定性、不安全性问题，增强城市治理时代感、危机感和紧迫感，聚焦党建城市领导力的理论研究。习近平总书记指出："检验我们一切工作的成效，最终都要看人民是否真正得到了实惠，人民生活是否真正得到了改善，人民权益是否真正得到了保障。面对人民过上更好生活的新期待，我们不能有丝毫自满和懈怠，必须再接再厉，使发展成果更多更公平惠及全体人民，朝着共同富裕方向稳步前进。"[1] 只有大力提振党建城市领导力，充分发挥党在城市治理中的领导核心作用，才能自觉推进新时代中国特色城市治理发展新的伟大实践，建设更高质量、更有水平的世界一流城市。

二　党建城市领导力的基本理论

当代中国城市发展实践已经证明，哪个地方党建城市领导力强，哪个地方城市治理能力就强，城市管理水平就高；反之，党建城市领导力弱，城市治理能力就弱，城市管理水平就低。要清醒地认识到，目前我国城市协同治理方案形成难、城市治理决策执行难、城市人民生活保障难的主要根源在于党建城市领导力不到位。只有把城市党组织建设好、建设强，才能更好把握现代新城市建设的本质与规律，以问题倒逼城市治理机制创新，为城市治理高质量发展提供坚强的政治、组织和制度保障。要加强党建城市领导力研究，把加强城市党的建设、巩固党的执政基础、提升城市党建领导水平作为贯穿新时代城市治理的一条红线，切实解决城市空间资源"何以配置""怎样配置""谁来配置"的重大问题，积极探索新时代党建领导城市管理、城乡"空间复兴"的科学理论与有效路径。

（一）党建城市领导力的基本内核

党建城市领导力的本质是要正确对待和有效解决"谁是城市主人"的基本问题。坚持以人民为中心的发展，以党建总览城市治理全局、协调城市各方，构建城市治理共同体，形成城市发展的合力。现代城市的核心与本质是人民，科学把握党建城市领导力的基本内核就是要坚持人民至上，凡事以人民为重，重新集聚、形塑、优化新型城市化的过程。"坚持人民至上，就要坚持以人民为中心，坚持发展为了人民、发展依靠人民、发展成果由人民共享，坚定不移走全体人民共同富裕道路，带领人民不断创造美好生活。"[2] 在人们吃饱穿暖、生活条件不断改善的基础上，更应注重人的安全、健康需求，更应注重人的素质的提高、人与社会的全面发展。城市党建工作做得好不好，城市党建领导力强不强，要与人民群众美好生活相联系、相融合。

破解城市治理发展难题的关键在于如何有效增强党建城市领导力。目前，城市治理中大量问题都与城市人口流动性增大、城市居民衣食住行、教育就业、医疗卫生、养老服务等密切相关。有的城市号称做大做强，却让市民没有归属感，缺乏城

---

[1] 《习近平谈治国理政》，外文出版社2014年版，第28页。
[2] 新华社评论员：《全面把握"十个坚持"的历史经验——学习贯彻党的十九届六中全会精神》，新华网，2021年11月16日。

市凝聚力和向心力;有的城市表面上发展迅猛,但人们生活感觉紧张、压抑、冷漠、缺少快乐、安宁、幸福;还有的城市乍一看豪华气派,但没有与百姓的实际生活对接起来,导致百姓不舒心、不顺心、不安心、不放心。这些问题源于城市建设的主导思想出现偏差、发展的核心要义出了问题,实际上是在强力推进城市化进程中把城市发展的核心和灵魂丢掉了。习近平总书记强调指出:"做好城市工作,要顺应城市工作新形势、改革发展新要求、人民群众新期待,坚持以人民为中心的发展思想,坚持人民城市为人民。"①

只有大力提升党建城市领导力,才能真正实现人民城市人民建、人民城市人民管。让群众生活更便捷、更舒适、更安全,这既是对践行党的宗旨的重申,更是对现代城市核心的本真把握。要站在中国城市治理发展的战略高度,既摆脱对西方城市治理模式和理论框架的依附,又超越传统城市治理因缺失城市党建领导力而导致的种种乱象,自觉推进新时代城市治理,进行新的伟大变革。大力推进城市共建共治共享,善于用全面深化改革的办法解决城市发展中的难题,破解规划失误、人口拥挤、交通拥堵、公共资源紧张等城市"顽疾",为各类发展主体创造公平的发展环境,为提高人民群众生活质量服务,让人民群众在城市生活得更方便、更舒心、更美好,使人民群众坚定信念感党恩、听党话、跟党走。

(二) 党建城市领导力的构成要素

正确认识党建城市领导力的构成要素,就是要深化对党建城市领导力与城市治理规律性的认识,处理好城市近期建设与中长期发展的辩证关系,把城市党建和城市治理同研究、同部署、同推进,特别要重视发挥城市党组织在城市治理中的领导核心、组织协调和坚强堡垒作用。以城市党建引领城市治理,以城市治理成效检验城市党建,切实提高党建城市领导力,需要精准把握党建城市领导力的科学内涵、构成要素。在当代中国,党建城市领导力不只是要建立一个没有"城市病"的城市,还要建设一个走在时代前列、让人民满意的更强更美更优的现代化新型城市。

一是党建城市引领力。中国共产党的领导力集中体现在党建城市引领力上。城市党建引领城市治理是具体的而不是抽象的,要强化人民公仆意识,将城市一切为了人民体现在各区域、各系统、条条块块各方面,落实在城市高质量发展的全过程和各项工作之中。城市党建引领就是要打造有方向性、生命力、发展力的城市,按照民主集中制的组织原则,将城市各个层级、各个部门和单位都能团结在党的周围。在城市党组织的统一领导下,凡是群众的事情都与群众多商量,引领各类组织和广大群众在城市治理中共商共建、共治共享,提升城市发展品质,优化城市治理功能。

---

① 《中央城市工作会议举行 习近平、李克强作重要讲话》,《人民日报》2015年12月23日第1版。

二是党建城市学习力。党建城市学习力是在城市治理中保持党的先进性的重要法宝，是提升党领导城市治理工作的重要基础。中国共产党是富于理论学习的党，在推进城市治理中，只有具有超强的自我更新和自觉的学习能力，才能推动党建城市治理走在时代前列。党建城市学习力，就是要把提高学习党的创新理论摆在首位，以学习力的提升引导强化党性锻炼，深刻领会"两个确立"的决定性意义，牢固树立政治意识、大局意识、核心意识和看齐意识，坚定"四个自信"，自觉做到"两个维护"。提升党建城市学习力，需加强城市各级组织、各部门党组织负责人的培训力度，不断提升城市治理的领导能力、科学调研与决策水平。

三是党建城市动员力。城市发展的主体是人民群众，要积极构建"人人有责、人人尽责、人人享有"的社会治理共同体。习近平总书记指出，"无论是城市规划还是城市建设，无论是新城区建设还是老城区改造，都要坚持以人民为中心，聚焦人民群众的需求，合理安排生产、生活、生态空间，走内涵式、集约型、绿色化的高质量发展路子，努力创造宜业、宜居、宜乐、宜游的良好环境，让人民有更多获得感，为人民创造更加幸福的美好生活"①。城市党组织应具有全面动员人力、全方位资源调配、全过程领导城市治理的能力，在推进城市治理的各项工作中统一思想、统一部署、统一行动。党建城市动员力既体现在决策和贯彻的速度上，也体现在全社会各方力量响应的速度与实际的行动上。从城市规划、空间优化到城市运行、服务保障等全面引入公众参与，始终以"赶考"的心态保持城市治理的"临战"状态。依托科学严密的组织体系优势，积极宣传教育、组织发动、依靠服务群众，动员一切可以动员的力量，集中全社会力量做好各项群众身边的事，努力实现城市治理全覆盖。

四是党建城市决策力。党建城市决策力是党解决城市治理问题的关键所在。我国城市数量众多、类型多样，不同城市间的情况千差万别。加强城市党建，搞好城市决策，要充分考虑大、中、小城市以及城市与乡村的特点，关注城市空间权益配置的正当性、市民空间权益表达机制的平等性，把人民对美好生活的追求摆在城市建设和城市治理的第一位。提高党建城市决策力，就是要及时总结城市治理中的经验教训，抓紧补短板、堵漏洞、强弱项，"让信息多跑路，让群众少跑腿"，提高决策的科学化、规范化水平，有效推进城乡各类资源优化配置，让资金、技术、信息、劳动力都能自由流动，更好助力城市创新发展的"强动力""能动力""微动力"。

五是党建城市组织力。党建城市领导力内在地蕴含着强大的党建城市组织力。

---

① 习近平：《深入学习贯彻党的十九届四中全会精神 提高社会主义现代化国际大都市治理能力和水平》，《人民日报》2019年11月4日第1版。

党建城市领导力：问题、理论、展望

我国城市党组织在企业、社区、学校、社会组织中都要建立善为有为的党组织和顺畅的组织系统。一个组织就是一座堡垒，只要党组织一声令下，各个基层组织就能闻令即动，各个组织的政治领导力就会立即转化为强大的社会组织力。推动城市党建创新发展，需要各级党委切实担负起组织领导责任，把城市各领域、各部门、各单位党建紧紧抓在手上，一级抓一级、层层抓落实，把城市治理各种要素、多种元素都有序地组织起来，形成全方位的治理格局和强大合力。城市党组织要统筹兼顾、科学施策，协调各方力量，形成工作合力，引领各类组织、广大群众参与共商、共建、共治、共享城市治理全过程。

六是党建城市服务力。党建城市服务力就是要把维护、实现和发展最广大人民的根本利益置于城市治理的首要位置，努力为提高广大人民群众生活质量提供更多更好的服务。党建城市服务力就是为了使城市生活更美好，自觉推进城市政府部门"放管服"改革，找准服务群众的切入点和着力点，对接群众急难愁盼的实际需求，从"能办"向"好办"不断升级，办好每一件民生实事。城市治理中服务群众的工作呈现多元状态，服务对象、服务需求、服务主体、服务资源也是多元的，需要根据不同对象推进服务供给精细化。只有把城市各部门、各单位、各行业和各领域党组织的力量统筹整合起来，形成组织优势、服务资源优势，推进服务功能最大化、最优化，才能使人民群众对美好生活的向往变成实实在在的现实。

七是党建城市行动力。城市党组织在城市治理中要实现上下贯通、纵横一体，党委总览全局、协调各方，包括协调人大、政府、政协等同级机构以及各民主党派、人民团体、社会组织，提振城市治理行动力水平，不仅要重视城市发展规划的制订，而且要部署城市发展时间表、路线图，将城市发展的目标、政策、举措与实际行动有机统一，为发展城市新产业、形成城市新业态、建设城市新标杆汇聚源源不断的新动能。党建城市行动力强调打通城市治理的各类梗阻，将科学决策、治理效能落到实处。城市党组织要依靠严格的制度和制度的严格执行，发挥党员领导干部和广大党员身体力行、率先垂范的先锋模范作用，增强党群之间、干群之间的情感凝聚力，将城市党组织和广大党员的战斗力、凝聚力转化为党建城市行动力。

八是党建城市监管力。党建城市监管力是维系城市正常运行、提升城市治理的重要保障。强化城市治理主体责任，要坚持人民至上、生命至上，一切服从人民安全、身体健康，组织各方力量共同投入城市监管，并主动、自觉地接受来自人民群众的监督，着力解决党组织自身在城市治理中存在的突出问题。要积极采取大数据、网格化平台治理，及时提供城市治理有效信息，层层联防、级级联控，打通城市服务保障"最后一公里"，有效发挥党建城市监管力，提升城市服务保障体系落细落小落具体。要以钉钉子精神和绣花功夫让党建城市各项决策真正落地，切实维护城市治理公平正义，避免出现"在一片落实声中落空"的现象，及时防范与有效化解各类城市发展风险。

(三) 党建城市领导力的推进特点

城市是社会活的有机体，要敬畏城市、善待城市、关爱城市。党建城市领导力就是要坚持一切从城市发展的实际出发，深入贯彻党中央关于实施城市更新行动的重大决策，对未来中国城市治理现代化有一个清晰的目标追求与发展诉求，强化党对城市治理的集中统一领导，"一届接着一届干"，对城市各种资源进行统筹协调与优化配置，不断"完善党委领导、政府负责、民主协商、社会协同、公众参与、法治保障、科技支撑的社会治理体系"[①]。推进党建城市领导力，要注意把握城市治理整体性、系统性、开放性、创新性、融合性、差异性等特点，建设更具精细化治理能力、更优质的营商环境、更有创意性的城市气质与格调、更具发展韧性、互联互通能力的城市，扎实推进党建城市领导力各要素的高质量运行。

其一，党建城市领导力的形成，要更加注重城市治理的全面统筹。要贯彻落实党在城市治理中把方向、谋大局、定政策、促改革的基本要求，城市的发展规模、建设的各种标准、改革的推进方案、治理的各项指标都要在党的集中领导下谋篇布局，进行顶层设计。要形成党对市、区、街道、社区四级党建网络工作体系和网格长、楼栋长、单元长"三长"社区管理体系、各类运行机制的协调，发挥城市党组织统领作用，全面统筹城市总体规划、土地利用实施规划、产业经济发展规划，在"多规合一"的系统治理、综合治理和源头治理上发挥引领、服务、保障作用，让各个要素在城市、城区、城镇、城村之间自由流动，使城市发展空间结构更加优化，转化为城市发展的强大动力，确保城市建设、经济发展、基本民生运行在合理区间。

其二，党建城市领导力的开发，要更加注重城市治理的系统推进。要从全局出发，在党的统一领导下，充分开发新时代党建城市领导力，切实将城市党建联盟工作融入城市治理各项工作，使城市各领域、各部分、各环节在空间布局上做到职能明确、主次分明、互相衔接。要根据城市发展实际需要和城乡居民的利益诉求，科学考虑城市各类建设用地、园林绿化、城市美化之间的内在联系，在合理安排城市各类居民生活区、工业开发区、商务贸易区、文教活动区等基础上，形成统一协调的城市空间布局与有机发展格局。开发新时代党建城市领导力，要充分发挥党建引

[①] 《中共中央关于坚持和完善中国特色社会主义制度、推进国家治理体系和治理能力现代化若干重大问题的决定》，引自《党的十九届四中全会〈决定〉学习辅导百问》，学习出版社、党建读物出版社2019年版，第22页。

领服务保障作用，推进城市、街道、社区党建、单位党建、行业党建、社会组织党建的互联互动，推动城市治理各个部门、各种力量、多种资源等发展要素的充分整合，将党组织为民服务向基层一线延伸，达到城市治理体系系统集成、协同高效、人民满意的运行效果。

其三，党建城市领导力的打造，要更加注重城市治理开放融合。完善有效运行、充满活力、创新发展的城市治理体系，需要打造党建城市领导力。伴随当代中国时空高度压缩下的现代性，要注重更新城市，以城市治理体制机制改革创新为强大动力，推进城市治理的开放融合，扎实推进党建资源整合统筹、互补共享，消除党建城市治理的"真空地带"，集中力量解决城市治理难题，积极扩大各类园区、商圈市场、互联网业以及商务楼宇等新兴领域党建覆盖，健全基层党组织工作体系，推动城市党建从基层自转走向上下协同用力，从局部推进走向整体运作，从自我封闭走向开放融合，努力创造宜业、宜居、宜乐、宜游的城市环境，真正实现城市治理从简单粗放走向精准发力。

其四，党建城市领导力的落实，要更加注重城市治理的整体效应。新时代的城市治理情况多种多样，既涉及体制内又涉及体制外，既涉及传统领域又涉及新兴领域，需要高效整治、精准施策、同向发力，探索科技助力城市管理，狠抓党建城市领导力的落实。要建强建优城市党建联盟，打造发展共商、资源共享、宣传共鸣、理论联学、活动联办、经验联创的"三共三联"新时代城市党建新格局。要树立城市全周期管理意识，落实战略规划的顶层设计，集中力量推进经济结构转型升级，根本转变城市发展方式，合理安排生产、生活、生态空间，不断更新城市发展的内在逻辑。以城市治理中的难点、"痛点"、堵点为切入口，将化解城市重大风险抓紧抓实抓到位，确保城市治理的整体效应。

三 党建城市领导力打造的未来展望

在新时代中国特色社会主义新发展阶段开启城市现代化新征程，要充分发挥党建城市领导力作用，把握中国城市治理发展的特点与规律，形成现代城市时空结构变化、统一坐标和文脉属性的目标蓝图，把城市治理体系改革创新引向深入，创造中国特色社会主义城市治理新形态。在当代中国，任何离开党建城市领导力来谈论探寻中国和世界未来城市发展走向都是不可取的，也是没有实际意义的。以党建城市领导力引领城市更好发展、更快成长，立足国内和全球视野相统筹，谋划未来城市发展新战略、新方式、新路径，筑牢防范重大风险的整体屏障，需要坚持党对城市建设、城市管理、城市服务工作的全面领导，在科学化、法治化、精细化的轨道上统筹推进城市治理有序、有度、有效,"不断提升城市环境质量、人民生活质量、城市竞争力,建设和谐宜居、富有活力、各具特色的现代化城市,提高新型城镇化水平,走出一条中国特色城市发展道路"①,努力建设与 2035 年基本实现社会主义现代化远景目标相适应的城市发展新格局,创造条件使城乡人民生活更加美好,基本实现城市治理体系和治理能力现代化。

(一) 党建城市领导力的理念展现

把握我国城市发展新的历史方位与城市治理未来走向,需要牢固确立党建城市领导力,以重大问题为导向,抓住城市治理中的关键问题进一步研究思考,创新新时代城市治理的发展共同体理念,汇聚现代化城市建设的强大合力。发展共同体主义是引领城市治理走向未来所追寻的最高存在方式,是人的自由而全面发展在当代中国城市治理中的具体实现方式。城市治理大格局、大情怀、大举措的形成需要在党的集中统一领导下,实现对传统城市治理模式的现代转换与历史超越,有效遏制一味追求城市化空间大规模扩张的势头,打造"留得住的城市"与"回得去的乡村"共存共荣的发展样态,加快形成一条以城市引领乡村、辐射乡村、服务乡村的新城市发展道路,发挥中国特色城市治理的政治优势、组织优势、制度优势,完善城市治理体系与发展目标定位,凸显城市治理中的根本因素——人的因素,共同构建"人人有责、人人尽责、人人享有"的社会治理共同体②。构建城市价值共同体、生命共同体、命运共同体、利益共同体、治理共同体,但最基础、最关键的是要建立城市发展共同体。城市发展共同体是由不同层次、不同类型的共同体构成的共同体,旨在将先前被遮蔽的城市治理问题更加具体化、明朗化、清晰化,意味着创新完善新型城镇化战略,完善以城市群为主体形态、大中小城市和小城镇协调发展的城镇化格局,让全体市民更多更好地参与城市治理、更加贴近城市使生活更美好的真谛。

发展共同体主义秉持发展机会共同拥有、发展能力共同提升、发展环境共同改善、发展方式共同创新、发展价值共同创造、发展成果共同享有的理念,是在新时代的坐标视界内对未来城市治理的深度把握。"发展的最高境界是各个方面的平衡发展,包括内部要素的和谐以及与外部环境的和谐。"③ 在党建城市领导力的作用下,发挥城市建设主体、治理主体的积极作用,切实改变目前实际存在的"行政中心/厂区/住宅区"或"金融中心/商业区/社区"的单向度城市空间结构。要创新我

---

① 《中央城市工作会议举行 习近平、李克强作重要讲话》,《人民日报》2015 年 12 月 23 日第 1 版。
② 习近平:《正确认识和把握中长期经济社会发展重大问题》,《求是》2021 年第 1 期。
③ 丁元竹:《在基层重建中同步规划公共服务与社会管理》,《探索与争鸣》2011 年第 7 期。

党建城市领导力：问题、理论、展望

与城市同成长、共命运、齐发展的大办法、好办法，形成城镇化"流而通""通而畅"的空间发展格局，推进公共性、公益性、公平性、共享性"三公一共"为主导的新城市治理发展战略，统筹做好产业升级、创新驱动、人才集聚、扩大开放、政治昌明、文化繁荣、城乡一体、社会治理、民生改善、环境优化等各项工作，使城市发展真正获得本质意义上的共同性，更好满足最广大人民对城市发展的向往与追求，创造城市使生活更美好、中等收入群体显著扩大、城乡居民共同富裕取得更为明显的实质性进展的中国城市治理成功实践的样本价值与示范效应。

（二）党建城市领导力的功能体现

一流城市要有一流的治理。党建城市领导力不仅要体现在坚持社会主义城市建设方向的顶层设计上，而且要落实在城市发展的实际功能中，成为决定城市发展目标、动力、路径的风向标、动力源、支撑点。强化党建城市领导力，就是要建立"党委领导、政府负责、部门合作、上下联动、公众参与、运行科学、法治保障"[1]的工作机制，实施富有前瞻性、全局性、基础性、针对性的城市治理重大举措，精心做大做强城市发展内核，优化城市发展结构，激活城市发展功能，提升城市高质量发展水平，创造城市治理的中国奇迹。

加强党对城市治理的空间、制度、功能的顶层设计，要突出领导干部这个关键，牢固树立"一张蓝图干到底"的发展思路，探索更科学的城市规划布局，确定"总体规划—分区规划—专项规划—控详规划"的城市空间规划体系，应遵循城市治理系统演进规律，使城市规模更加合理、城市结构更加完善、城市效能更加提升、城市生活更加美好。构建城市功能新形态，梳理分解各级事权，强化对公权力运行的制约和监督，统筹解决城市规划之间、生态控制线与建设用地增长边界之间、城市功能配套之间的矛盾，使城市治理格局更清晰、更合理、更科学，以城市治理的实际效果赢得民心。

（三）党建城市领导力的载体表现

载体创新是未来城市治理的演进形式，是确保党建城市领导力战略定力的实现形态。通过载体创新引导党建城市领导力走深走实，推进城市治理目标优化、自主创新、能级提升、走在前列。从有形的城市治理入手，将党建城市领导力贯穿其中，坚持和完善党领导城市治理的体制机制，组织实施城市空间合理布局，充分考虑城市人口发展、资源承载、环境容量限度，推动城市公共空间与自然生态相融合，形

---

[1]《中共中央关于坚持和完善中国特色社会主义制度、推进国家治理体系和治理能力现代化若干重大问题的决定》，引自《党的十九届四中全会〈决定〉学习辅导百问》，学习出版社、党建读物出版社2019年版，第22页。

成新型城市治理架构与城市发展模式，推动城市服务科学化、法治化、精细化、智能化，进一步发挥党建城市领导力的示范与辐射效应。

一是打造一流指挥中心，形成党建城市领导力头雁效应。坚持"一把手"亲自抓党建城市领导力，提高政治站位、目标定位，发挥"一线指挥部"作用，成为城市发展的主心骨。推行"书记一号工程"，通过强化市、区、街道、社区党组织四级联动，形成一级带一级、一级抓一级的示范效应。各级书记要走上前台抓党建、出主意、解难题，加强城市治理的调查研究，从调研中发现新情况、总结新经验、揭示新规律，在全面协调推动城乡发展各领域、各方面、各环节工作，发挥党建城市领导力头雁效应。建立可量化、可比较、可评判、可借鉴的党建城市领导力考核评价体系，稳步推进街道社区党建、单位党建、行业党建互联互动，形成决策高效、指挥精准、执行有力的城市治理系统，打造宜居城市、韧性城市、智能城市，让城市更聪明、更智慧、更优美。

二是要构建指数评价体系，形成党建城市领导力整体效应。以党建城市领导力评价引领现代城市强市建设，要坚持系统创新观念，构建指数评价体系，形成一系列城市治理、城乡建设新布局和新方略，推进城市治理体系与治理能力现代化。确定党建城市领导力的主要参数与关键变量，开发以城市发展目标定位、党建引领、人才结构、经济实力、城市精神、法治社会、价值品牌、功能开发、风险掌控、人民满意度等为主要内容的城市治理指数评价体系，紧紧依靠各级党组织把城市各方面力量调动起来，整合多方面的优势、资源和条件，有效推进"城市管理—城市治理—城市安全—城市服务"持续升级，构筑机会公平、过程公开、结果公正的治理结构智能系统，打造惠及城乡居民的综合服务感应器，彻底改变城乡稀缺性、优质型公共服务资源分布失衡的状况，增强城乡一体治理、服务城乡居民、增进民生福祉的整体效应。

三是要建设一体化智能平台，形成党建城市领导力集聚效应。大力提升城市治理效能，促进党建城市领导力网上网下信息交流、互学互鉴，坚持城市党建与城市治理同谋划、同部署、同推进，将城市治理目标任务细化分解、协调推进，不断增强城市党组织的政治功能和组织力，为城市改革发展稳定保驾护航。加强党领导城市治理各项事业，建设一体化智能平台，优化城市运营调度，创新城市治理实现形式，坚持重心下沉，领导群团组织、社会组织参与基层治理，扩大新兴领域、基层社区党建有效覆盖，保障城乡居民平等参与、平等发展权利，把各方面的力量和社会资源凝聚起来，不断夯实城市治理的基层基础，大力提升乡居民素质和社会文明程度，增强新老市民对城市的认同感、归属感，形成党建城市领导力集聚效应。

党建城市领导力：问题、理论、展望

四是要打造风险监测化解系统，形成党建城市领导力精细效应。党建城市领导重在精细化治理，要随时随地倾听人民呼声、回应人民期待，实现城市人民生活更加美好，进一步激活基层治理"神经末梢"，打造风险监测化解系统，不断满足城乡居民个性化、多样化需求。一座城市有没有魅力和亲和力，人民群众感受最真切，也最有发言权。让群众满意是我们党做好城市治理一切工作的价值取向和根本标准，来自群众的意见是我们党有效治理城市的一把最好的尺子。建设好管理好一座城市，要着眼于解决群众身边的操心事、烦心事、揪心事，把"菜篮子"、老房子、城市空间安排等工作放到重要位置切实抓好。党建城市领导力集中体现在城市治理坚持以人民为中心的发展思想，把人民至上、为民服务作为首要责任，把让人民群众满意作为考量党建城市领导力的根本，在城市治理的细节上做文章、下功夫。要树立底线思维，建立健全城市管理责任追究制度，提升城市生命线工程应急保障能力，有效防范和应对各种可能影响城市现代化进程的系统性风险，力求把各类城市风险化解在萌芽状态。

（四）党建城市领导力的样本呈现

每一座城市都是生命有机体，要认识、尊重、把握和顺应现代城市发展的客观规律，为全球城市治理和发展提供来自中国的城市示范样本。"中国正在进行人类历史上最大规模的城市化建设和进程推进，城市化的发展格局发生了重大的变化，这是人类发展过程中一项波澜壮阔的系统工程。"[1] 创建一流的城市，要有一流的党建城市领导力，自觉践行"以人民为中心"的城市治理宗旨，有关城市治理中的疑难问题要多向群众请教，推动工作重心下沉、力量下沉、资源下沉，更好满足城乡居民对美好生活的实际需求。随着党建城市领导力的深入实施，我国城市治理将会呈现转型升级、稳步向好、创新发展、制胜未来的发展趋势，也一定能有效推进城市管得住、放得开、治得好的高质量发展。

一是要强化党建城市领导力，实施城市发展总体战略。强化党建城市领导力，要把准城市战略定位，挖掘城市发展潜力，拓展城市发展空间，守住城市战略留白，打造中国城市治理"升级版"。通过发挥城市党建领导力，积极统筹政府、社会、市民等城市主体建设力量，定期发布国家城市承载力评估报告，健全城市管理标准体系，使城市发展更有依据、更加科学。大力实施"城市中国"引领、辐射、提携"乡土中国"的城市发展总体战略，积极推进"中心城市—都市圈—城市群"的区域空间新格局，进一步破除城市发展体制性壁垒、机制性障碍，推动制度创新优势更好地转化为城市治理效能，不断推进城市治理能级升级、收放自如。持续促进农

---

[1] 李瞳：《城市治理将成发展新重心》，《经济日报》2018年6月13日。

业转移人口市民化，提高社会各方参与城市建设、推进城市发展的积极性，着力建设一批自主创新性、标杆辐射型的社会主义现代化强市，助推新型城镇化再迈上新的大台阶。

二是要深化党建城市领导力，打造城市运行新结构。深化党建城市领导力，要坚持城乡一体化发展，深入实施新时代乡村振兴战略，创新城市深度转型与重心位移的运行体制机制，推动城乡要素自由流动、平等交换，加快形成工农互促、城乡互补、全面融合、共同繁荣发展的新型城乡关系。要遵循城市发展规律，加强协调机制建设，提高城市治理整体水平，打造新的城市运行方式，统筹空间、规模、结构，创新城市土地、规划、产业、财税、金融等相关配套政策，完善公共安全治理体制，建立公共安全治理能力评估指标体系。强化条块协同，保持结构张力，理顺运作关系，形成城市治理合力，构建共建、共治、共享的城市治理新格局。使城乡区域发展差距和居民生活水平差距显著缩小，实现社会保障、就业、教育、医疗、住房等基本公共服务均等化，达至城市治理各方共赢的善治状态。

三是要优化党建城市领导力，创建城市文明新形态。优化党建城市领导力，形成城市间相互学习、支持、合作常态化、长效性机制，实现人与人、人与社会、人与自然之间的和谐统一。人民群众中蕴藏着极大的城市治理的智慧和力量，充分认识制度、科技、文化、生态在城市发展中的重要性，统筹改革、科技、文化、生态新动能，协调城市布局的经济需要、生活需要、生态需要、安全需要，要更多更好汇集民意、集中民智、解决民盼。用城市大脑提升交通、文旅、卫健等系统治理格局，发展自主创新、公共服务、社会管理、产业发展、资源配置、建设活力等智慧系统，打造宜居城市、绿色城市、韧性城市、健康城市、家园城市、安全城市，实现城市智慧运行。开展智慧医疗、智慧教育、智能金融、智能社区、智能家庭等智慧服务，提高城市发展更新绩效与可持续性，使城市发展活力更加显著，城乡居民素质和社会文明程度达到新高度。

四是要细化党建城市领导力，完善城市治理新方式。当代中国城市发展正面临空间结构、生产方式、组织形态和运行机制的深刻变革，这是一场具有历史性的划时代意义的深刻革命。要把握新时代城市治理发展趋势，以党建城市领导力为核心，坚持用制度管权管事管人，统筹城市规划、建设、管理、服务、监督、评价各环节，优化整合城市发展所需的知识、科技、教育、信息、人才各要素，完善城市治理内涵式、集约化、可持续的新方式。细化党建城市领导力，要遵循党领导城市治理的理念、效能、规律，推进城市治理方式结构创新、动力创新、机制创新，前瞻布局城市未来空间结构、产业结构、治理结构。提高城市治理工作的战略性、系统性、精准性，重构高质量的城市生产系统、生活系统、生态系统和安全系统，形成可复制、可推广的城市治理实践的新鲜经验，为新时代中国特色城市治理提振核心竞争力、文化软实力、创新影响力，为走在世界城市化前列、提高全球城市治理水平提供更多来自中国的经验、智慧和示范样本。

"政府—市场—社会"三轴驱动：
中国式城镇化动力机制的一个新框架*

张 晨** 熊 涛***

摘要：有别于市场主导的西方城市化发展道路，中国式城镇化发展更有赖于政府、市场、社会三方力量的协同共振，但这一动力机制的形成并非一蹴而就，在中国式城镇化形成的过程中呈现出明显的阶段性特征。本文在充分梳理国内外城镇化相关理论与政策文献的基础上，尝试构建基于"政府—市场—社会"协同治理的中国式城镇化动力机制分析框架，深入剖析中国式城镇化过程中"政府—市场—社会"协同驱动的内在机制。通过三种不同城镇化动力机制的比较分析，探究其运行成效和优劣，为解释中国式城镇化动力机制提供一个更为系统的理论模型。

关键词：中国式城镇化；"政府—市场—社会"；协同治理

Three-axis drive of "government-market-society": a new framework for the driving mechanisms of Chinese urbanization

Zhang Cheng Xiong Tao

Abstract: Unlike the market-led Western urbanization, the development of Chinese urbanization relies more on the synergy of government, market and society. Based on a

---

* 基金项目：国家社科基金项目"基于'政府—市场—社会'三轴驱动的特色小镇发展路径研究"（项目编号：18BGL158）、江苏省高校优势学科建设工程资助项目（项目编号：YX10200213）和江苏高校优秀创新团队建设项目"地方政府与社会治理"（项目编号：NH33710921）的阶段性成果。

** 张晨，苏州大学政治与公共管理学院教授。

*** 熊涛，苏州大学政治与公共管理学院博士研究生。

thorough review of the theoretical and policy literature on urbanization at home and abroad, this paper attempts to construct an analytical framework of the driving mechanism of Chinese urbanization based on the synergistic governance of "government-society-market" and analyze the inner mechanism of the synergistic drive of government-market-society in the process of Chinese urbanization. Through the comparative analysis of three different urbanization driving mechanisms, we explore their operational effectiveness, advantages and disadvantages, and provide a more systematic theoretical model to explain the driving mechanism of Chinese urbanization.

Keywords: Chinese urbanization; "government-market-society"; collaborative governance

引　言

改革开放以来，我国逐步放开了原有对人口流动的控制，城镇化进程日益加快。与西方发达国家不同的是，我国的行政体制深受"官本位"的大政府思维和"政党—国家"体制下全能主义政府的影响，"政府本位"的价值观根深蒂固。40多年来，城镇化建设被这一强大的"路径依赖"制约，政府主导的发展模式在发挥集中力量办大事的优势推动城镇化进程之时，也导致了城镇化中动力机制单一、政府缺位越位的弊病，更是造成了市场和社会主体阙如、城镇化滞后于工业化和市场化的问题，使得土地财政和"增长主义"难以为继。

2022年10月，党的二十大提出："新时代新征程中国共产党的使命任务就是团结带领全国各族人民全面建成社会主义现代化强国、实现第二个百年奋斗目标，以中国式现代化全面推进中华民族伟大复兴。"其中，"全面建成社会主义现代化强国"的经济目标是到2035年，中国"建成现代化经济体系，形成新发展格局，基本实现新型工业化、信息化、城镇化、农业现代化"。作为一种中国式城镇化道路，新型城镇化强调政府、市场、社会三方力量的协同共振。以新型城镇化为代表的中国式城镇化道路要求政府包容不同的治理模式以因地制宜，要求政府明确政府角色定位与职能，要求处理好政府和市场及社会等多种社会核心主体之间的伙伴关系。[①] 这就必然要求在国家立场的基础上，充分融入市场机制的作用和社会力量。这一包容政府、市场和社会的城镇化治理机制，改变着国家的治理结构，改变了国家治理结构的需求。这也是推进实现"四个全面"，实现国家改革发展向纵深迈进的关键

---

① 陈振明：《国家治理转型的逻辑——公共管理前沿探索》，厦门大学出版社2016年版，第45页。

命题和实践。而这一过程中，只有处理好上述政府、市场与社会的三方主体协同治理问题，才能使中国式城镇化获得持续健康发展。

一 理论基础：政府、市场与社会

新型城镇化建设不能单单依靠政府，市场企业、社会公众理应承担相应的责任。政府、市场、社会三者间的互嵌共同构成城镇化建设中协同治理的基石。

国家与社会关系是协同治理的重要理论依据，国家与社会关系强调合理划分"公共"与"私人"领域，在此基础上实现国家与社会的有效互动。秉持自由主义理念的论者们认为国家与市民社会是一种零和博弈关系，国家力量的强大压制了市民社会的发展，市民社会的发展以国家力量的削减为必要条件。从历史上看，关于国家与市民社会关系的自由主义理论架构最初由洛克提出，洛克通过对自然状态的假定以及社会契约论的手段赋予了社会以前国家或政府的生命。他对国家权力充满了怀疑和不信任，认为国家只能维系或完善市民社会，而不能渗透或侵略市民社会，国家之于市民社会只是工具而非目的。作为对自由主义的批判，黑格尔提出了一种"国家高于市民社会"的理论架构。在黑格尔看来，市民社会是个人权利欲望驱动的非理性力量所致的状态，是一个由机械的必然性所支配的王国，撇开国家来看市民社会，它就只能在伦理层面表现为一种无政府状态，而非由理性人构成的完满状态。而国家体现着而且只有国家才体现着伦理的价值准则。国家是对市民社会的保护和超越。对市民社会种种不自足状况的救济或干预，只能诉诸国家这个社会进程中真正的道义力量。不可否认，以上两种理论框架在特定的历史时期都发挥了积极的作用，例如国家主义克服了自由放任主义导致的经济危机。但是不管是自由主义传统还是国家主义传统，都曾陷入过国家与社会"零和博弈"的困境当中，即意味着上述两种理论框架是存在失灵的可能。

治理理论的兴起拓展了国家与市民社会关系的分析架构，市民社会组织的发展壮大改变了传统的"强国家、弱社会"状况，使得国家与市民社会的相互形塑成为可能。但不管是国家还是市民社会，其治理能力都是有限的。库伊曼指出："不论是公共部门还是私人部门，没有一个个体行动者能够拥有解决综合、动态、多样性问题所需要的全部知识与信息，也没有一个个体行动者有足够的知识和能力去应用所有有效的工具"，它们之间不存在简单的相互替代关系。而在这种情况下，治理除了政府机关和各种机构外，还包括市民社会的参与，各种利益集团、网络以及部门间的协商。它有助于克服国家和市民社会各自能力的有限性，并试图建立国家与市民社会之间的互动网络，这种治理模式比传统的统治方式更能适应社会环境，既

"政府—市场—社会"三轴驱动：中国式城镇化动力机制的一个新框架

强调了公共政策制定中的纵横协调，也强调多元和不统一。

20世纪90年代初，国家与社会关系理论译介到中国，掀起了本土学者研究中国国家与社会关系的浪潮。以邓正来、俞可平、郁建兴等为代表的学者对"市民社会"表现出浓厚的兴趣，纷纷译介相关学术著作和文献作品；以张静、顾昕等为代表的学者则对"法团主义"给予了关注，探讨了"法团主义"在中国的适用性问题。此外，还有学者循着米格代尔"社会中的国家"的理论图纸寻找更适合中国国家—社会关系模式的理论工具。其中，"市民社会"流派在国家—社会关系理论运用的初期占据主导地位。然而，随着对该理论的认识加深，以及对西方政治社会的深层次认知，学界出现了对"市民社会"理论适用性的质疑。有学者直陈，这一理论在中国的运用其实忽视了中西"市民社会"和现实社会政治结构之间的同质异质关系，对西方市民社会的发展道路带有极大的盲目模仿心理。[①]

随着全球结社革命的兴起以及"市民社会"所带有的与国家对抗的色彩被越来越多的学者认识，对"市民社会"进行追本溯源式的分析与反思提上了日程，越来越多的学者对"市民社会"理论保持谨慎的态度。与此同时，社会活力的展现，"第三部门"的普遍兴起，使得学界对社会组织化现象的研究保持较高的热情，而与"市民社会"紧密相关的"法团主义"随之被引入国家与社会关系的分析中。沿着斯密特国家法团主义与社会法团主义的类型学划分，张钟汝等学者又将国家法团主义划分为两种类型："庇护性"与"层级性"法团主义。[②] 由于中国的政治实践与法团主义存在着一定的契合性，不少学者认为中国的国家与社会关系正在或者需要向社会法团主义转型和过渡，以此完成一场国家治理现代化的革命。有学者通过对专业性社团的考察分析，直白地得出了"中国已经完成了从国家主义向国家法团主义过渡"的结论。[③] 但也有学者指出，将法团主义作为一种模式并不适合用来对中国的国家与社会关系进行理论概括或预测，尽管二者在观念及制度上具有高度相似性，但后者缺乏前者所必需的社会组织基础[④]，中国学者显然相较于前一阶段更为谨慎。而且在中国，社会的发育程度和组织化程度远不及欧洲国家，中国不存在法团主义赖以生存的"强国家、强社会"的建构基础。[⑤]

---

① 方朝晖：《对90年代市民社会研究的一个反思》，《天津社会科学》1999年第5期。
② 张钟汝、范明林、王拓涵：《国家法团主义视域下政府与非政府组织的互动关系研究》，《社会》2009年第4期。
③ 顾昕、王旭：《从国家主义到法团主义——中国市场转型过程中国家与专业团体关系的演变》，《社会学研究》2005年第2期。
④ 吴建平：《理解法团主义——兼论其在中国国家与社会关系研究中的适用性》，《社会学研究》2012年第1期。
⑤ 贾西津：《中国社团发展问题与展望》，《探索与争鸣》2008年第6期。

党的十八大以来，学界开始对整个西方学术话语体系进行批判，反思并审视现有的政治学理论资源。在较长一段时期内，中国的国家治理研究存在"缺失政党维度"的局限①，没有将执政党充分纳入当前的探讨中。随着执政党角色在国家治理中的话语权重不断演化升级，"将政党带进来"成为其中最具有代表性的呼声②，学者们越来越意识到，中国独特的权力结构和制度安排不能简单地采用国家与社会二分法进行理解，而是应当充分考虑国家和社会关系中的"党的相对独立作用"。政党中心的理念不断突破着西方式的国家与社会二分法理论框架，一些学者重拾"党、国家与社会关系是执政党活动的现实基础"这一观点③，在实证研究中将政党变量自觉嵌入治理实践的探讨中，通过创设新的分析路径阐释中国基层的政治运行结构。党的十九大报告指出，"党政军民学，东西南北中，党是领导一切的"。执政党的全方位在场说明，"在研究中国问题时，既不能完全套用源于西方经验的国家与社会关系理论，也不能将这一人类思想史的重要文明成果完全抛弃。而应立足于中国实际，以批判继承的态度实现对这一理论范式的本土化再造。再造的核心，在于充分关注中国共产党在塑造国家与社会关系中的核心作用，从而以更加契合中国实际的党、国家与社会关系理论实现对国家与社会关系理论的超越"④。

国内外学界的研究细致而又全面地阐释了国家与社会关系的理论演变过程。当前广泛认可的国家与社会理论往往采用公民社会—市场—国家的三分法，形成一个发挥重要作用的系统。由于政府和市场都会"失灵"，不仅要有效定位政府和市场的角色，我们也应该寻找"第三只手"来实现政府和市场的有机结合，共同推动社会的发展。"第三只手"即受到学者广泛认同的社会主体，只有政府、市场和社会有效互动，社会建设才会更有效率，社会利益的分配也才会更加公平。

二 政府—市场—社会的三轴驱动：一个城镇化动力新模型的建构

以政府态度、企业态度与公众态度为三轴坐标，构建起"政府—市场—社会"三轴驱动下城镇化动力机制的新解释模型。（见图1）

---

① 王海荣、闫辰：《突出政治功能：新时代基层党组织建设的内在要求》，《理论导刊》2018年第8期。

② 景跃进：《将政党带进来——国家与社会关系范畴的反思与重构》，《探索与争鸣》2019年第8期。

③ 林尚立：《政党与现代化：中国共产党的历史实践与现实发展》，《政治学研究》2001年第3期。

④ 韩冬雪、胡晓迪：《论中国共产党领导地位形成的历史逻辑——基于使命型政党特质与中国现代化进程的分析》，《湖南大学学报》（社会科学版）2020年第3期。

"政府—市场—社会"三轴驱动：中国式城镇化动力机制的一个新框架

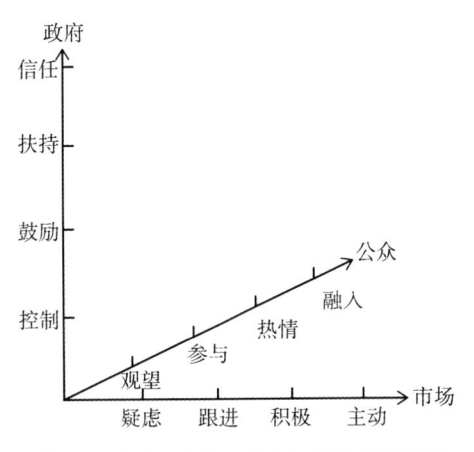

图1 "政府—市场—社会"协同治理模型

"传统政府主导型"模式处于第一阶段，政府完全主导城镇化的推进，企业与公众均无法自由进入。城镇化中的"政府主导型"模式是中国式城镇化的第一动力，在此模式下，政府鼓励市场的发育并打开了大门，允许市场承担部分项目的建设运营，企业也看到了利好，积极跟进。

"市场诱致型"模式处于第三、第四阶段，政府开始以开放的心态扶持企业发展、信任企业，允许企业承担城镇化建设中大部分项目的建设与运营，政府只负责平台搭建、权责赋予等工作，担任"协调者"与"引导者"角色，企业积极跟进并主动参与，负责城镇化项目的建设和运营。

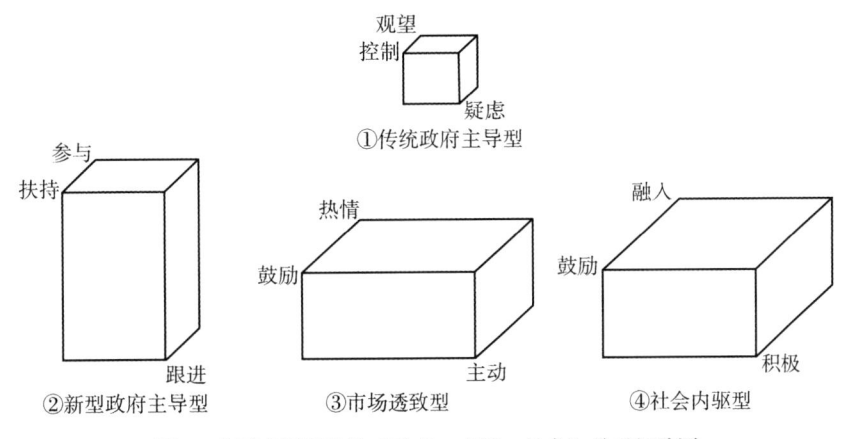

图2 中国式城镇化的"政府—市场—社会"关系矩阵图

"社会内驱型"模式下，政府以鼓励的方式积极推动公众、企业融入城镇化建设之中，公众提供企业所需的场地、劳动力等要素，企业则指导公众从事生产经营所需的各项专业知识，二者通过相互协作获取合作收益。在"社会内驱型"模式下，政府扮演着"监督者"与"评估者"角色，一方面监督公众、企业从事生产经营活动时是否出现违规行为，另一方面评估公众与企业协作经营的效果。

三 城镇化建设中的"政府主导型"模式

"政府主导型"模式是政府与市场合作的初步阶段，该模式不同于传统的行政管制模式，而是"政府主导、企业主体、市场化运作"的新型治理模式。从时间性来看，由于企业进入之初，尚未发展成熟，在城镇化建设的场域内无法占据主导地位。这时，政府仍然占据着主导地位，企业不得不退居其次，在政府发挥宏观调控、政策控制等影响下，以公共利益为原则，谋取自身的利益。

（一）"政府主导型"城镇化建设的运作逻辑

传统的城镇化建设中政府占据核心地位，地方政府利用土地财政迅速扩大了资金来源，城镇化建设因其周期长、资金需求量大，同时靠土地财政为核心的发展模式使政府尝到了甜头，城镇化建设等相关公共服务成为市场进入的禁区，"以地方政府主导下的城市建设成为城镇化的主流"。[1] 长此以往，财政资金紧缺、环境破坏严重等流弊日益显露，增长主义的发展模式使民众尤其是农民利益大幅度受损，农村成为城镇化的牺牲品，农民的利益无法得到有效保障，突出体现在农民的户口问题和就业难题。户籍制度使农民无法获得实实在在的归属感和认同感，形成城乡二元分割结构；就业难题主要表现在农村人多从事低收入、可替代性强的工作，同工不同酬、拖欠工资、高强度高压力常常是农民工面临的难题。以土地为核心的城镇化发展道路虽然将社会个体纳入城镇化进程中，但是忽视了离乡、失地农民与搬迁居民的就业与生活问题，地方政府在市场化进程中呈现出的深刻内在矛盾使得他们"既可能成为区域市场体系的培育者和引导者，也可能成为区域市场体系发育的阻碍力量"。[2]

"政府主导型"城镇化建设过程中，政府通过合理规划、制度创新和精准定位，保障了"市民"的权益，有利于让人民真正获益。政府将"以人为本"作为行动原则，民本的思想贯彻城镇化建设的始终，以公共利益为核心。在这一过程中，有赖于政府将人本理念与当地发展理念相结合，通过发挥市场的决定性作用，合理配置资源，构建政府支持、市场嵌入，以市民利益为原则、重视居民参与的创新合作模式，促进政府和市场及社会的良性互动。

---

[1] 武廷海：《建设新型城乡关系、走新型城镇化道路——新马克思主义视野中的中国城镇化》，《城市规划》2013年第11期。

[2] 何显明：《市场化进程中的地方政府角色及其行为逻辑——基于地方政府自主性的视角》，《浙江大学学报》（人文社会科学版）2007年第6期。

"政府—市场—社会"三轴驱动：中国式城镇化动力机制的一个新框架

政府职能一直是学术界重点讨论的议题，尤其在城镇化建设中相关讨论愈演愈烈，霍布斯、洛克强调法律权威和个人第一、政府第二的自由权利理论，边沁、密尔等功利主义代表者主张限制政府权力、反对政府干预经济生活，自由主义代表者哈耶克提出的主张个人自由、反对政府干预的观点都是有限政府的理论来源基础[①]，政府职能的有限性逐渐成为学术界的共识。政府在资源配置的密度、强度及效度方面存在复杂关系，"政府职能的设定在政府权能方面必须谨慎，以控制好政府在资源配置方面的力度，即控制好政府在资源配置方面的密度、强度和效度"[②]。通过政府和社会资本的有效合作，发挥各自的优势，政府摒弃了全能主义的传统职能，向"有为"及"有效"转变。"有为"体现在政府发挥主导性，掌控城镇化建设的全局，起宏观调控、规划的作用，对市场进入的领域和门槛、服务的效果和效率等进行监督；"有效"体现在城镇化建设与运营坚持"企业主体、市场化运作"，增强市场活力，使之有机会参与城镇化建设的各环节，厘清市场与政府的边界，将共建、合作、服务作为建设的原则，向善治转变，不再以绩效为唯一的评判标准，开始尊重市场的作用，重视市民的权益，以提升城镇化建设的质量，实现政府职能的有效性。政府职能范围开始"从全能到有限"的转变，开始打破政府垄断供给和全盘民营化的弊端。

（二）城镇化中政府角色的转换：从"孤胆英雄"到"护航使者"

目前，"政府主导型"城镇化建设模式仍然烙印着传统行政支配逻辑，从而限制了其更大的思维和发展空间。对政府力量的路径依赖使得城镇化中建设主体单一、动力源缺失、工期滞后。它所带来的法律风险、财政风险、金融风险和管理风险都是必须直面的挑战。官僚的主导地位导致利益相关方参与程度低，发言权得不到有效保障，商业预测不足和效率低下并存。目前该项目因动迁、土地流转、附着物迁移与补偿、政策变迁等原因陷入了困境，工期严重滞后。因此，在"政府主导型"模式中，一方面，政府需要为城镇化建设保驾护航，不仅提供源源不断的动力，也为其发展扫清相关障碍；另一方面，在市场力量尚未发展成熟时期，政府不得不把握核心领导地位。城镇化建设中一旦忽略了市场、社会等其他主体和动力。作为"孤胆英雄"的政府上演一个人的"独角戏"，由此，它在城镇化建设与运营中就更容易一方独大，深陷低效和寻租的泥潭难以自拔。

国内外城镇化的经验已经表明，政府与市场关系始终是城镇化进程中的核心问

---

① 贠杰：《有限政府论：思想渊源与现实诉求》，《政治学研究》2005年第1期。
② 刘太刚：《公共事务治理的广度、深度与力度——需求溢出理论关于政府职能的三维定位论》，《中国行政管理》2022年第9期。

题。30多年来曲折前行的城镇化发展历程为我们展现了两者不断摩擦与调试：从计划经济体制下政府的"完全主导逻辑"到社会主义市场经济体制下市场力量的显著增强；从权力驱动下"以物为本"的城镇化到充分尊重市场演变逻辑"推进以人为核心的新型城镇化"。在当下中国，城镇化建设路径的优化，也必然离不开政府与市场两大动力机制，可持续发展具体表现为治理理念、治理体制和治理方式仍需要继续发展与完善。

首先是治理理念的转变。"十三五"规划中曾指出"发展特色县域经济，加快培育中小城市和特色小城镇"。城镇化需要因地制宜，从浙江特色小镇建设经验来看，并非机缘巧合，其风貌特色与产业优势奠定基础；其次再有"后天"培育，作为新型城镇化建设新路径的特色小镇兴起并非一蹴而就，发展卓有成效与动力有保障助其保有生命力。具体而言，注重考核"城乡规划符合度、环境功能符合度、产业定位清晰度、文化功能挖掘度"等内涵式建设情况，秉持"政府引导、企业主体、市场化运作"的原则，实现"产业特色鲜明、人文气息浓厚、生态环境优美、兼具旅游与社区功能"的和谐一体。[①] 因此，转变治理理念，重"质"发展而非重"量"超越，别让城镇化进程中的"特色小镇"沦为"千镇一面"。

其次是治理体制的转变。城镇化建设是一项系统工程，光是从市场角度看，就涉及众多利益相关方，这些投资商、入驻企业和运营商，在与地方政府缔约关系时，往往各自都存在一定程度的专业知识壁垒。信息不对称不仅容易造成利益分配不公，也会影响到各利益相关方的建设积极性。基于这个考虑，要努力将"党委领导、政府负责、民主协商、社会协同、公众参与、法治保障、科技支撑"社会治理体系的理念融入城镇化建设与运营体系的构建中，其中，"为明晰政府与市场之间的边界，首要条件就是加快推进法制国家建设，完善市场法律体系，从法律层面来确定和约束政府的行为以及各类市场主体的行为"[②]。

最后是治理方式的转变。相较于制度化治理，运动式治理表现为以行政主体自觉动员为特征的非常态制度安排。这在我国政府主导下的城镇化中表现明显，具体表现为"'一哄而上'（缺乏战略规划）、'饮鸩止渴'（追求政绩导向）、'自上而下'（倚重行政手段）、'头疼医头'（缺乏制度配套）、'朝令夕改'（缺乏法治保障）等特征"[③]。作为发生与基础设施领域的制度革新，只有坚实的法律保障才能推动治理的现代化。一方面，善治要求稳定的法治机构，包括问责制，透明度和公民

---

① 李强：《特色小镇是浙江创新发展的战略选择》，《今日浙江》2015年第24期。
② 王垚：《中国城市行政管理体制改革的方向与路径探讨》，《当代经济管理》2022年第3期。
③ 汪大海、张玉磊：《从运动式治理到制度化治理：新型城镇化的治理模式选择》，《探索与争鸣》2013年第11期。

"政府—市场—社会"三轴驱动：中国式城镇化动力机制的一个新框架

权利保障等问题；另一方面，我们看到相关配套设置的跟进和完善：为规范PPP咨询机构库的建立、维护和管理，财政部起草《办法》确认准入门槛，规定权利义务，实行信息公开与劣汰机制等，从法律层面进一步规范政府与社会合作模式，填补制度空白，完善政策环境，法制化步入正轨，最终保证公共利益的实现。

在"政府主导型"城镇化建设过程中，政府不应再成为公共服务舞台上的唯一"主角"，而是渐居幕后成为导演和指挥者。"政府作为最重要的公共产品供给者，在当前推进供给侧结构性改革语境下，存在着创新公共产品供给的改革要求。"① 政府部门因其拥有制定规则的权力，可在市场准入、价格形成和公共服务方面发挥监管和督促的"核心政府服务"作用。在这种制度安排下，私营部门得以充分发挥其在资金筹集和管理方面的优势，将经营优势发挥得淋漓尽致。经过充分博弈和改进，"政府主导型"城镇化建设已经形成"政府主导、社会参与、市场运作"的基本格局。公平与效率逐渐互相镶嵌契合，最终上演着一幕幕低成本高效益的城市化运营剧本，满足公众的社会和经济需求。只有符合城市善治的要求，包括提高政府影响力，增强政策有效性，规范部门问责制和强化公共回应能力，当这一切落实在法治化的进程中时，可持续的合法的伙伴关系才能得以维持。政府与社会在公共管理和服务模式的转型也成为全面深化改革下国家治理体系和治理能力现代化的新鲜尝试。

四 城镇化建设中的"市场诱致型"模式

浙江省特色小镇的案例显示，"充分尊重市场机制在特色小镇形成、发展中的支配地位，强调市场机制的决定性作用，是浙江省得以较好推动特色小镇建设的重要经验"②。在"市场诱致型"城镇化模式中，市场在政府的政策、制度引导下建设运营城镇化，政府不再是主导力量，而是以市场力量即企业为主体。城镇化建设运营的市场运作，就是市场中的主体遵循交换原则开展自己的活动，政府或其他公共权力机关不干涉市场的运作，而是保障市场实现充分竞争。

（一）"市场诱致型"城镇化建设的运作逻辑

新公共管理学对政府的职能定位是掌舵而非划桨，市场占主导地位能最大限度地利用市场资源，完成城镇化运营。"政府引导、企业主体、市场化运作"是市场诱致模式的主要机制，政府通过让渡大部分的权责，让企业成为城镇化建设运营的重要主体，遵循企业主体、市场化运作的模式，充分激发了市场的活力。政府从管

---

① 卓勇良：《创新政府公共政策供给的重大举措——基于特色小镇规划建设的理论分析》，《浙江社会科学》2016年第3期。
② 郁建兴、张蔚文、高翔等：《浙江省特色小镇建设的基本经验与未来》，《浙江社会科学》2017年第6期。

控者转变为规划者、监督者、协调者，厘清政府和市场的边界，给予企业充分的自主权，体现了共建、服务的精髓，将民本作为行动的原则，"有限""有效"的政府得到了进一步的践行。

我国已有一系列市场主导模式的城镇化建设运营实践，在"市场主导"模式指导下，大量的企业进入城镇化建设运营领域，这些企业在城镇建设中发挥了重要作用，其主要地位得到了体现，自治得到有效实现。城镇化建设逐渐向善治、协同治理转变，在企业主体、市场化运作下，不仅政府和企业得到了协同治理的效果，公众需求也得到了重视，企业通过回应公民需求实现其目标，赚取更多利润，取得了良好的社会效应。在市场主导模式下，政府和市场的关系得到了实质性的突破，"政府在公共服务发展中责无旁贷"[1]，地方政府从"主导"转变为"引导"，政府是规划者、监督者、协调者，制定城镇化建设运营的政策和规范、监督企业目标的实现成效、规划城镇化建设发展方向，发挥着建设规则的维护者、联结企业与社区成员之间桥梁的作用；企业是投资者、建设者、运营者，获得了极大的自主权，在各阶段建设中承担重要的角色；公众是监督者、服务对象，公众对自身的利益诉求开始展开协商与沟通，"以人为本"的民本理念得到有效贯彻，城镇化建设过程中对公众的回应性日益增强，"政府有限责任、公民与组织多方参与的小镇建设及运行理念"得到完全契合。[2]

（二）城镇化中的市场力量：从"资本助力"到"秩序重构"

在"政府主导型"城镇化建设过程中，地方政府为谋求自身利益最大化，将市场视为自己规划得以实现的工具，并倾向于将其角色和职能发挥到最大的限度，以充分发挥其在城镇化建设中的核心主导作用。政府更大的自主性往往会带来经济的增长与政治权力的强化，反过来又加强了地方政府传统的行动逻辑。在此情况下，市场能够有效地突破传统上泛政治化的政府核心地位和政府全能主义的路径依赖。新型城镇化建设过程中不仅要充分激发社会的协同作用，更要尊重市场的决定性作用。当前不同地方的城镇化建设存在同质化现象，要想在众多城镇化建设运营实践中脱颖而出，就需要懂市场，要将价值链提升的市场竞争机制引入城镇化建设运营的发展路径中来，通过采用多种运营模式吸引资本参与地方城镇化的基础设施建设和项目运营，活化城镇化建设运营的资金融资方式，从而增强资本的流动性。

"政府引导、企业主体、市场化运作"的市场诱致模式在提高城镇化建设效率

---

[1] 钱振明：《县城城镇化趋势与县城公共服务供给强化之路径》，《中国行政管理》2022年第7期。
[2] 闵学勤：《精准治理视角下的特色小镇及其创建路径》，《同济大学学报》（社会科学版）2016年第11期。

方面具有明显的优势。一方面，市场的作用能够为城镇化建设注入新鲜的"血液"，使得动力源不再单一，极大地提高了城镇化的运营效率。原有的非市场化或半市场化手段容易出现非法集资、违章收费、市场作用难以更好发挥等问题。引入市场之后，市场化不再是一个虚拟的概念，市场最大限度地调动和整合各项资源，实现资源利用最大化，通过"看不见的手"极大地提高城镇化建设的效率。另一方面，市场也彰显了政府角色和职能的深度转变。政府的职能被一分为三，相应地也形成了三种具体的运营模式，主要有政府与社会合作、政府与企业合作、政府与村民合作建立合作社三种形式。这三种具体的运行模式无不体现着政府角色及职能的转变，无论在小镇规划、基础设施及相关产业的建设，还是运营、监督等方面，政府都退居市场、社会之次，除监督、规划外，更多地扮演协调者角色，发挥引导性职能，政府作用虽"有限"却得到了有效充分的彰显。针对那些有着特色资源和发展基础的小城镇，通过"积极发掘依然扎根在乡土社会中有生命力的产业，谨慎引入真正富有持久性和产业热情的资本，探索走出一条既有经济价值又有生态效益的前瞻性道路"。[①] 由此，政府与市场的关系得到了实质性突破，社会的潜力也得到了极大的挖掘和开发。

五 城镇化建设中的"社会内驱型"模式

21 世纪以来，中国开始税费改革和公共财政覆盖农村政策，然而土地、财政与金融三位一体的新城市化模式是政府与市场的"合谋"[②]，忽略了社会内生力量的作用。"社会内驱型"城镇化建设是以社会自发力量占主导地位，通过当地内生性力量形成政府与社会合作机制下的良好运营模式。此种运营模式的主体一般包括政府、社会群体与投资方，政府在此类模式下主要起监督协调的作用，并不干涉具体的合作项目的运行；社会自主群体占据主导性力量，主要通过当地居民、企业家等群体促成合作；另一主体为项目投资方，项目投资方对项目进行设计、规划、运营，在运营过程中，投资方对成本、收益、经营、信用方面的风险加以考量并对服务的质量有较好的保障。

（一）"社会内驱型"城镇化模式的形成逻辑

社会内驱型城镇化的形成逻辑在于国家与社会关系。在西方语境中，国家与社会是二元对立的关系，也就是说，社会是制衡国家的力量，同时也能够保障私人领

---

① 王绍琛、周飞舟：《困局与突破：城乡融合发展中小城镇问题再探究》，《学习与实践》2022 年第 5 期。
② 周飞舟、王绍琛：《农民上楼与资本下乡：城镇化的社会学研究》，《中国社会科学》2015 年第 1 期。

域的安全。在西方社会当中,市场是一个稳定的存在。有人认为,西方近代民族国家的建构离不开市场的力量,这是不可否认的。正是市场在推动民族国家建构时起到了主导的作用,同时西方社会也是由市场进行建构的。社会当中的资本是很多项目赖以成功的重要资源,这也就印证了公民之间的合作、信任的重要性。

我国的国家建构路径虽然和西方的国家建构路径多有不同,但是,社会的力量是不容忽视的。在费孝通先生看来,中国古代社会是一个熟人社会,人们是基于血缘和地缘而联结起来的。整个社会就像水波纹一样蔓延开去。为什么说乡土社会中的秩序是一种自发秩序,原因就在于在乡土社会中人们大多是依照欲望而生活的,欲望并非生物事实,而是文化事实。[1] 文化尽管有一部分可以无关及无益于人类的生存,但这些不适于生存条件的文化以及接受这些文化的人在时间里被淘汰,累积下来的经验(即传统)自然经得起自然选择。因此,乡土社会时代中的欲望暗含了人们生存的条件,于是人们可以依欲望去生存。经过了文化熏陶的欲望可以作为行为的指导,因为它印合于生存的条件。但如果环境变了,社会变迁就使得欲望不能作为人们最后的动机,人们最后的动机应当是理性的需要。从欲望到需要,就是从自发到自觉,乡土社会是自发的,缓慢变迁的,也是稳定的;现代社会是自觉的,快速变迁的,也是不稳定的。虽然在现代社会,许多基层已经成为半熟人社会乃至陌生人社会,人与人之间的关系日益变成了原子化的个人。但是我们不能否认,在一个小镇当中,社会资本还是比较雄厚的。人们关于未来的美好生活有着共同的愿景,因此也就更容易达成集体行动。

可见,在我国城镇化的建设中,社会内驱型模式能够提供最为深厚的基础和动力,它最为持久,同时也最符合每一个人的愿景。在某种程度上,它似乎更为接近卢梭笔下的"公意"。服从组织的意愿就是服从自己的意愿,换言之,组织的愿景和自己的愿景是趋同的。

(二)城镇化建设中的社会"自秩序":从"自生自发"到"动力赋能"

城镇化建设中的"社会内驱型"是指以社会自发力量占主导地位形成的政府与社会合作运营,在此种运营模式下主体一般包括政府、社会自主群体与投资方,其中,社会自主群体的力量占上风。固守"一亩三分地"的社会主体无法在国家、市场、技术的逻辑中生存。从乡土社会中自生自发的力量在面对市场资本和官僚资本的浪潮时,也不得不寻求自己的生存之道。社会主体在和这些力量的博弈与互动过程中不断提出自己的诉求,同时也对城镇化的运营和建设起着直接推动作用。这种自下而上的模式最为直接地传达出公众的利益诉求,城镇化的建设能够精准有效地

---

[1] 费孝通:《乡土中国》,北京出版社2004年版,第32页。

"政府—市场—社会"三轴驱动：中国式城镇化动力机制的一个新框架

对居民做出回应。一方面，社会力量代表着城镇化建设的直接主体，公众自生自发的诉求是城镇化建设过程中的持久动力，它能够在政府失败和市场失灵时及时纠偏；另一方面，社会也不能脱离政府和市场关系而单独存在。只有实现政府和社会资本的"互嵌"，才能保证城镇化的有效运营和治理。

首先是政府与社会资本合作关系的法治化，为了使社会内驱模式能够有效良性地发展，亟须加强这方面的立法，有效的立法也是中共十八届四中全会关于"全面依法治国"以及"依法行政"契合的具体体现。[1] 社会内驱模式的有效立法为政府与投资方产生矛盾时提供良好的法律依据，它既是为调解分歧而存在也是为了保障双方各自的利益，防止违反契约等相关问题的出现。另外，社会内驱模式城镇化建设过程中也需要得到保障，无论是政府还是社会投资方都需要严格遵守相关法律法规，通过法律法规的普及宣传做到人人知晓，只有保障法律法规的施行才能使得政府与社会资本合作项目的质量得以保障，法律的权威性也能有所体现。

其次是政府与社会资本合作关系的双向互构，社会内驱模式的成功离不开政府的有效推动。对政府与投资方而言，双方都需要扮演好自己的角色，政府需要在"融资"与"管理"中取得平衡，注重政府能力的提升与运用"善治"的理念提高管理的有效科学性，并且与传统模式相比，政府应由过去的公共基础设施的主导角色转变为与私人部门一起合作监督完成的角色[2]；投资方应注重提供服务产品的合理性、高效性，同时注重公平公正性的落实。对于基层政府而言，一是在项目识别阶段[3]需要对该项目进行详细的评估考量，确保引进的合作项目是可计划实施的，并且在资金等问题上也需要详细的预算安排；二是在项目执行阶段，此阶段政府需发挥"监督者"的角色，例如对农家乐和民宿经营中的定价问题需及时有效规范并对其中一些乱象进行整治，使得农家乐和民宿良好规范的运营，在生态农场等承包项目建设中，政府需对项目及时跟进并让社会投资方及时提交经营报告，并按时给出建议让其完善或整改，在民宿合作和农作物二次加工项目中，政府应扮演"指导者"的角色，对当地居民普及相关知识并需强调遵守当时的承诺的重要性；三是在项目的移交阶段，合作项目结束以后投资方将项目返还给政府，政府需从各层面对项目做详细评估并给出评估报告。所以政府需扮演好自身角色并转变职能，社会投资方也应进行理念的转变，双方应共同推动合作的有效开展。

---

[1] 贾康：《PPP——制度供给创新及其正面效应》，http://theory.people.com/cn/n/2015/0527/c40531-27061850.html。
[2] 周正祥、张秀芳、张平：《新常态下 PPP 模式应用存在的问题及对策》，《中国软科学》2015 年第 9 期。
[3] 陈志敏：《中国 PPP 的实践：发展模式、困境与出路》，《国际经济评论》2015 年第 4 期。

最后是强化契约精神与建立非正式情感关系，对社会内驱型城镇化建设的投资方而言，他们注重在地基层村社组织与当地居民的信用，在合作过程中如出现利益纠纷而违约的情况会导致项目的失败，也会流失众多的投资方；相对于投资方，政府注重合作者项目运行的质量是否兑现当初的承诺。社会内驱型合作方式更需注重契约精神的培养，首先当地政府和在地"两委"应具备良好的契约精神意识，对合约内容应一一兑现；其次应培育当地居民的契约合作精神，通过宣传教育与强制性的法规措施保障投资方的利益，对违反相关法规者应受相关的处罚。要注重构建基于当地居民自发的情感认同与契约价值观建立而带来的有效合作关系，投资方应加强与"地方精英"的情感联系并快速融入当地人的"朋友圈"。非正式情感关系作为一种"隐性"的社会规则发挥着意想不到的功效，投资方需在平时的生活中努力和当地居民建立起融洽的社会关系，在一些问题上对居民进行指导培训并积极组织各类文娱活动，这样既有利于当地居民对投资方的信任与建立情感认同，又可掌握更多需求信息能利于项目的开展建设而促成效益最大化。

结　语

本文在充分梳理相关理论基础上，尝试构建了基于政府—市场—社会协同治理的城镇化建设与运营机制理论分析框架，并对"政府主导型""市场诱致型""社会内驱型"运营模式的逻辑关系和具体内容进行阐释。基于"政府—市场—社会"三轴驱动的城镇化动力模型，打破了既往城镇化建设中的政府垄断，它是对政府万能和市场万能观念的纠偏。该模式有助于从根本上突破传统上泛政治化的政府核心地位和政府全能主义，摆脱政府一元治理的强大"路径依赖"，实现以公共利益为导向、以社会资本为支撑、以协同治理为依据的回应社会变迁与治理需求的城镇化治理范式的转换。

作为中国式城镇化的基本特征，这种"规划的变迁"代表着一种"国家谋划"，是以"项目制"为新治理体制的实践表达。城镇化的提出申请，到最后的建设是一系列的过程，贯穿了"项目治国"的基本逻辑。[①] 作为各种利益结构和主体博弈的结果，其建设过程既体现了中央政府对于社会稳定和国家整体发展的考虑，也是地方经济发展和地方的财政收益相互博弈的结果，同时也涉及地方政府、城镇化参与建设的企业和公民自身对于自身利益的考量。由此，中国式城镇化建设向我们展示的，远不单单是城镇化的空间演进和社会转型的图景，更是国家治理体系和治理能力

---

① 渠敬东：《项目制：一种新的国家治理体制》，《中国社会科学》2012年第5期。

现代化向纵深迈进的一个重要面向。在未来城镇化的研究中，我们可以在城镇化和供给侧改革背景下，跨学科运用先进的研究方法来不断厘清城镇化在建设与发展过程中政府、市场、企业三者关系，并合理地运用"政府—市场—社会"协同治理模式进行分析。总体而言，我们将逐渐掀开笼罩在城镇化外的神秘面纱，运用日益完备的量化模型和日渐扎实的理论武装来构建更为立体完善的城镇化发展模式，将成为今后有关中国式城镇化建设动力研究的新趋势。

以产业绿色化模塑城市品质的张家港实践研究[*]

方世南[**]

摘要：产业绿色化是模塑城市品质的重要内容。张家港市从以产业绿色化模塑城市品质的现实需求出发，把握产业绿色化与模塑城市品质的辩证关系，将"调高、调轻、调优产业结构"作为模塑城市品质的根本抓手，做好以产业绿色化模塑城市品质的"加减法"。在推进传统产业绿色化和培植高新技术产业中模塑城市品质，坚定不移地以产业结构调整为主攻方向，以重点项目布局为重要抓手，以优质的增量投入为必由之路，加快推动经济发展质量的全面跃升，推动实现从"产业城市"向"产业强市"的跃升目标，以产业全面绿色转型模塑高质量发展典范城市。

关键词：产业绿色化；城市品质；高质量发展

A Study on Zhangjiagang's Practice of Shaping City Quality by Greening Industry

Fang Shinan

Abstract：The greening of industry is an important element in shaping the quality of the city. Zhangjiagang City starts from the real demand of molding city quality with industrial greening, grasps the dialectical relationship between industrial greening and molding city quality, takes "adjusting higher, lighter and better industrial structure" as the fundamental grasp of molding city quality, does the "addition and subtraction method" of molding city

---

[*] 基金项目：江苏省习近平新时代中国特色社会主义思想研究中心重大委托项目、省社科基金重大委托项目"习近平生态文明思想的理论来源、重大意义、理论创新研究"（项目编号：22ZXWD005）和国家社科基金重点项目"提高党的建设质量研究"（项目编号：22AZD024）的阶段性成果。

[**] 方世南，苏州大学中国特色城镇化研究中心教授。

以产业绿色化模塑城市品质的张家港实践研究

quality with industrial greening. The city's quality will be molded by promoting the greening of traditional industries and cultivating high-tech industries, unswervingly taking industrial structure adjustment as the main direction, key project layout as an important grasp, and high-quality incremental investment as the inevitable way to speed up the overall leap in the quality of economic development and promote the realization from "industrial city" to "powerful industrial city", in order to mold a model city of high-quality development with comprehensive green transformation of industry.

Keywords: the greening of industry; the quality of the city; high-quality development

推动产业全面绿色转型使之朝着有利于人与自然和谐共生的绿色化方向发展,既是模塑城市品质和提升人民群众获得感、幸福感、安全感的重大举措,促进"生产发展、生活富裕、生命安全、生态良好"的崭新格局形成的坚实保障和推动经济社会整体性高质量发展的根本大计,也是以产业绿色发展和城市品质提升双向并进彰显中国式现代化新道路和人类文明新形态的基本要求,代表了新时代建设富强民主文明和谐美丽的社会主义现代化强国的根本走向。张家港市是全国文明城市"六连冠"的城市,也是全国唯一获得"六连冠"的县级市。张家港市的文明城市从其内涵来说,是包括了社会主义物质文明、政治文明、精神文明、社会文明、生态文明在内的"五位一体"的整体性文明城市。党的十八大以来,张家港市坚持以人民为中心的发展思想,坚持生态优先和绿色发展的价值取向,针对产业结构影响城市品质的突出问题,以推动产业全面绿色转型使之朝着产业绿色化方向发展为抓手,做好"调高、调轻、调优产业结构"的大文章,促进产业绿色发展、低碳发展、循环发展,增强产业呵护生态环境的建设力,减少产业损害生态环境的破坏力,以实际行动推进长江大保护,全面模塑城市品质,切实保障人民群众的生态权益,扎实推进人与自然和谐共生的现代化,生动体现了人民群众在新时代张家港精神与时俱进激励下推进绿色发展的创新实践。

一 价值诉求:以产业绿色化模塑城市品质的现实需求

张家港市坚持以习近平生态文明思想为指导,以新发展理念为引领,立足于新发展阶段,以强烈的问题意识为导向,结合自身产业发展现状、未来发展趋势以及对城市品质的影响,认真贯彻落实习近平总书记关于"加快传统产业数字化智能化绿色化改造"[①]的重要指示精神,将推动"调高、调轻、调优产业结构"的重大战略任务摆

---

① 习近平:《论把握新发展阶段、贯彻新发展理念、构建新发展格局》,中央文献出版社2021年版,第460页。

到重要日程，以科技支撑产业绿色发展的建设主题全面模塑城市品质。2008年8月19—20日，联合国副秘书长、人居署执行主任安娜·蒂贝琼卡视察张家港市，她对张家港市人居环境建设给予充分肯定，称赞"张家港优质的人居环境是发展中国家的成功案例"。同年10月6日，"世界人居日"庆典暨"联合国人居奖"颁奖大会在安哥拉罗安达市举行，张家港市凭借宜居城市建设的显著实效而获得2008年"联合国人居奖"，成为全国第一个荣膺"联合国人居奖"的县级市。2016年张家港市被授予"首届中国生态文明奖先进集体"称号，也是江苏省唯一获此殊荣的城市。中国生态文明奖是经中央批准、生态文明建设领域唯一的政府奖项。近年来，张家港将产业结构绿色化转型作为模塑城市品质的重要抓手，一直走在生态文明建设前列，不仅跻身全国首家"环保模范城市"、首批"国家生态市"，还编制全国首个县级市生态文明建设规划，启动生态文明建设综合体制改革试点，在全国县域城市率先推行镇（区）党政主要领导生态环境责任审计制度，在以产业绿色化模塑城市品质方面取得了显著成效。

（一）产业绿色化与模塑城市品质的辩证关系

张家港市在实践中认识到，产业绿色化或绿色产业化是支撑现代城市经济高质量发展和城市品质高质量提升的核心和基础，建设结构合理的现代绿色产业体系是支撑城市经济高质量发展以及全面地模塑城市品质的关键之所在，是张家港市倾心倾力打造县域经济高质量发展和人民高品质生活典范城市的重要内容。

随着工业化、城市化和现代化的不断发展，张家港在创建文明城市的过程中，越来越感到产业对于城市品质的影响作用。如果说，在工业化尚不发达的情况下，反映城市品质的文明城市创建更多的是靠人民群众的扫帚"扫"出来的话，那么，在工业化日益发达的今天，反映城市品质的文明城市创建则要靠产业绿色转型"绿"出来。在产业绿色化或绿色产业化中模塑城市品质的重要任务，是将工业文明与生态文明、城市文明紧密地融合起来一体化发展的重大战略，其本质要求是按照绿色发展理念推动产业加快转型升级步伐，其重点是大力调整产业结构，在促进传统产业数字化智能化绿色化改造的同时，着力培育壮大与"双碳"目标相符合、与城市品质要求相吻合的高新技术产业，推进节能环保产业、清洁生产产业、清洁能源产业的发展，通过节能减排，提质增效，实现生产系统和生活系统的循环连接，促进城市在有效改善生态环境中提升宜居生产和生活的品质，促使"城市使生产和生活更加美好"成为客观现实。习近平总书记指出："加快形成绿色发展方式，是解决污染问题的根本之策。只有从源头上使污染物排放大幅降下来，生态环境质量才能明显好上去。重点是调结构、优布局、强产业、全链条。"[1]

---

[1] 习近平：《论把握新发展阶段、贯彻新发展理念、构建新发展格局》，中央文献出版社2021年版，第260—261页。

以产业绿色化模塑城市品质的张家港实践研究

因此，产业绿色化或绿色产业化在城市品质提升中的作用就在于，通过积极采用清洁生产技术，大力推广运用无害或低害的新工艺、新技术，尽量降低原材料和能源消耗，实现少投入、高产出、低污染的发展目的，尽可能把对环境污染物的排放消除在生产过程之中。为此，必须以问题为导向、以提升效率效能为价值目标，加快产业从低附加值转向高附加值，从粗放式转向集约型，促进产业基础高级化、产业链现代化，不断增强产业的综合实力和城市综合竞争力。

张家港作为全国文明城市，体现出有品质的城市地位。城市品质也是相对的和与时俱进的，城市品质在工业文明不断发展进程中有着不同的内容和形式。城市品质是反映城市物质文明、政治文明、精神文明、社会文明、生态文明等综合文明要素，从而体现出城市品位和城市形象的多方面质量要求的总和。从总体性来说，城市品质是一个包括城市优良的基础设施、健全的公共产品和公共服务系统、高超的城市治理水平、优美的城市生态环境、深厚的城市历史文化积淀、鲜明的城市风格、独特的城市特色等内容的有关城市质量的基本要求，其中最根本的在于城市居民的文明素养。就以城市的生态文明来说，生态文明根本上在于人的文明，生态本身是无所谓文明与野蛮之分的。人善待自然，与自然和谐相处，环境友好，生态就表现出文明。生态文明反过来又给人的文明以很大影响。在城市品质中处于最为普适性和最显性表现地位的是舒适宜居的生态环境，这是促进城市居民自由而全面发展的重要因素，是城市最为响亮的一张名片，也是城市核心竞争力之所在。因此，城市品质必然要求推动产业绿色化或绿色产业化，以便于通过创设一流的生态环境吸引高端人才，带来高端产业并形成集聚效应，为城市可持续发展奠定坚实基础。

(二) 将"调高、调轻、调优产业结构"作为模塑城市品质的根本抓手

长期以来，制造业是张家港市的支柱产业，是张家港市的显著强项和一大优势，可称为是张家港市的立市之本和发展之根，强有力地推动着张家港市的工业化、城市化、现代化的发展，也强有力地促进着张家港市的共同富裕，推动着全体人民的安居乐业。张家港市具有规模企业集聚、临港产业发达、外向型经济活跃等优势。然而，张家港市作为工业强市，冶金、纺织、化工、机电等传统工业占比较高。特别是冶金工业占该市规模以上工业总产值的比重几乎达到一半。张家港市有许多制造业在高速发展的同时，还存在一系列深层次矛盾和问题，如占用土地等资源要素较多，有着分散、低效、高耗、污染等缺陷，发展空间日趋收窄，空气污染、水污染、土壤污染等突出问题，对城市品质都产生负面影响。由于受创新能力的限制，张家港市制造业中的高附加值产品还不多，产业仍处于价值链中低端，未从根本上解决大而不强、重而不轻、低而不高等问题。大量劳动密集型企业带来外来人口激

增,城市社会管理面临一些突出矛盾。虽然张家港市在全国百强县中近几年一直排名第三,但是,张家港市的用电量超过了排名第一的昆山和排名第二的江阴,成为江苏省用电量最高的县级市,这是因为张家港市的支柱产业是冶金、纺织、机械装备和化工,都是耗电量较高的产业。如果再依赖原有的发展路径,资源环境、劳动力成本、盈利能力、产业竞争力等众多制约因素将日趋弱化张家港市曾经拥有的比较优势。作为一个临港城市,张家港还肩负着保护长江母亲河的历史重任,为此,推动产业绿色转型的任务迫在眉睫,任重而道远。必须将沿江产业由以钢铁、化工等重化工产业为主,逐步转向新材料、新能源等新兴产业,加快建设临港装备、环保新材料、精品钢材等产业基地,依托氢能产业创新中心,建设氢能燃料电池产业基地,打造"中国氢港",当好以产业绿色化或绿色产业化模塑城市品质的排头兵和先行军。"调高、调轻、调优产业结构"是张家港新时代着力模塑城市品质,从而进一步增强自身核心竞争力的重要抓手。调轻,就要坚持优先发展现代服务业,持续深化供给侧结构性改革,坚持创新驱动与转型发展协同并进、现代服务业与先进制造业互动并进、扩大总量与业态提升齐头并进,做强服务业特色优势产业,壮大服务业重点新兴产业,培育服务业发展新动能,着力推动生产性服务业向专业化和高价值转型、生活性服务业向精细化和高品质升级,构建与区域经济社会发展相匹配、与城市现代化发展相协调、与群众需求相适应的现代服务业经济发展体系,促进服务业发展提速、结构优化、质量提升,推动产业轻装上阵和城市品质全面提升。调高,就是坚持高端引领,主攻高端技术,发展高端产品,突破高端环节,更大力度推动战略性新兴产业的发展。调优,就是要着力优化提升传统产业,大力培植优质企业。张家港市的传统产业,特别是传统制造业比重较大,在经济转型过程中,要促进经济信息化和工业化的深度融合,推动传统产业向产业链和价值链的高端攀升。张家港市"调高、调轻、调优产业结构"的目的是调强产业结构,全面地增强产业核心竞争力,以此全面地模塑城市品质。因此,张家港市的制造业只有再创"先进制造""创新制造""绿色制造"等新优势,努力成为县域经济创新高质量发展的实践典范,才能极大地提升城市品质。

(三) 从产业绿色化模塑城市品质的客观实际出发

模塑城市品质必须从客观实际出发,这个客观实际既包括产业发展现状、发展趋势这个客观实际,也包括城市所处的区域位置以及所肩负的历史使命这个客观实际。张家港是一个典型的长江边的城市,因江而名,因江而兴。6300公里的长江,苏州拥有长江岸线157.96公里,张家港则有80.4公里长江岸线,占苏州的一半,占江苏全省长江岸线总长的18.6%。张家港市着力"调高、调轻、调优产业结构",

以产业绿色化模塑城市品质的张家港实践研究

以产业全面绿色转型的实际行动保护好长江生态环境，推进长江经济带绿色发展，是新时代的一项重大政治任务，也是一个重大发展机遇，对于张家港市努力当好推进长江经济带绿色发展的典范，意义十分重大。张家港市"调高、调轻、调优产业结构"的发展战略，是坚决贯彻落实习近平总书记关于全面推动长江经济带发展重要指示精神的重大战略，是以实际行动坚持生态优先、绿色发展新路子的重大举措。2016年1月5日，习近平总书记在主持召开的第一次推动长江经济带发展座谈会上强调："长江是中华民族的母亲河，也是中华民族发展的重要支撑；推动长江经济带发展必须从中华民族长远利益考虑，把修复长江生态环境摆在压倒性位置，共抓大保护、不搞大开发，努力把长江经济带建设成为生态更优美、交通更顺畅、经济更协调、市场更统一、机制更科学的黄金经济带，探索出一条生态优先、绿色发展新路子。"[①] 在2018年4月26日习近平总书记主持召开的第二次推动长江经济带发展座谈会上，他再次重申和强调了这一观点。在2020年11月14日习近平总书记主持召开的第三次全面推动长江经济带发展座谈会上，习近平总书记就如何为长江经济带发展谋篇布局、把脉定向指出："坚定不移贯彻新发展理念，推动长江经济带高质量发展，谱写生态优先绿色发展新篇章，打造区域协调发展新样板，构筑高水平对外开放新高地，塑造创新驱动发展新优势，绘就山水人城和谐相融新画卷，使长江经济带成为我国生态优先绿色发展主战场、畅通国内国际双循环主动脉、引领经济高质量发展主力军。"[②] 习近平总书记的这些重要指示精神，站在全局性和战略性高度擘画了推动长江经济带高质量发展的宏伟蓝图，有着很强的针对性、理论性和实际可操作性。张家港市在长江大保护中处于重要战略地位，必须以更高的政治站位，深刻领会和认真贯彻落实习近平总书记的重要指示精神，以生态政治的理念和更大的政治担当作为，以更强有力地推动"调高、调轻、调优产业结构"的战略举措，争当长江大保护的排头兵和先行军。张家港市"调高、调轻、调优产业结构"也是抓住长江大保护和全面推动长江经济带高质量发展已经上升为国家发展战略的重大机遇，以结构合理的现代产业体系为长江经济带高质量发展作出示范的重大战略。中国经济已由高增长阶段转向高质量发展阶段，建设结构合理的现代产业体系是支撑城市经济高质量发展、模塑城市优良品质的关键之所在。张家港市着力"调高、调轻、调优产业结构"，是打造县域经济高质量发展典范城市的重要内容。张家港顺应时代发展需要加快经济结构调整和促进产业绿色转型，将主攻方向放在产业优化升级上，以产业绿色化或绿色产业化的实际行动推动更高质量、更有效率、

---

① 习近平：《在深入推动长江经济带发展座谈会上的讲话》，人民出版社2018年版，第2—3页。
② 《习近平谈治国理政》第4卷，外文出版社2022年版，第357页。

更加公平、更可持续、更加安全地发展，全面地模塑城市品质。

二 实践运作：以产业绿色化模塑城市品质的经验做法

张家港将以产业绿色化模塑城市品质当作一个需要久久为功的复杂系统过程，以做好产业的加减法、推进传统产业的转型升级、培植高新技术产业等多管齐下的举措，促进产业绿色化或绿色产业化并在此过程中全面地模塑城市品质。

（一）以产业绿色化模塑城市品质的"加减法"

张家港在产业绿色化或绿色产业化中全面地模塑城市品质的加减法，本质上就是以新发展理念为引领，找到经济理性和生态理性的有机结合点，推进人与自然和谐共生的现代化发展，焕发高品质城市的生机活力。

张家港以产业绿色化或绿色产业化模塑城市品质的减法，就是大力减去对生态环境和城市品质提升具有负面影响的"破坏力"。而做好加法，就是尽力增加产业绿色化和城市品质提升的"竞争力"。通过做好加减法，打造出有助于产业绿色化或绿色产业化的一流生态环境，以此模塑出一流的城市品质。

张家港市将以境内天然良港——张家港港而命名实施的张家港湾生态提升工程作为在推动"调高、调轻、调优产业结构"中模塑城市品质的重要组成部分，在着力推进"最美江滩、最美江堤、最美江村、最美江湾"四个"最美"建设中模塑最美城市，通过大力实施还绿于江，还江于民，擘画"江海交汇第一湾"生态新画像的生态文明建设，为城市品质提升增添新篇章。改革开放以来，张家港市充分利用区位优势，大力发展临港产业，长江边的"穷沙洲"蝶变为沿江现代港口城市。张家港市改革开放以来的高速发展，也带来了些许遗憾。在快速崛起的过程中，存在着岸线过度开发和低效利用的情况，尤其是12公里长的张家港湾这一段最为典型。"散乱污"企业众多，人水争地矛盾突出，造成沿江居民"临江难见江，近水难亲水"的难堪现象，影响长江生态环境。2019年，张家港市委、市政府坚持以习近平生态文明思想为指导，审时度势提出张家港湾建设构想，并将其作为落实"共抓大保护、不搞大开发"的重要举措，作为推动"调高、调轻、调优产业结构"以此增加城市颜值和模塑城市品质的实际行动。以百年江堤提升、水产养殖清理、生产岸线腾退、生态环境修复、交通道路优化"五大工程"为抓手，系统推进生态环境保护修复，全面完成总投资37.6亿元的张家港湾生态提升工程，生动展现出万里长江的"最亮一段"。相关经验、做法被央视《新闻联播》专题报道，并入选"江苏省沿江岸线整治和生态修复标志性工程"，成为全省20个沿江特色示范段之一。首先是清退低效生产岸线。以点带面引导张家港湾沿线企业退出，将9公里生产岸线重新恢复为生态岸线。全面清理江堤外侧养殖业，实施搬迁、关闭、转产，实现禁养清零。优化沿江产业布局。将3公里未开发港口岸线重新调整为生态岸线，原准备围垦的6000亩土地全部落实江滩湿地保护要求，取消4平方公里规划产业用地，恢复生态用地功能，严禁在干流及主要支流岸线1公里范围内新建布局重化工园区和危化品码头，以退为进为港城高质量发展蓄势增能。张家港市坚持把生态修复摆在压倒性位置，在张家港湾区域进行大规模增绿、抢救性复绿，构筑了140万平方米滨江亲水景观带，着力建设独具水乡地域特色的地标性工程。悉心守护"一江清水、两岸葱绿"。坚持统筹山水林田湖草系统治理，实施水域连通、植被绿化等生态修复工程，将水渠系统与湿地水域连水结网、互相贯通；建设湿地与森林共生的生态防护林带，恢复长江自然芦苇滩涂湿地30公顷，种植乔木1.5万余棵，精心塑造绿色浸润的"最美江滩"，满足市民"见江亲水"的美好心愿。坚持融合打造"生态廊道、最美江堤"。注重景观、休闲多元融合，提升绿色生态的丰富性与层次感。结合"百年一遇"江堤建设，对江堤内外侧以及周边配套观景亭、塔、轩及驿站等设施进行整体改造提升，形成融健步、休闲、观光于一体的滨江亲水景观带，将原海事灯塔改造成"鱼跃龙门"观景台，成为张家港市新的"网红打卡地"。其次是全面重塑"亮丽滨江、田园风光"。综合运用生态湿地、海绵城市、立体园林等生态技术，构建以滨江景观带、江滩观光园、百亩漫花园、湿地体验园为特色的"一带三园"景观。主动呼应双山、香山两大生态地标，推动形成"山的形状、岛的韵味、江的风情"滨江特色，打造张家港市沿江旅游观光的新品牌。最后落脚到促进惠民利民和拔高乡村"幸福指数"。张家港市坚持绿水青山就是金山银山的理念，以美丽生态催生美好生活。张家港市依托沿江生态资源，扎实推进特色田园乡村建设，打造以优质产业为支撑、江畔风光为特色、红色文化为内涵的美丽幸福村落，将张家港湾的生态红利转变为推动乡村振兴的发展红利。激活农业发展引擎。升级江村发展模式，提档升级民宿休闲、传统种植、江滩芦苇观光三大产业。引进社会资本加码现代农业项目，科学指导村民开办农家乐，规划建设集中连片、设施配套的高标准农田，促进现代农业高质高效发展，精心做好富民增收大文章。擦亮农村宜居"底色"。以农村人居环境整治为抓手，统筹推进张家港湾周边村庄的环境综合治理，系统治理河道，推动沿线农村人居环境持续改善，"最美江村"质态充分彰显，老百姓的幸福感、获得感得到显著增强。丰富农民精神"家园"。坚持把长江文化保护好、传承好、弘扬好，推动长江的历史文化、山水文化与城乡发展相融合。以沙上村庄为载体，保留村庄历史风貌，保护村庄"活态文化"，深挖红色历史资源，建设百米红色文化长廊和"长江大保护"初心学堂，不断赋予乡村振兴文化内涵，让市民群众在张家港湾"看得见山、望得见水、记得住乡愁"。做好张家港湾文章，是提升张家港核心竞争力的重要内容，是以实际行动书写长江共抓大保护、不搞大开发的新篇章。因此，在新的发展机遇和肩负新的历史责任的情况下，加快推进美而富的美丽经济、美而文的美丽文化、美而舒的美好生活、美而久的美丽永续，有助于为张家港市在推动"调高、调轻、调优产业结构"中营造优美的城市生态环境和发展环境。

张家港市在做好减法的同时做好加法，尽力增强产业绿色化和城市品质提升的竞争力。东沙化工园区的成功转型就是在这一理念指导下运作的一个典型案例。位于张家港南丰镇的东沙化工园区曾为当地经济发展发挥了积极作用，但随着时间的推移，也存在安全隐患多、对周边环境影响较大等现实问题。张家港市委、市政府狠下决心对化工区实施关停淘汰。这既是逼迫落后产能退出市场、全面消除安全隐患、腾出发展空间的现实所需，也是加快产业转型升级、推进生态文明建设的长久之计，更是顺应广大群众对建设美丽港城的热切期盼，具有很好的经济效益和社会效益。围绕推动"调高、调轻、调优产业结构"的目标，大力实施"环境提优工程"，勾画沿江生态亮丽"丰景"。坚持"铁腕整治"，率先关停转型。至2017年底，园区37家化工企业实现全面关停，2019年底完成化工企业拆搬，成为江苏省首个整建制关闭的化工园区。为了筑牢"生态屏障"，守护一江碧水，对标沿江"三化"要求大力开展沿江环境整治提升行动，实现沿江32家"散乱污"企业（作坊）全面"清零"，完成河道清障及岸坡整治9公里，关停江滩养殖场300余亩，重现"一江碧水两岸新"的生态环境。尽力刷新"绿色颜值"，共享生态红利。积极响应国家"双碳"政策，通过关停整治，每年减排COD 1200余吨、二氧化硫1500余吨，减少危废产生量2000余吨，空气优良天数比例达89.9%，入江干河断面水质优Ⅲ比例保持100%。同时，对东沙区域1000余户农户实施整体动迁、集中安置，累计安置面积超12万平方米，实现了环境质量和民生福祉的双丰收。

与此同时，大力实施"园区升级工程"，构建转型发展的坚实"基底"。编制了园区控制性详细规划，腾挪连片规整土地3300余亩，现有余量可用土地2280余亩，为项目招引、园区发展提供了坚实的用地保障，着力将园区打造为融入长三角一体化发展、链接北广深优质项目资源的首选"承载地"。突出要素整合，完善功能配套。实施园区路网改造升级，拓宽道路和改造桥梁，实现园区交通"外联内畅"。大力推进园区载体建设，新增一期载体3.6万平方米，加快二期2.6万平方米载体建设，着力提升园区项目"承载力"。突出形象改造，提升园区形态。实施园区景观形象提升改造4万平方米，对待开发地块进行平整覆绿，新建公园、健身广场等休闲娱乐设施，加快园区商业中心、人才公寓等配套服务设施建设，实现园区形态"旧貌换新颜"。

张家港市聚焦推动"调高、调轻、调优产业结构"模塑城市品质的目标，大力实施"千亿产业工程"，打造绿色低碳产业"集群"。一是搭建了项目承接"主阵地"。制定产业招商图谱和项目投资地图，充分释放园区土地资源优势，全面承接优质项目资源。二是打造了产业转型"升级版"。遵循"绿色化"招商选资原则，既看项目"含金量"，更看项目"含绿量"，推动产业结构往"高"里转。全力打造新材料产业发展高地、新制造产业示范基地、新能源产业现代集群。三是构筑了经济增长"新能级"。全力推进江南智能制造产业园发展壮大，大力发展循环经济。以东沙三大园区的齐头并进，构筑沿江产业蓬勃发展的"绿色引擎"，着力打造千亿元规模的产业集群。努力将园区打造成国内知名、区域领先的创新型智慧产业园。总之，张家港市针对产业存在的问题，对化工园区和需要转型升级的企业并不是采取简单的一关了之的方式，而是围绕如何推动产业全面增强核心竞争力，政府和企业通力合作，另辟蹊径，以柳暗花明的华丽转身，在全面推动"调高、调轻、调优产业结构"中模塑城市品质。

(二) 在推进传统产业绿色化中模塑城市品质

冶金业是张家港最大最强的支柱产业，是张家港工业经济的"压舱石"和底盘，以沙钢和永钢为代表的冶金工业在张家港规模工业经济中的比重达到了半壁江山，对于推进张家港的工业化、城市化和现代化进程做出了巨大贡献。近年来，沙钢和永钢坚持绿色循环低碳方向，注重大力优化产业结构，坚定不移地走科技先导型、资源节约型、环境友好型、生态安全型的发展之路，将经济理性和生态理性紧密结合起来，实现由经济发展与环境保护难以兼得向两者协调发展的转型，做到了经济发展与生态文明建设同步推进，不断为城市绿色发展做出应有的贡献。

江苏沙钢集团有限公司（简称"沙钢"）是中国民营企业和钢铁企业的"独角兽"企业。在2022年中国企业500强江苏上榜企业中，沙钢排名第三。在2022年的世界500强中排名第291名。在推进产业绿色化或绿色产业化中，沙钢坚持信息化与工业化的深度融合，大力建设智能化绿色工厂。信息化与工业化的深度融合是一个企业信息自动化水平的高度体现，同时也是企业从工业3.0向4.0挺进的跳板。沙钢根据企业发展战略，提出了"战略导向、统筹规划、四化驱动、持续完善"的方针，实施了一系列信息化项目，成为全国第一批通过两化融合管理体系贯标认定的企业之一。为了以能源管理系统推进绿色发展，沙钢建成了高炉炼铁专家系统、自动炼钢系统、精益生产管理系统、手机质量质监系统以及自助发货系统、PDA平台、无人计量系统等一系列智能管理系统，为全面打造智能化工厂提供了强有力的技术支撑。同时，沙钢还建设了动力能源管控中心，实时显示能源系统的运行数据和各种运行操作画面。沙钢通过远程集中控制，实现了全公司能源的统一管理和平衡调度，在保障公司生产及动力工艺系统稳定性的同时，进一步提高了公司整体能源的利用率和经济性。沙钢大力推进互联网+客户服务体系建设。为更好地满足客户需求，沙钢通过电子商务客户端的运用，推进企业互联网+客户服务体系建设。目前沙钢电子商务平台客户端能完成用户计划申报、核定、发货状态、出库通知、代运车辆船只等信息查询，减少客户从产品计划开始到售后全系的精力投入，也便于后期数据的采集提供决策分析。沙钢还大力发展智能机器人代替人工项目建设。智能机器人的发展应用是一个企业智能化水平的高度体现。为进一步减轻职工劳动强度、解决因人工操作不稳造成产品质量波动等问题，沙钢在相关岗位大力推广使用机器人操作，有效提升了企业智能化发展水平。沙钢坚持以可持续发展为理念，构建生态和谐企业。近年来持续加大了环保投入。沙钢严格按国家环保法规和行业标准，坚持环保设施与主体设备同时设计、同时施工、同时投入使用的"三同时"原则，在技改项目建设中，环保设施投资比例超过30%。坚持大力发展循环经济。沙钢根据"减量化、再利用、资源化"的循环经济理念，坚持从源头抓起，搞好资源综合利用，通过实施煤气、蒸汽、炉渣、焦化副产品和工业用水"五大循环回收利用工程"，每年循环经济产生的效益占企业总效益的20%以上，取得了明显的经济效益和环境效益。沙钢以绿色发展理念大力建设清洁工厂，坚持从源头开始狠抓环保工作，优先选用优质清洁原料，烧结工序全部选用进口高品位低硫精矿粉烧结，电炉采用清洁废钢、精料入炉生产，从源头上严格把关减少污染物排放量；进一步引进吸收、推广运用高效能源、减量污染的先进生产技术，改造公司传统的制造流程，加快实现公司的绿色化转型，如沙钢引进美国纽柯公司技术建成的超薄带生产线，是沙钢产品结构调整、工艺升级换代、质量水平提升、加快高质量转型升级的一项重要工程，相对于传统的生产线，整体超薄带生产线的单位燃耗减少95%、水耗减少80%、电耗减少90%，具有显著的经济效益、环境效益和社会效益；不断建设封闭的原料贮存设施，建设了64只万吨级煤筒仓和20只喷吹煤筒仓，实现全封闭贮煤，有效杜绝了之前原料露天堆放及装卸过程中的扬尘污染。

张家港冶金工业的另一龙头企业是永钢集团，以绿色发展的实际行动走出了产业绿色化的发展道路。永钢集团成立于1984年，经过30多年的发展，已从轧钢小作坊发展成全国单体最大的村办企业，实现了从无到有、从单一轧钢企业向联合型钢铁企业、从一元产业到多元产业的三次跨越发展。2022年，企业位列中国企业

500强第211位,中国民营企业500强第70位。近年来,永钢集团围绕"做精做优钢铁主业、做大做强非钢产业",加快企业转型升级。产品结构高端化。按照"普转优、优转特、特转精"的思路推进产品结构调整,积极研发生产高附加值的优特钢产品,优特钢产销比达70%,产品被广泛应用在港珠澳大桥等世界知名工程上。其中特种焊丝钢和贝氏体非调质钢替代进口,用于风电和能源管坯的规格1.2米的连铸圆坯为全球最大。高端P系列管坯钢、直接切削用非调质钢、以轧代锻圆钢等产品市场占有率稳居国内首位。企业坚持市场布局全球化。坚持国内市场和国外市场"两条腿"走路,产品国内覆盖29个省区市,国外覆盖113个国家和地区,其中"一带一路"沿线国家和地区32个,在国际上叫响了"中国永钢集团"品牌。企业坚持发展动能高新化。这几年,永钢集团不断提升科技创新驱动能力,荣获国家科学进步奖等各类科技奖近30项,承担"863"等国家重点研发项目4项,拥有有效专利、软件著作权900余件,形成自主核心技术100余项,有67名高级工程师和4名教授级高工,在钢铁行业专利创新指数评选中,位列民营钢铁企业第一。坚持产业结构多元化。除钢铁主业外,新能源、建筑、赋能制造、环保、金融贸易等板块逐步做大做强,钢铁板块和非钢板块营收各占50%,盈利能力稳步提升,为对冲钢铁行业周期性影响,提升企业发展后劲和竞争实力,起到了重要支撑作用。

(三)在培植高新技术产业中模塑城市品质

张家港市积极把握国际能源发展新趋势,抢抓技术变革新机遇,大力优化发展环境,在以新能源产业发展模塑城市品质方面迈出了坚实步伐。

张家港市新能源产业主要分为锂电、氢能、光伏和LNG四个细分领域,共有规上工业企业40家,2021年总产值272.1亿元,同比增加35.9%。在"碳达峰、碳中和"目标带动下,新能源产业迎来新的机遇。良好的发展前景、广阔的市场需求、有力的支持政策让国内外重点新能源企业积极在张家港市布局项目,存量企业纷纷扩能增量。目前,张家港市东华能源、华昌化工等上市公司抢抓氢能产业窗口期,积极布局氢能产业;央企中车集团、华电集团分别在张家港市打造氢能源产业基地和张家港海进江LNG接收站项目;香港信义集团在张家港市投资光伏玻璃和锂电池储能项目。2021年全市共有8个新能源项目竣工,共完成投资14.58亿元。目前新能源在建项目共有8个,总投资157亿元,国富氢能装备产业基地三期项目总投资15亿元,正在进行钢结构主体搭建;信义光能太阳能装备用轻质高透面板项目总投资56亿元,整体工程量已完成约80%。拟建项目9个,投资总额超150亿元,聚晟太阳能拟建年产能4GW太阳能跟踪支架系统项目,华盛锂电、亿恩科、雅保锂业、龙蟠科技、如鲲新材料等企业拟围绕锂电池材料及电解液开展项目建设。众多不断落地生根的优质项目正为张家港市新能源产业链高速发展提供新的动能。张家港市将重点发展以锂电产业为核心，氢能、光伏、LNG产业协同发展的新能源产业创新集群。其中，锂电产业巩固提升上游原材料产业基础，扩大电动工具消费领域锂电产业规模，积极招引车用动力锂电池、储能电池及关联配套项目，进一步向产业链终端延伸。氢能产业重点聚焦电解水制氢设备、加氢储氢设备、氢液化装备、氢燃料电池系统及其关键零部件、热电联产系统等方向，扩大示范应用场景，提升产业能级。光伏产业在扶持做大现有优势企业和引入重点项目两方面同步发力，重点发展EVA光伏胶膜、光伏电池片、光伏逆变器及高效光伏组件等领域。LNG产业加快推进张家港海进江LNG接收站项目（苏州LNG储备中心），布局冷能利用产业链，打造循环产业园。这些举措将极大地推动产业绿色化模塑城市品质的进程。

三 未来展望：以产业绿色化模塑高质量发展典范城市

张家港坚定不移以产业结构调整为主攻方向，以重点项目布局为重要抓手，以优质的增量投入为必然之路，加快推动经济发展质量的全面跃升，推动港城实现从"产业城市"向"产业强市"的跃升目标，以产业全面绿色转型模塑高质量发展典范城市。

（一）推动实现从"产业城市"向"产业强市"转型

进入新时代的张家港市，已经成为沿海和长江两大经济开发带交汇处的新兴港口工业城市。长三角一体化和长江经济带高质量发展以及"双循环"新发展格局中的"三铁交会"等多重战略机遇叠加，给位于长江经济带和21世纪海上丝绸之路交汇处的张家港市带来了重大发展机遇。2020年7月1日，沪苏通铁路的开通、长江公铁大桥的启用，转瞬之间重塑了张家港市这座全国明星城市的空间坐标。放眼长江经济带和沿海经济带的交汇点，由大江、大桥、大通道全新标注的张家港市发展潜力巨大。不仅如此，未来通苏嘉甬、南沿江两条铁路开通后，张家港市将成为连接东西、贯通南北以及公铁水联运、江海河直达的现代硬核枢纽。新的历史机遇催动张家港市产业按照客观形势的飞速变化再一次升华，为模塑城市品质再立新功。

改革开放40多年的稳健发展，为张家港市奠定了较为坚实的工业经济基础。以全省1%的土地面积，贡献超3%的制造业增加值。拥有年产值近6000亿元的冶金、机电、化工、纺织、粮油食品五大支柱产业，正在集中打造新能源、数字经济、生物医药、先进特色半导体等"5个千亿级、若干个百亿级"产业集群。工业经济各项总量指标位居苏南各县市前列。2021年，全市规上工业企业营业收入7171.82亿元，同比增长24.1%，利润总额431.36亿元，同比增长55.2%。围绕增强产业集聚水平，张家港市大力推动产业集聚创新发展。全市已建成国家级开发区2个（保税区和经开区）、省级特色工业园区1个（冶金园）、省级高新区1个，四大园区集聚了全市超60%的规上企业。张家港市经开区获评国家新型工业化产业示范基地。从产业集群看，全市冶金、机电、化工、纺织等主导产业的集群效应日趋明显。其中，冶金已初步形成完整产业链，占规上工业的46.91%。机电占规上工业的17.15%，中国机械工业联合会授予张家港市"中国高端石化装备名城"。化工占规上工业的14.85%，扬子江国际化学工业园被认定为全省14家化工园区之一，入围中国化工园区30强。纺织形成多品种、宽领域的产业格局，金港镇氨纶纱年产量占全国总产量的30%左右。张家港市产业坚持创新引领发展，创新发展动能较为强劲。2021年，以高性能新材料、新能源汽车为代表的五大新兴产业实现产值2732.06亿元，同比增长14.4%，占规上工业总产值比重达46.76%。其中，新材料产值1615.97亿元，新装备产值506.18亿元，新能源产值257.04亿元，智能电网及再生利用产值271.23亿元，新医药及其他产值81.64亿元。一大批新兴产业项目陆续签约，为打造先进制造业集群、构建现代产业体系积蓄新动能。企业技术创新能力稳步攀升。全市累计创建省级以上企业技术中心89家（国家级沙钢集团、富瑞特装2家），苏州市级企业技术中心129家。长隆石化"LNG大口径船用智能装卸系统"等9个项目列入江苏省关键核心技术攻关（研制赶超）项目。

张家港市锚定从"产业城市"向"产业强市"的跃升目标，紧扣有效投入、产业招商、科技创新的主要目标任务，着力推动具有战略意义、撬动性强、引领作用大的重大项目早开工、早投产、早见效，促进张家港市的传统产业提档升级，围绕绿色化、高端化、智能化、数字化的发展方向，着力巩固提升张家港市现有的冶金、纺织、机电、化工等传统优势产业，并推动引导企业因需定制智能化转型路线，推动存量产业结构大调整、质效大提升，极大地提升张家港市在国内外产业链中的定位、在国内外创新链中的功能、在国内外价值链中的层次，力争在关键领域、关键环节形成无可替代的上游卡口优势，在全面地增强城市整体竞争力中提升城市品质。

（二）以推动科技创新提升城市品质

进入新时代，张家港市在推动传统产业创新集群、智能化、数字化改造后成为竞争力强劲的产业外，进一步聚焦新一代信息技术、机器人及装备制造、生物医药产业，布局大数据、云计算、物联网、新能源、新材料等高新技术产业和新兴产业，瞄准世界500强、重点央企、省级以上跨国公司地区总部和功能性机构等优质资源，引进掌握核心技术、投资体量大、牵引作用强的重大项目，实现标杆项目落地。还围绕国内外科技创新共同体建设，深度融入长三角科技创新共同体、苏南国家自主创新示范区建设，充分发挥上海—张家港市技术转移协作中心、张家港市上海高校协同创新中心等载体的作用，加快研究落实研发机构市场化运行模式，打造"双创"特色载体，加快推动大数据产业与实体经济、共享经济的融合发展，助力新经济、新模式运营主体做大做强，肩负起争当建设创新驱动发展典范和高质量发展排头兵的历史重任，为始终走在现代化建设新征程前列做出重大贡献。与此同时，将服务链与产业链、人才链紧密地连接起来，将优化营商环境作为提升文化软实力的重要内容，作为培植企业生存发展的良田沃土工程，也作为推动产业获得持续发展能力的有效抓手。张家港精神就是先进文化的代表，张家港市在产业转型升级和创新发展中，始终秉持优良的营商环境就是优质的生产力，就是过硬的竞争力，也是强大的文化软实力的理念，张家港市充分认识到，营商环境的优劣，直接影响到市场主体的兴衰和生产要素的聚散，也直接关联着发展动力的强弱，体现出城市品质。从而在实践中不断地加强体制创新、流程再造、服务升级、重视监管、反馈调整，不断优化营商环境，提高服务效能，打响服务品牌，提升文化软实力，构建亲清政商关系，推动"世界加工厂"向"世界办公室"转变，促使张家港市成为外来投资者放心安心、舒心称心的投资福地。张家港市坚持在塑产业发展环境、抓产业改革创新、提服务效能上狠下功夫，以优化"港城上市通"服务等方式，做企业最需要做的事，做企业做不了的事，为服务对象提供"至高服务"，实现便利再提速、效率再提高、服务再提质、法治再提升。以营商服务品牌建设，深化挂钩联系方式、"零审批"办理原则、全链代办等服务模式改革，更大力度推进流程再造，快马加鞭推进项目投产运营。着力构建以政府为主导、企业为主体、市场为纽带的发展共同体、利益共同体、使命共同体、共享共同体，以产业发展的质量变革、效率变革、动力变革，走上科技在自立自强中高质量发展道路。张家港市在推动"调高、调轻、调优产业结构"的实践中时刻铭记和自觉践行习近平总书记关于创新的科学论述，坚定不移地走科技创新之路。习近平总书记指出："创新就是生产力，企业赖之以强，国家赖之以盛。我们要顺应第四次工业革命发展趋势，共同把握数字化、网络化、智能化发展机遇，共同探索新技术、新业态、新模式，探寻新的增长动能和发展路径。"[1] 习近平总书记还形象地说："只有敢于走别人没有走过的路，才能收获别样的风景。"[2] 张家港市在推动"调高、调轻、调优产业结构"过程中，坚持将创新作为强大生产力和推动发展的强大动力，以创新精神不断构筑开放高地、产

---

[1] 习近平：《论把握新发展阶段、贯彻新发展理念、构建新发展格局》，中央文献出版社2021年版，第321页。

[2] 习近平：《在庆祝海南建省办经济特区30周年大会上的讲话》，人民出版社2018年版，第7页。

业高地、人才高地，围绕推动产业创新集群的主题和市场导向，推进产业创新、组织管理创新和发展模式创新，以坚定的信念和毅力披荆斩棘、脚踏实地、勇毅前行，通过干群上下一条心，一茬接一茬地苦干和实干，推动创新环境持续改善，吸引和聚集着国内外众多资源，实现更繁荣的创业建业，在这个过程中也生动地体现出张家港产业日益增进的创新能力和创新活力，促进城市品质得到有效提升。

（三）实现产业绿色化和城市品质提升相得益彰

"样样都要争第一"的精气神和严格要求体现了张家港市以系统性思维追求整体高质量的思维方式和行为方式。张家港市坚持系统思维，从整体性上布局谋篇，统筹经济产业和社会事业的协调发展、城乡协调发展、物质文明和精神文明协调发展、外资企业和民营经济协调发展、第一产业与第二产业、第三产业协调发展，以样样都要争第一的务实态度和严格的工作要求，推动实现整体文明进步。为此，张家港市在推动"调高、调轻、调优产业结构"中大力营造创新氛围，充分发挥科创平台集中，创新资源集聚的优势，进一步立足创新链，部署产业链，紧密围绕创新存在的关键"瓶颈"问题，加快推进创新创业政策落地、创新创业要素集聚、科技成果转移转化、主导产业创新发展、科技创新为民惠民、体制机制全面创新，努力促进高科技产业走到世界前列，跟上全球高新技术产业发展的步伐，力争在某些领域实现引领全球科技创新潮流的宏伟目标。

为了加快实现这个宏伟目标，张家港市大力构建"一把手抓创新"工作格局，将2021年和2022年分别定为"创新提质年"和"创新转型加速年"，并专题发布《"创新张家港"建设五年行动计划（2021—2025）》，将创新推向最高位。以实际行动将创新作为推动产业发展和城市品质提升的第一动力，将创新集群作为推动产业集群的最高形式，持续推动"创新张家港"建设，通过加快创新转型步伐，不断扩大新兴产业"增量"，优化传统产业"存量"。首发"创新发展指数"，建模"县域创新画像"。牵手知名专业智库，先行发布全国县域首个"创新驱动发展指数"，对标"全球创新指数"和国家创新型县（市）评价体系，紧扣"创新投入、创新主体、创新人才、创新生态、创新产出、创新惠民"六个维度，把39项量化指标作为创新"晴雨表"，深度剖析县域创新的内生动力、制约因素等，具象化运用"木桶理论"，持续充盈县域创新"蓄水池"，助力张家港市科技创新跻身全国县（市）第一方阵。张家港市注重把"高端人才"育在"需求侧"上。为突破县域高端人才发展的"天花板"，张家港市率先启动全国首个"科技创新研修院"建设，立足"新时代人才培养供给侧结构性改革"目标，按照"市场主导、实体运作"的建办模式，以政府引导撬动社会力量，聚焦"服务人才、汇集资源、输出项目、升级产业",创新推出"科创品牌塑造、主导产业赋能、创新集群培育"三大行动,围绕主导产业链,不断擦亮科技创新 CEO 特训营等系列品牌,持续放大高端人才的辨识度和首位度,深入探索"人才强国战略在县域落地""人才支撑产业发展在县域实践"的现实路径,打造长三角首家实体化培训基地和全国科技创新培训工作典范。张家港市坚持提高"增量"和优化"存量"双管齐下,同步发力。持之以恒调结构,优布局,提升产业层次和核心竞争力,让产业质量更高,产业生态更优,产业竞争力更强,力争在"十四五"时期形成 5 个千亿元级和若干个百亿元级产业集群,如期实现推动张家港市从"产业城市"向"产业强市"跃升的宏伟奋斗目标,促使城市品质更过硬,城市形象更美好。

新型城镇化背景下特色小镇的网络演化研究

——以时裳小镇为例

段进军* 华怡宁**

摘要：国家新型城镇化战略是特色小镇规划建设的重要背景，特色小镇也通过协调城乡结构、发展小镇经济等路径多方位推进国家新型城镇化建设。以特色小镇与新型城镇化之间目标一致、相互促进的双向关系为背景，发现特色小镇从产业、城乡结构、个体需求、生态四大支点助力我国新型城镇化。结合新桥时裳小镇的案例，分析其在新型城镇化背景下的创新举措，阐述时裳小镇分别在形成、成长和成熟阶段域内经济、社会、创新网络的演化发展过程，为同类型的特色小镇搭建开放性创新生态系统、助力新型城镇化建设提供规划思维和建设路径的借鉴。

关键词：特色小镇；新型城镇化；网络演化；创新网络

Research on Network Evolution of Characteristic Towns under the Background of New Urbanization

——Take Shishang Town as an example

Duan Jinjun　Hua Yining

Abstract：The national new urbanization strategy is an important background for the planning and construction of characteristic towns, characteristic towns also promote the national new urbanization construction in many ways by coordinating urban and rural structure and developing small town economy. Against the background of the two-way relationship between characteristic towns and new-type urbanization, it is found that characteristic towns

---

* 段进军，苏州大学商学院教授。
** 华怡宁，苏州大学商学院硕士研究生。

help China's new-type urbanization from four fulcrums: industry, urban and rural structure, individual needs and ecology. Combined with the case of Xinqiao Shishang Town, this paper analyzes its innovative measures under the background of new urbanization, and expounds the evolution and development process of economy, society and innovation network in the formation, growth and maturity stages of Shishang Town, so as to build an open innovation ecosystem for the same type of characteristic towns and provide reference for planning thinking and construction path for the construction of new urbanization.

Keywords: characteristic town; new pattern urbanization; network evolution; innovation network

一 引言

党的十八大报告提出的新型城镇化建设，是基于我国快速城镇化和城乡二元结构问题提出的重大部署，对我国实现第二个百年奋斗目标具有深远意义。新型城镇化建设以以人为本为核心价值，各级政府多方实践，优化我国城乡网络布局，优化城乡二元经济结构，在推进城市集约发展的同时大力开展县域城镇化建设，旨在从多角度多渠道改善城乡居民的生活方式，推进我国城镇化进程。特色小镇是当前新型城镇化建设背景下的重要实践，是推进新型城镇化建设的重要载体，在政府引导、企业互动与个体创新下，特色小镇建设逐渐成为我国推进县域城镇化、实现农业人口市民化的重要路径。作为一种新型"产业空间组织形式"[1]，特色小镇旨在打造一个"产、城、人、文"四位一体、有机结合的重要功能平台，特色小镇建设以当地历史人文内涵为底色，以主导产业为支撑，以创新为核心要素，秉持集约发展理念，引导要素由大城市向乡镇流动，推动小镇及周边地区基础设施与公共服务的发展，丰富乡镇产业业态，缓解城乡二元经济结构矛盾，为我国新型城镇化建设提供了有效着力点。

从2014年起，中国特色小镇建设逐渐由地方实践发展为全国"风潮"，然而对比住建部前后两批特色小镇名单，可以看到一批"消失"的特色小镇，其背后存在着各地特色小镇建设主体对区域要素禀赋挖掘不充分以及特色小镇发展路径不适宜等问题。在创新生态系统视域下，特色小镇的演化过程分为形成、成长、成熟、衰退或蜕变四个阶段[2]，与之相伴的是特色小镇内各类网络的形成与演化，网络的科学覆盖与顺畅运行是特色小镇长效发展的关键。本文基于新型城镇化的宏观战略背

---

[1] 盛世豪、张伟明:《特色小镇：一种产业空间组织形式》，《浙江社会科学》2016年第3期。
[2] 张敏:《创新生态系统视角下特色小镇建设：演化过程与路径选择》，中国农业出版社2019年版。

景，以新桥时裳小镇为例，探讨拥有纺织业基础的小镇如何摆脱传统产业困境，在传统经济网络的基础上通过构建高强度节点，发展强创新网络关系，探索发展特色小镇的可持续路径，具有十分重要的现实意义。

二 新型城镇化背景下的特色小镇

（一）特色小镇与新型城镇化的耦合关系分析

新型城镇化建设与特色小镇建设出发点相同，二者都重视人的行为，以个体需求为核心，为我国解决新时代社会主要矛盾提供了有力的推手。一方面，我国的新型城镇化建设不仅推进数据层面的人口城镇化，更重要的是推进人的城镇化，欲从就业、服务、生态等多个角度改善城乡居民的生活方式，实现更加均衡、更加联动的城乡分布格局。另一方面，特色小镇不同于传统的工业园区，它打造的是一个多维综合空间，旨在实现生产、生活、生态的"三生"融合，最终形成一个开放型区域，各个主体交流互动，实现知识溢出。新型城镇化的"新"与特色小镇的"特"，都体现于其人本思想，究其目标本质，也存在统一性，都是为个体带来更舒适、更开放、更加现代化的生产生活方式。

在建设过程中，新型城镇化战略与特色小镇建设相辅相成。中央新型城镇化战略既"向下"影响着地方的治理方略，地方同样也"向上"参与着新型城镇化建设。第一，特色小镇是推进新型城镇化战略的重要载体。在新型城镇化进程中，特色小镇凭借独特的地理位置，为城乡交互提供了桥梁，为城乡一体化建设提供了抓手。在此枢纽位置，特色小镇一方面承接城市，通过在城市周边打造亚核心，舒缓大城市压力，为农业人口就近城镇化提供有效路径；另一方面联动乡村，通过文化资源挖掘引导高端要素流向城市周边，以县域城镇化为载体，带动周边乡村地区的公共设施与公共服务建设，推进乡村振兴进程。第二，新型城镇化为特色小镇建设提供了平台。新型城镇化是特色小镇重要的建设背景，由于国家新型城镇化建设，特别是县域城镇化建设的引导，更多的人才、资本等要素流向小城镇，为特色小镇建设提供了良好的先决条件。此外，新型城镇化建设是我国经济转型升级的重要推动力[1]，在新型城镇化的建设过程中，我国城乡居民的生产生活方式更加健康、更加现代化，带来了城乡消费、投资需求的上升和产业结构优化，为绿色产业、新兴产业的发展提供了窗口，也为特色小镇集约发展、创新发展提供了政策助力。

---

[1] 刘国斌、朱先声：《特色小镇建设与新型城镇化道路研究》，《税务与经济》2018年第3期。

（二）特色小镇助力新型城镇化建设的机制分析

作为推进新型城镇化建设的重要载体，以产、城、人、文四位一体为发展目标的特色小镇从产业、城乡结构、个体需求以及生态四个方向出发，推进国家新型城镇化建设（见图1）。

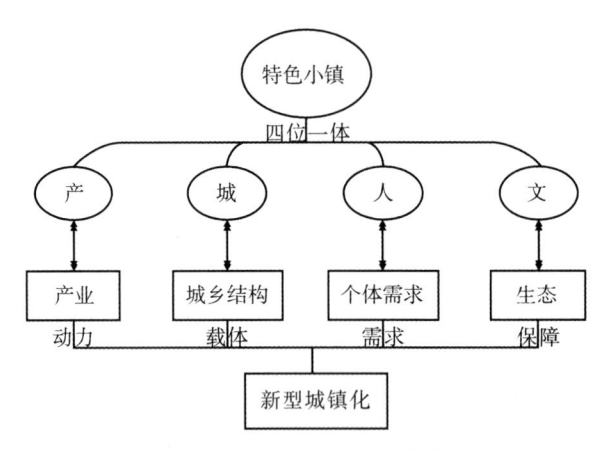

图1 特色小镇助力新型城镇化建设的机制分析

1. 培育特色产业，支撑城镇发展

产业发展是新型城镇化推进的基石，特色产业也是特色小镇发展的原动力。谢呈阳等以江苏省县域数据进行实证研究，发现产业基础薄弱，第二、第三产业发展不匹配等问题在我国城镇中十分普遍，而特色小镇通过明晰自身产业基础，挖掘地方特色历史人文内涵，丰富产业业态，优化小镇第二、第三产业比例，为当地产业基础优化、产业结构升级提供了抓手。[①] 作为一个四位一体的综合发展平台，特色小镇通过打造新型产业空间集群，为小镇的经济发展提供充足动力，为小镇优化产业结构提供了直接助力，并以产业为拉手通过提升带动小城镇的经济发展水平推进我国的新型城镇化建设。

首先，产业是城之动力，特色小镇通过推进产业集群内部的协调合作与产业集群与外部的交互合作，打造升级型产业集群，在提升区域产业基础、增添产业活力、促进形成知识溢出的同时提升了区域整体竞争优势。王天宇着眼于我国乡村振兴战略，提出特色小镇建设打造了乡村发展的增长极。[②] 根据增长极理论，特色小镇打造的升级产业集群通过辐射效应带动本地及周边乡村地区的公共服务建设，为乡村

[①] 谢呈阳、胡汉辉、周海波：《新型城镇化背景下"产城融合"的内在机理与作用路径》，《财经研究》2016年第1期。

[②] 王天宇：《论乡村振兴战略背景下特色小镇的培育发展——基于特色小镇、中小企业与乡村振兴三者契合互动分析》，《河南社会科学》2020年第7期。

振兴发展提供了切实助力。公共设施的建设完善伴随着特色小镇周边交通网络的优化，从而进一步降低特色小镇内企业的运输成本，提高产业集群的开放程度，促进产业进一步发展。同时，特色小镇产业发展提升了居民的生活水平，带来了投资与消费需求的增长，不仅为小镇第三产业发展提供了动力，还增加了小镇的创业机会，进一步优化产业结构、提升集群活力，优化特色小镇的产业建设，为新型城镇化发展提供更多动力。

2. 搭建互动平台，协调城乡关系

国家统计局副局长李晓超在中国城市百人论坛2021年会中披露，近十年来我国城镇化率年均提高1.39个百分点，人口城镇化率从2010年的49.7%上升至2020年的63.9%。快速的城镇化率增长带来了大城市过度扩张、农村"空心化"等问题，城乡二元结构矛盾日益突出，是新型城镇化战略提出的重要背景。就地理位置而言，位于城市周边或外围的特色小镇在调节城乡关系的过程中能够起到关键的枢纽作用。在核心—边缘结构中，特色小镇属于相对城市核心的边缘地区，承接城市压力，同时可通过辐射作用打造乡村的发展核心，带动乡村地区的经济发展，发挥桥梁作用缓解、优化城乡矛盾。刘海猛等认为我国的新型城镇化建设应结合"自下而上"与"自上而下"两条路径融合推进。① 特色小镇以县域城镇化为载体，自下而上地参与我国新型城镇化建设，通过以特带"镇"，带动县域经济，从小微切口打通城乡要素交流通道，协调城乡结构。

具体而言，特色小镇利用自身地理枢纽地位，在城乡之间特色化、开放性发展，将城乡不同要素通过特色产业发展汇聚至此，城乡结构得到优化与协调。第一，要素交互联动城乡。在特色产业发展过程中，乡村的原材料与城市的科学技术交汇于特色小镇，在此空间内形成要素交换与知识交流，带动城乡产业的一体联动发展，缩小城乡经济差距。第二，创造岗位实现就地城镇化。农民工问题是新型城镇化建设中需要解决的主要问题，离乡村更近的特色小镇在特产建设中创造了大量就业岗位，为一部分农民工提供了就业、定居的场所，为周边大城市疏解了压力，解决了农民工在城市与乡村之间二元流转的困境，为避免城市过度膨胀提供了方案。第三，特色化发展县域经济，协调城乡结构。特色小镇通过提高县域经济的独特性与开放性，获得竞争优势，吸引城市高端人才的落地，调节城乡人口结构与科技创新水平，使县域城镇化这一载体更具辐射效应，兼具对乡村以及城市人才、低端以及高端要素的吸引力，加强平台效应。

---

① 刘海猛、陈明星、程艺：《特色小镇：新型城镇化进程的助推器》，《中国发展观察》2017年第13期。

3. 完善公共服务，强调以人为本

奥地利学派的代表人物米塞斯提出人的行动理论，哈耶克提出社会经济发展自发秩序的理论，二者都强调个体行动及行动协调。以创新为核心的特色小镇重视个体行动特别是企业家的创新，在市场机制作用下，不同个体在交互过程中分享利用了默会知识，为特色小镇的产业发展注入创新活力，个体需求在特色小镇建设中被高度重视，公共设施与公共服务建设是特色小镇的重要建设要求。同样，我国新型城镇化并不意味着"去农村化"，而是城乡协调的人的城镇化，在推进过程中以高质量发展为导向，旨在为人民打造一个更加舒适现代化的生活方式，重视城乡协调、重视城乡公共服务均等化。① 可以说，协调城乡的个体需求是新型城镇化的重要建设要求。特色小镇一方面关注域内个体的医疗、教育、创业等多层次需求，积极开展公共设施建设，完善优化城镇居民的公共服务；另一方面，特色小镇通过产业建设提高小城镇经济实力，为周边乡村的公共交通网络完善增添动力。控制农业人口比重是我国新型城镇化的重要要求，而由于公共服务覆盖不全面等问题，农业人口市民化存在"想落不愿落"的困境，特色小镇积极建设公共设施、完善公共服务，为农业人口就近市民化提供了优质渠道。

4. 打造生态空间，实现资源节约

由于城镇化进程中出现了不可忽视的资源浪费、大城市过度扩张等问题，中国将生态文明理念与原则融入新型城镇化建设之中，打造以绿色为底色，以生态为保障的新型城镇化道路。发改委在《国务院办公厅转发国家发展改革委关于促进特色小镇规范健康发展意见的通知》中规定，原则上特色小镇的建设面积为1—5平方公里，集约利用土地等生产生活要素。同时，特色小镇通过构建全域性生态空间推进我国绿色城镇化建设。一方面，一些特色小镇根据其地理条件，将域内生态环境优势与特色产业发展相结合，以"绿色"为"特色"打造生态产业。如浙江德清莫干山小镇结合独特区位优势与特色民宿产业打造别具一格的无景点、慢生活休闲旅游模式，将生态理念与主导产业紧密结合，打造生态优美的综合空间。另一方面，一些特色小镇结合域内产业基础，将产业文化与区域文化相结合打造特色生态旅游项目，以丰富产业业态为动力进行生态建设。如苏州的苏绣小镇结合其特有的水乡文化打造了生态旅游度假区，以独特的吴文化与太湖文化为底色发展的旅游业保护了域内生态环境的同时丰富了小镇主导产业业态。

---

① 单卓然、黄亚平：《"新型城镇化"概念内涵、目标内容、规划策略及认知误区解析》，《城市规划学刊》2013年第2期。

三 案例分析

（一）时裳小镇概况

江苏江阴地处长江"咽喉"，是天然的良港城市，凭借通达的地理位置与悠久深厚的工业基础位居中国工业百强县前列。位于江阴东大门的新桥镇享有"中国毛纺之乡"的美誉，是全球最大的毛纺生产基地之一。新桥时裳小镇以飞马水城为建设核心，规划面积为3.2平方公里。小镇主导产业为纺织业，拥有基础雄厚的毛纺业产业集群。域内海澜集团与阳光集团充分发挥龙头作用，在发展主导纺织业的基础上积极探寻文化底色，丰富时裳小镇的产业业态。2010年，海澜集团积极投身马文化项目，通过建设马文化博物馆、马儿岛酒店等文化项目为新桥镇厚植培育了马文化，通过培养马术队参与国际赛事以及在新桥镇承办马术表演、马术赛事等为小镇引入体育生态。阳光集团则利用域内自然资源发展高科技农业与苗木栽培，并基于水乡文化建立田园旅游度假区，实现第一、第二、第三产业融合。

（二）发展现状及优势

作为中国高端纺织业的重要基地，江苏省形成了盛泽纺织、常熟休闲服、南通家纺和新桥毛纺等专业化纺织产业集群。从2016年起，江苏省出现了一批在纺织业产业基础上建立的特色小镇，在传统产业集群的基础上通过特色化发展助力江苏高水平下的新型城镇化建设。然而由于政府或是企业对特色小镇的错误理解，一部分纺织业特色小镇未能挖掘自身特色，虽然有着一定的产业基础，仍旧消失在了江苏特色小镇的地图中。时裳小镇在建设过程中凭借以下三大优势摆脱纺织业特色小镇同质化困境，完善产业链的同时拉动第三产业及公共服务配套发展，实现小城镇崛起，带动周边乡村地区特色化、现代化发展。

1. 产业基础雄厚，小镇定位明确

作为全球毛纺的重要基地，新桥镇拥有雄厚的产业基础，形成了以海澜集团、阳光集团为龙头的纺织业集群，并逐步向标准化、高端化方向发展。一方面阳光集团始终高度重视参与行业标准的制定，并在2021年获批筹建"江苏省纺织技术标准创新基地"，通过龙头企业带动作用提高域内纺织品的质量，促进域内产业标准化发展，提高行业话语权。另一方面海澜集团在2002年成立中国服装业第一家博士后科研工作站，后续海澜集团的"凤凰计划"与阳光集团的"飞翔计划"持续加快创新研发，构建区域知识基础，并通过企业网络加快分享利用默会知识，打造创新生态，升级制造之路。

时裳小镇在规划初期对标苏州苏绣小镇，二者虽然主导产业类型相同，但文化

的不同导致其不能走同类发展路线，为此，时裳小镇认准自身优势、挖掘自身特色，明确定位并重新制定了发展方向。苏绣小镇中的苏绣技艺属于国家非物质文化遗产，其"精"在手工而非机械制造，结合其悠久的历史文化与独特手工技艺打造的苏绣小镇属于历史经典小镇。新桥镇的主导产业为毛纺业，产业的文化浓度低于刺绣产业，但可通过升级制造工序，引入智能创新要素展现小镇特色，故而时裳小镇将定位锁定于高端制造。根据自身产业、文化基础确定适宜的特色小镇定位和道路，是特色小镇成功的基础，也是小镇摆脱同质化，展现特色的基石。

2. 厚植马文化，旅游项目特色鲜明

新桥镇的马文化根植深厚，清代时曾属马嘶镇，"马嘶"一名取自苏东坡，因其策马过桥时，由于该桥年久失修，马长嘶一声不肯过桥，苏东坡协助修桥之后，便给其取名"马嘶桥"。海澜集团基于该历史，十年来积极打造马文化产业建设，通过培育马术队、参与承办马术赛事、承办国际马术表演等建设新桥镇的马文化产业，为小镇植入马文化。文化的培育不在一朝一夕，一方面应尊重区域历史，有迹可循挖掘区域文化，另一方面应深度建设文化基础，对于文化的挖掘不应浮于表面、徒有虚名，需要投入人才、资本等要素打造产业品牌，在此基础上建设的特色景区才具有竞争优势。结合本地马文化，由海澜集团打造的飞马水城是时裳小镇的建设核心。通过挖掘域内马文化打造的飞马水城集马术训练、马术表演、马文化展示于一体，自2018年建成开放以来，逐渐成为长三角地区最佳旅游目的地之一。飞马水城的成功在其独特性，长三角地区的文化是水的文化，苏南地区拥有众多水乡古镇，围绕吴文化、水文化展开的旅游项目虽多，但同质化问题严重。时裳小镇创新性地将马文化与水乡文化融合，通过飞马水城项目打造了一张独具特色的小镇名片。

3. 引入体育生态，镇内生态宜居

钱巧鲜指出："体育生态，是指体育、文化和生态环境的相互协调、相互关怀、共生共融、共同发展所构建的关系或联系。"[①] 体育生态不仅丰富特色小镇的文化底蕴，更是特色小镇内各个主体合作互动的黏合剂。新桥镇结合自身马文化，通过多次马术赛事、马术表演以及马术馆建设等将体育生态引入小镇，一方面为小镇打造了一张体育名片，提升了集团活力；另一方面，体育生态的引入让镇内居民认识、熟悉马术运动，提升了小镇居民的生活品质。健康是中国实现小康社会的重要保障，体育产业也是目前特色小镇的研究热点之一[②]，在特色小镇中引入体育生态是顺势

---

① 钱巧鲜：《特色小镇体育生态建设研究——以浙江诸暨大唐袜艺小镇为例》，《浙江体育科学》2016年第3期。
② 刘继为：《特色小镇研究的现状、热点与趋势——基于CNKI和CiteSpace的可视化分析》，《中国农业资源与区划》2021年第8期。

而为注重个体需求需要，也是为小镇原有产业增添活力。

（三）网络演化路径分析

特色小镇的形成与发展离不开特色产业的集聚与创新，作为时裳小镇的骨骼与支柱，特色纺织产业与其关联产业协同发展，进而带动区域内政府、科研机构、商会等的互动合作。在创新生态系统视域下，时裳小镇遵循网络演化的发展路径，根据其生命周期逐步利用地理邻近、认知邻近与技术邻近演化构建经济网络、社会网络与创新网络，为新型城镇化提供经济动力、互动渠道以及创新支点，在苏南高度城镇化地区形成乡镇发展的增长极，为新型城镇化建设提供长效动能。

1. 时裳小镇形成阶段——经济网络输送新型城镇化动力

20 世纪 80 年代至 2010 年为时裳小镇的形成阶段，在该阶段，其主要发展路径为小镇内集聚资源要素，推动特色小镇主体间的地理邻近，阶段目标为构建特色小镇经济网络。在此阶段，特色小镇通过资源集聚提升小镇吸引力，构建网络节点；通过企业间的分工形成纵向垂直网络；通过产业集聚与关联产业建立联系，形成覆盖全面的特色小镇经济网络。

20 世纪 80 年代，随着苏南模式的崛起，经济网络萌芽开始显现，新桥镇涌现了一大批主营纺织工业的乡镇企业，在大量同类毛纺企业的竞争中企业主体提升产量、完善技术，并完成了新桥域内毛纺集群的专业化分工合作，构成了小镇的纵向垂直网络。海澜之家、阳光纺织等大型企业的出现则构成了新桥经济网络中的核心节点，通过与大小企业的商业合作联通镇内的纺织业产业链，同时提高小镇对周边地区的辐射效应，带动周边乡村地区进入纺织业产业集群，逐步打造片区纺织高地，缩小城乡之间的经济差距，并且以龙头企业为载体通过开放性眼光与周边城市及更远地区进行商业互动，在商业合作中提高对新技术与新知识的接近程度。形成阶段的新桥时裳小镇对周边城市与乡村的影响主要来自其商业行为，虽缺乏知识交流与创新激励，但通过吸引小镇周边具有地理邻近的城乡主体加入商业互动之中，提升了周边乡村的经济发展水平，拓宽了城乡之间的经济互动渠道，提高了城乡要素互换效率。

2. 时裳小镇成长阶段——社会网络畅通新型城镇化通道

时裳小镇的成长阶段为 2010—2018 年，该阶段主要发展路径为推进小镇主体之间的认知邻近，发展目标是构建特色小镇社会网络。此时小镇内经济网络已形成，然而单纯的商业网络对区域创新绩效的刺激并不显著[1]，要构建创新网络推动特色

---

[1] 让·博西玛、让·马丁：《演化经济地理学手册》，李小建、罗庆、彭宝玉等译，商务印书馆 2016 年版。

小镇的知识溢出，需要进一步提高小镇各主体之间的认知邻近，拓展小镇网络中的节点类型，完善横向水平网络，通过区域文化将企业、政府、居民、机构等主体紧密相连。

从2010年起，海澜集团主导的马文化建设开始推进，在企业马文化产业建设中拓展了公共表演项目，将马文化与体育生态寓于居民生活娱乐之中；在与区域政府的合作中融合了新桥历史文化，改造了镇内外部环境，以有形实体向本地居民与外地游客传播了新桥特色马文化，在统一文化认同中提升特色小镇主体之间的互动效率，为小镇发展打造了紧密的内核。社会网络是经济网络的升级形式，一方面，在区域文化的培育与熏陶之中，网络节点之间的联系不囿于商业交互，而是出现更多的知识与技术交流，刺激了区域内的创新绩效；另一方面，成长阶段同时完善优化了特色小镇的文化底色与外部环境底色，在特色化的背景下，时裳小镇将更具竞争优势，以其独特性吸引更多更加高端的要素汇聚于此，升级小镇平台。就新型城镇化建设而言，文化的非逐利性使其能够吸引更广范围内的城乡主体在不考虑交通成本的前提下在特色小镇内进行不限于经济互动与有形要素交换的交流，在社会网络之中，主体之间的知识交流更加顺畅，在此乡村获得长效经济增长技能的机会更多，交流成本更低廉；同时由于网络的封闭性，其密集程度日渐增长，城乡之间交流互通也变得更加频繁。

3. 时裳小镇成熟阶段——创新网络打造新型城镇化支点

从2018年至今，时裳小镇处于发展的成熟阶段。此时主要的发展路径为节点间的知识交互与溢出，发展目标为构建创新网络与创新生态系统。具体就是以特色产业为载体，通过多类型主体协同构建高强度创新网络节点与强创新网络关系，构建特色小镇的创新网络，在网络节点与外部环境的协同之中厚植创新土壤，为今后形成创新生态系统提供有利条件。

在特色小镇成长阶段，随着社会网络的构建，特色小镇内节点基本实现了纵向垂直与横向水平的网格化联系，不同类型节点间兼具以商业互动为主的显性联系与以知识交流为主的隐性联系。已有研究表明[①]，高地理邻近与高组织邻近组合（如特色小镇内的企业）的"高—高"节点之间的互动将激发更大的经济效益，而"高—低"组合多维邻近节点的互动相对而言会更大程度上激发网络的创新绩效。为更高效地刺激特色小镇的创新绩效，需更大程度地增加"高—低"组合多维邻近节点的互动联系，促进小镇企业、政府、金融机构、科研组织多方参与协同创新，或鼓

[①] 让·博西玛、让·马丁：《演化经济地理学手册》，李小建、罗庆、彭宝玉等译，商务印书馆2016年版。

励企业向外学习交流，向同类高水平企业进行知识与技能学习。随着2018年飞马水城落地新桥，新桥镇"高—低"邻近组合的节点互动机制被打通，以飞马水城为小镇品牌也使得时裳小镇开放性得到进一步提升，政府的监管与整体规划把控功能发挥完全，小镇内创新氛围浓郁，创新网络初步建立。成熟阶段的特色小镇是县域城镇化长效发展、乡村发展增长极形成的关键阶段。此时，特色小镇拥有经济基础、开放渠道以及创新氛围，能够以更加包容开放的氛围服务于城乡的互动，在产业发展中与城市平等互利，在文化认同中带动乡村多维建设，在对外交流中提升平台效能，使城乡实现一体化发展。

（四）当前发展"瓶颈"

1. 马文化旅游产业与纺织业互动不足

新桥镇拥有深厚的毛纺业产业基础，毛纺织业是时裳小镇的主导产业，而马文化产业是由域内毛纺业产业龙头主导打造下形成的。新桥镇的毛纺织业与马文化产业双产共生，但交汇点有限，并未达到双产互动的效果。飞马水城虽充分展示了独特的新桥马文化，但并未充分展示新桥镇的纺织业产业历史，与除海澜集团之外的毛纺织企业互动不足。作为小镇的建设核心，飞马水城起到展示小镇的名片作用，纺织业作为时裳小镇的主导产业是其特色所在，然而由于旅游业与毛纺织业的融合不足，小镇旅游项目缺乏展示其纺织业特色的窗口。

2. 中小企业创新活力不足

由于国际贸易形势的变化与产业梯度理论，全球纺织业的制造商逐渐由中国转向人力成本更低的印度等东南亚国家。2011年以来，我国毛纺织品出口额连续7年呈下降趋势，疫情的出现更加剧了这一趋势。毛纺织业在全球贸易中受限促使毛纺织企业积极转型升级，相比于新桥时裳小镇的两大纺织业龙头企业，其他中小企业整体呈现创新活力不足的态势。新桥镇拥有较为完整的纺织业产业链，雄厚的产业基础会导致各企业遵循路径依赖，使现有中小企业的创新动力不足。另外，时裳小镇在规划中建设的时尚街区、设计师工坊等板块尚处于探索时期，对创业者的吸引力有限。时裳小镇研发创新活动主要由大企业牵头主导，但并未渗透至中小企业，中小企业未能协同创新，创新活力相对不足。

四 新型城镇化背景下时裳小镇发展的建议

特色小镇是人的行动的集合，不论是新型城镇化建设还是特色小镇建设，都强调以人为本、三生融合。特色小镇也是从人的多层次需求出发，再通过个体的互动迸发创新行为，多主体交融成为多维综合空间。对此，本文从企业、居民两大主体的需求出发，为时裳小镇摆脱"瓶颈"，更好地可持续发展提供建议。

（一）坚持企业主体，培育创新生态

企业是特色小镇发展的主体，正如熊彼特所言，企业家是创新的源泉，特色小镇需重视企业家的作用与地位，放活市场培育创新生态。第一，加强小镇展示纺织业产业窗口。在旅游项目中更多融入主导产业文化要素，提升新桥毛纺的品牌知名度，为现有企业创造更多竞争优势；同时，现有成功企业的所在区位会影响创业者对自己企业的区位选择，宣传新桥毛纺品牌将增强特色小镇对创业者的吸引力，提高小镇的产业创新活力。第二，增强中小企业的创新活力。地理邻近是创新网络形成的重要推动剂，进一步加强三集中建设增强小企业之间的互动交流，同时通过母公司带动衍生企业的形式将创新活动渗透至中小企业。第三，政府企业合作吸引创新人才落地。一方面，通过新型城镇化、乡村振兴等政策推动引导高端人才进入特色小镇，为小镇高端化、时尚化探索添砖加瓦；另一方面，通过企业招纳吸引创新人才，为企业提升活力进行创新探索提供助力。

（二）融入体育生态，打造宜居空间

时裳小镇引入体育生态，为自身旅游项目增光添彩的同时，体育赛事、体育表演等活动也丰富了当地居民的休闲生活。为进一步贯彻以人为本思想，打造健康舒适的居民生活环境，时裳小镇可拓宽居民切身参与体育锻炼的渠道，培育居民的体育锻炼风潮。一方面，加强公共体育设施设备的建设，为居民进行体育锻炼提供便利，同时加强锻炼宣传，使居民想锻炼、爱锻炼，通过需求推进特色小镇的体育生态建设。另一方面，企业积极组织员工运动会，将体育生态融入企业，将运动习惯带到家庭，同时政府推动引导全民运动，拓宽渠道向居民宣传锻炼理念，吸引居民投身到体育锻炼之中，打造更加健康宜居的生活方式。